"十四五"职业教育国家规划教材

会计信息化

——用友 U8 V10.1 财务篇

孙万军 主编

清华大学出版社

北京

内 容 简 介

本书内容包括会计信息系统基础知识、系统级初始化、总账系统初始化、总账系统日常处理、总账系统辅助核算、职工薪酬管理与核算、固定资产管理与核算、总账系统期末处理、会计报表编制与分析。

本书适用任务驱动式教学模式，任务明确、操作步骤清晰；以现行国家统一的企业会计准则体系为依据，以用友U8 V10.1软件为蓝本，理论与实践紧密结合；以企业应用为主线，按实际工作需要组织教学内容；内容编写突出重点，循序渐进，符合职业教育特点。全书应用案例前后贯通，各模块实现数据共享。

本书可作为高职高专财经类专业的教材，也可作为广大财经管理人员的参考读物。

本书封面贴有清华大学出版社防伪标签，无标签者不得销售。

版权所有，侵权必究。举报：010-62782989，beiqinquan@tup.tsinghua.edu.cn。

图书在版编目(CIP)数据

会计信息化：用友 U8 V10.1 财务篇/孙万军 主编. —北京：清华大学出版社，2019(2025.2重印)
ISBN 978-7-302-51527-2

Ⅰ.①会… Ⅱ.①孙… Ⅲ.①会计信息－财务管理系统－职业教育－教材 Ⅳ.①F232

中国版本图书馆 CIP 数据核字(2018)第 254801 号

责任编辑：刘金喜
封面设计：常雪影
版式设计：思创景点
责任校对：成凤进
责任印制：宋　林

出版发行：清华大学出版社
网　　址：https://www.tup.com.cn，https://www.wqxuetang.com
地　　址：北京清华大学学研大厦 A 座　　邮　编：100084
社 总 机：010-83470000　　邮　购：010-62786544
投稿与读者服务：010-62776969，c-service@tup.tsinghua.edu.cn
质 量 反 馈：010-62772015，zhiliang@tup.tsinghua.edu.cn
印 装 者：三河市龙大印装有限公司
经　　销：全国新华书店
开　　本：185mm×260mm　　印　张：16.5　　字　数：354 千字
版　　次：2019 年 2 月第 1 版　　印　次：2025 年 2 月第 7 次印刷
定　　价：49.80 元

产品编号：063033-02

前　言

本书是高等职业教育专科财务会计类有关专业核心课程的教材，是"十四五"职业教育国家级规划教材。为贯彻落实新修订的《中华人民共和国职业教育法》和财政部印发的《会计信息化发展规划（2021-2025年）》，推进新版职业教育专业目录（2021年）的实施，按照财政部发布的《企业会计准则应用指南》（2022年版）《企业内部控制基本规范 企业内部控制配套指引》（2021年版）《企业会计信息化工作规范》（2013年）以及国家税务总局最新税收政策等新制度，依据教育部发布的高职专科大数据与会计、会计信息管理等专业简介及专业教学标准的要求，为其专业核心课程"会计信息系统应用"的教学需要而编写的教材。

本书以培养学生会计信息技术应用能力与正确的态度和价值观为目标，以会计信息化基本原理和会计核算软件应用为重点，引入企业代表性真实工作任务、规范的业务流程、科学的管理制度，构建了情境真实、业务典型、过程完整的教学项目，注重培养学生的企业会计信息系统应用能力，以及在实际会计职业环境中解决新问题的创新能力。主要内容包括会计信息化基础知识、系统级初始化和总账系统流程参数设置与期初数据维护、总账系统日常处理、往来管理和部门管理及项目管理等辅助核算、职工薪酬管理与核算、固定资产管理与核算、税务核算、总账系统期末业务处理、会计报表编制与分析。力求体系完整、框架清晰、层次分明，内容由浅入深、由易到难、循序渐进。

本书贯彻党的二十大精神，坚持为党育人、为国育才，在培养学生会计信息技术应用能力的同时，要求学生把握好新时代中国特色社会主义思想的世界观和方法论，必须坚持自信自立，坚定道路自信、理论自信、制度自信、文化自信；必须坚持守正创新，守正才能不迷失方向、不犯颠覆性错误，创新才能把握时代、引领时代，紧跟时代步伐，顺应实践发展，以科学的态度对待科学、以真理的精神追求真理；必须坚持问题导向，增强问题意识，聚焦实践遇到的新问题，不断提出真正解决问题的新理念新思路新办法；必须坚持系统观念，用普遍联系的、全面系统的、发展变化的观点观察事物，把握事物发展规律。

本书主要特点：落实立德树人根本任务，培养学生养成自信自强、守正创新，踔厉奋发、勇毅前行的职业精神，在会计工作中做到坚持准则、勇于创新、与时俱进、提高技能。按照财务数字化转型的新要求，瞄准财务智能化发展新趋势，反映新技术、新业态、新制度的新成果，采用业务驱动财务的业财融合处理模式，实现业务、财务的一体化。符合项目教学设计理念，全书应用案例前后贯通，任务要求明确，业务处理过程规范，同时配有详细的操作画面，指导学生开展过程完整的学习。本书由职业院校教学名师、专业骨干教师和知名企业专家组成校企双元合作编写团队，历经近二十余年持续更新、7次改版，形成了校企双元教材。

本书提供配套的教学资源，内容包括电子演示文稿、用友软件 U8 V10.1 教学版、本书案例的分阶段"用友 U8 V10.1 账套数据"文件，可通过扫描下方二维码获取资源链接地址。各项任务的电子演示文稿见每章末尾思维导图中二维码内容。

教学资源下载地址

本书由北京财贸职业学院孙万军教授担任主编，由郝黄达、李琰担任副主编。参与本书编写的人员还有梁毅炜、周海彬、叶林、李建军等。全书由原新道科技股份有限公司郭延生董事长担任主审。

本书适用于普通高等职业教育、成人高校及本科院校举办的二级职业技术学院财经类有关专业的教学，也可供五年制高职学生使用，并可作为广大财经管理人员的参考读物。

限于编者的水平，且时间仓促，书中难免存在疏漏和不妥之处，敬请批评指正。

服务邮箱：476371891@qq.com。

编　者

2022 年 10 月于北京

目 录

第1单元 会计信息化概述……………1
任务1.1 会计信息化认知…………2
- 1.1.1 会计信息化的相关概念 …………2
- 1.1.2 会计信息化的主要优势 …………5

任务1.2 了解会计信息化的发展历程……………6
- 1.2.1 单项会计数据处理阶段 …………6
- 1.2.2 部门级会计数据处理阶段 ………7
- 1.2.3 业财一体化数据处理阶段 ………7
- 1.2.4 管理会计信息化处理阶段 ………8

任务1.3 了解会计信息化的实施环境……………8
- 1.3.1 硬件环境 …………8
- 1.3.2 软件环境 …………10
- 1.3.3 人员保障 …………11
- 1.3.4 制度保障 …………12
- 1.3.5 数据保障 …………12

任务1.4 了解会计软件的功能模块……………13
- 1.4.1 会计软件的定义 …………13
- 1.4.2 会计软件的分类 …………13
- 1.4.3 会计软件功能模块简介 …………14
- 1.4.4 会计软件各模块的数据传递关系 …………17

任务1.5 了解会计软件的配备方式及应用流程
- 1.5.1 会计软件的配备方式 …………18
- 1.5.2 会计软件的应用流程 …………20

任务1.6 了解企业会计信息化工作规范……………22
- 1.6.1 会计软件的功能规范 …………22
- 1.6.2 企业会计信息化的工作规范 …………23
- 1.6.3 会计信息化的监督管理 …………24

任务1.7 会计信息安全认知 …………25
- 1.7.1 安全使用会计软件的基本要求 …………25
- 1.7.2 计算机病毒的防范 …………25
- 1.7.3 计算机黑客的防范 …………27

单元总结 …………29
思考训练 …………30

第2单元 系统级初始化……………31
任务2.1 建立账套与财务分工 …………31
- 2.1.1 建立账套 …………31
- 2.1.2 财务分工 …………41

任务2.2 建立企业基础档案 …………44
- 2.2.1 部门档案和职员档案 …………44
- 2.2.2 客户与供应商档案 …………49

任务2.3 会计数据备份与恢复 …………52
- 2.3.1 会计数据备份 …………53
- 2.3.2 会计数据恢复 …………54

单元总结 …………56
思考训练 …………56

第3单元 总账系统初始化……………57
任务3.1 总账系统认知 …………57
- 3.1.1 总账系统的任务 …………57
- 3.1.2 数据处理流程 …………57

  3.1.3 基本功能结构 ……………… 59
  3.1.4 基本操作过程 ……………… 59
 任务 3.2 总账系统的核算要求
    设置 ……………………………… 60
  3.2.1 设置系统控制参数 …………… 60
  3.2.2 建立会计科目体系 …………… 63
  3.2.3 辅助账初始设置 ……………… 69
  3.2.4 设置凭证类型与结算方式 …… 76
 任务 3.3 总账系统的期初余额
    输入 ……………………………… 79
 单元总结 ………………………………… 84
 思考训练 ………………………………… 84

第 4 单元 总账系统日常处理 ……… 85
 任务 4.1 凭证处理 ……………………… 85
  4.1.1 凭证填制 ……………………… 86
  4.1.2 凭证查询 ……………………… 95
  4.1.3 凭证修改 ……………………… 96
  4.1.4 凭证审核 ……………………… 99
  4.1.5 凭证输出 …………………… 101
 任务 4.2 记账处理 …………………… 101
  4.2.1 记账操作一般步骤 ………… 101
  4.2.2 计算机内部处理过程 ……… 105
 任务 4.3 账簿输出 …………………… 106
  4.3.1 账簿查询 …………………… 106
  4.3.2 账簿打印与管理 …………… 112
 单元总结 ……………………………… 113
 思考训练 ……………………………… 113

第 5 单元 总账系统辅助核算 ……… 114
 任务 5.1 银行对账 …………………… 114
  5.1.1 银行对账处理流程 ………… 114
  5.1.2 银行对账期初录入 ………… 115
  5.1.3 输入银行对账单 …………… 116
  5.1.4 对账处理 …………………… 118
  5.1.5 输出银行存款余额调节表 … 121
 任务 5.2 往来管理 …………………… 123

  5.2.1 往来查询 …………………… 123
  5.2.2 往来两清 …………………… 124
  5.2.3 往来账龄分析 ……………… 127
  5.2.4 往来催款单 ………………… 128
 任务 5.3 部门管理 …………………… 131
 任务 5.4 项目管理 …………………… 133
 单元总结 ……………………………… 136
 思考训练 ……………………………… 136

第 6 单元 职工薪酬管理与核算 …… 137
 任务 6.1 薪资管理系统认知 ………… 137
  6.1.1 薪资管理系统的任务 ……… 137
  6.1.2 数据处理流程 ……………… 137
  6.1.3 基本功能结构 ……………… 139
  6.1.4 基本操作过程 ……………… 140
 任务 6.2 薪资管理系统初始化 ……… 140
  6.2.1 建立薪资管理账套 ………… 140
  6.2.2 定义工资基本档案 ………… 144
  6.2.3 定义工资项目 ……………… 149
  6.2.4 定义工资计算公式 ………… 151
 任务 6.3 工资业务日常处理 ………… 153
  6.3.1 固定工资数据 ……………… 153
  6.3.2 变动工资数据编辑 ………… 155
  6.3.3 扣缴个人所得税 …………… 157
  6.3.4 工资计算与汇总 …………… 159
  6.3.5 银行代发 …………………… 160
  6.3.6 工资数据输出 ……………… 162
 任务 6.4 工资月末处理 ……………… 163
  6.4.1 工资分摊 …………………… 163
  6.4.2 工资制单处理 ……………… 165
  6.4.3 月末处理 …………………… 167
 单元总结 ……………………………… 168
 思考训练 ……………………………… 168

第 7 单元 固定资产管理与核算 …… 170
 任务 7.1 固定资产核算系统认知 …… 170

		7.1.1　固定资产核算系统的任务 ……170
		7.1.2　数据处理流程 …………………170
		7.1.3　基本功能结构 …………………171
		7.1.4　基本操作过程 …………………171
	任务7.2　固定资产核算系统
			初始化 ……………………………172
		7.2.1　账套初始及设置账套参数 ……172
		7.2.2　定义基本核算规则 ……………178
		7.2.3　录入期初原始卡片 ……………183
	任务7.3　固定资产日常处理 …………185
		7.3.1　固定资产增加 …………………186
		7.3.2　固定资产减少 …………………187
		7.3.3　固定资产变动 …………………188
		7.3.4　固定资产折旧处理 ……………190
	任务7.4　固定资产月末处理 …………192
		7.4.1　月末转账 ………………………192
		7.4.2　月末结账 ………………………194
	单元总结 …………………………………196
	思考训练 …………………………………196

第8单元　总账系统期末处理 …………197
	任务8.1　期末结转 ………………………197
		8.1.1　设置自动转账分录 ……………198
		8.1.2　生成机制凭证 …………………205
		8.1.3　结转处理 ………………………207
	任务8.2　期末结账 ………………………209
		8.2.1　试算与对账 ……………………209
		8.2.2　结账处理 ………………………211
	单元总结 …………………………………214

	思考训练 …………………………………214

第9单元　会计报表编制与分析 ………215
	任务9.1　财务报表管理系统认知 ……215
		9.1.1　会计报表管理系统的任务 ……215
		9.1.2　数据处理流程 …………………216
		9.1.3　报表结构及基本概念 …………216
		9.1.4　基本功能结构 …………………218
		9.1.5　基本操作过程 …………………219
	任务9.2　报表管理系统初始设置 ……219
		9.2.1　创建新表 ………………………220
		9.2.2　设置会计报表的格式 …………221
		9.2.3　定义报表的单元公式 …………229
		9.2.4　定义报表审核和舍位公式 ……234
	任务9.3　会计报表数据处理 …………237
		9.3.1　数据采集与数据输入 …………237
		9.3.2　报表生成 ………………………238
		9.3.3　报表审核 ………………………240
		9.3.4　报表输出 ………………………241
		9.3.5　报表维护 ………………………243
	任务9.4　财务分析 ………………………243
		9.4.1　财务分析模块概述 ……………244
		9.4.2　财务指标计算 …………………246
		9.4.3　结构分析 ………………………249
	单元总结 …………………………………251
	思考训练 …………………………………252

参考文献 …………………………………253

第 1 单元　会计信息化概述

学习目标

熟悉会计信息化的基本概念，了解会计信息化的发展历程，了解会计信息化的硬件环境、软件环境、网络环境、人员保障、规章制度，了解会计软件的分类和主要功能模块，了解会计软件的配备方式和会计软件的应用流程，了解企业会计信息化工作规范，熟悉会计信息安全的基本要求。

通过会计信息化基本知识和会计信息化发展历程的学习，让学生领悟构建新一代信息技术的增长引擎，促进会计数字化转型，助力数字中国建设，要弘扬自信自强、守正创新，踔厉奋发、勇毅前行的精神，引导学生把社会主义核心价值观融入会计信息化工作各方面，自觉做中国特色社会主义共同理想的坚定信仰者和忠实实践者。

进入信息社会，数据对生产、流通、消费活动和社会生活方式等产生了重要影响，信息化是成为世界先进生产力的代表，是推动社会主义现代化国家建设和新一轮科技革命和产业变革的技术手段和基础性工程。会计工作是经济社会发展的基础，直接关系到企事业单位会计信息质量和内部管理，以及社会管理、市场监管和国家宏观决策等各个方面。会计信息化服务于会计工作全局和企业发展，以信息化支撑会计职能拓展为主线，以会计信息化数据标准、管理制度、信息系统、队伍建设为基础，以数字化为突破口，以积极推动会计数字化转型为重点，构建符合新时代要求的会计信息化发展体系，成为数字中国建设的必要组成部分。

党的二十大报告指出，构建新一代信息技术、人工智能等一批新的增长引擎，加快发展数字经济，加快建设数字中国。《中华人民共和国国民经济和社会发展第十四个五年规划和2035年远景目标纲要》提出，加快数字化发展，建设数字经济、数字社会、数字政府，营造良好数字生态，打造数字中国。国务院印发的《"十四五"数字经济发展规划》，就不断做强做优做大我国数字经济提出具体举措。2021年11月，财政部印发《会计改革与发展"十四五"规划纲要》提出了"以数字化技术为支撑，以会计审计工作数字化转型为抓手，推动会计职能实现拓展升级"的总体目标和"切实加快会计审计数字化转型步伐"的主要任务。2021年12月，财政部印发了《会计信息化发展规划(2021-2025年)》，提出了符合新时代要求的国家会计信息化发展体系，对加快推进会计数字化转型提出明确要求。

作为财务工作者，要适应新形势、抓住新机遇，掌握大数据、人工智能、移动互联、云计算和区块链等新技术在会计中的广泛应用，学好用好会计信息化、数字化，推进会计数字化转型，为企业经营决策提供帮助，更好地服务数字中国建设。

任务 1.1　会计信息化认知

会计信息化是信息科学与会计学结合的一门边缘学科。从会计学角度讲，会计信息化是信息技术应用于会计系统的结果；从信息科学角度讲，它是社会信息化的组成部分。会计信息化事业的发展对会计实务和会计理论产生了积极而深远的影响，会计信息化已成为现代会计科学的重要组成部分。

1.1.1　会计信息化的相关概念

1. 数据、信息与知识

数据是人们用符号化的方法对现实世界中客观事物真实属性的记录，它反映客观事物的性质、形态、数量和特征，用数字、符号、文字、图表、声音和影像等形式来表示。在会计工作中记录下来的会计事实称为会计数据，包括用"单、证、账、表"等基本形式表示的会计事项，如各种原始资料、原始单据、记账凭证等都属于会计数据。

信息是经过加工、具有一定含义的对决策有价值的数据，用数字、符号、文字、图表、声音和影像等形式来表示。按一定的要求经过加工处理后的会计数据称为会计信息。只有将会计数据通过加工生成会计信息后才能满足管理的需要，为管理者所用。

会计数据来自客户、供应商、政府机构、企业内部各部门及企业员工等，利用网络直接采集或送来的各种经济业务的原始资料，经过会计业务处理，包括搜集、审核、记录、分类、计算、汇总、编表、存储、检索和传送等，生成会计信息，再将信息转换成知识，用知识指导企业内部各层次的管理人员和企业外部各利益关系人从事经营管理活动，实现其经营目标。

2. 会计信息技术

会计信息处理技术是指在对会计数据进行采集、存储、加工、传输和利用等处理过程中所运用的方法和技术。随着经济管理工作对会计信息处理要求的日益提高和科学技术的进步，会计信息处理技术也在不断变化，大致经历了手工处理、机械处理、计算机处理和云财务等阶段。

很早以前，人们就开始用算盘作为运算工具，用笔墨在凭证和账簿上登记，完全靠人工进行会计数据处理。后来虽然相继使用了手摇计算机、计算器等工具，但仍然存在着不规范、速度慢、易出错、工作量大等弊端。20世纪初，在国外有少数大型企业，曾经用卡片穿孔机、卡片分类机、机械式计算机和制表机等代替手工进行会计数据处理。20世纪40年代后，电子计算机技术日益普及，使信息处理技术迅速提高，会计信息处理技术随之步入了计算机处理阶段。

我国学者于1981年在长春一汽召开的"财务、会计、成本应用电子计算机专题讨论会"上首次提出了"会计电算化"一词，"会计电算化"这一概念曾在我国的有关文件、论文和教科书中使用多年。会计电算化是指以电子计算机为主体的电子信息技术在会计工作中的应用，包括用计算机替代手工记账、算账、报账和会计管理工作，它强调了会计信息处理技术从传统方式向电子计算机处理方式的演变过程。

3. 会计信息化

会计信息化又是企业信息化和国民经济信息化的基础和重要组成部分。信息化是在社会和经济活动中普遍采用现代信息技术，有效开发和利用信息资源，实现信息资源的传播、整合、再创造和高度共享，建设先进的信息基础设施，进一步优化信息资源的配置，使得通过利用信息资源所创造的产值在国民经济中的比重逐步上升的历史过程。

会计信息化是指企业利用计算机、网络通信等现代信息技术手段开展会计工作，以及利用上述技术手段将会计核算与其他经营管理活动有机结合的过程。

会计信息化是会计信息处理技术的一次质的飞跃。现代信息技术手段能够实时便捷地获取、加工、传递、存储和应用会计信息，为企业经营管理、控制决策和经济运行提供充足、实时、全方位的信息。

会计信息化是在会计活动中普遍采用现代信息技术，对传统会计模式进行重构，建立信息技术与会计高度融合的、共享的、安全的、可靠的、高效的会计工作环境，有效开发和利用会计信息资源，以促进组织经济发展和环境改善的过程。会计信息化促进了会计核算的集中和共享处理，推动会计工作从传统核算型向现代管理型转变。

会计信息化的本质是一个过程，利用的手段是现代信息技术，强调要重构会计模式建立现代会计信息系统。

企业会计信息化的主要内容是整合企业的业务流程、会计处理流程、控制流程和审计流程，集成会计财务信息和其他非财务信息，建立会计信息系统及其控制和审计体系，充分开发和利用会计信息资源，及时、准确地向企业内部和外部使用者提供有用的会计信息支持，以加强会计反映和监控作用。

4. 会计信息系统

系统是由一系列彼此相关、相互联系的若干部分为实现某种特定目的而建立起来的一个有机整体。相互联系的若干部分称为系统的子系统或模块，它们是系统内能完成某种功能的单元。系统具有独立性、目的性、层次性、联系性、运动性和适应性等特点。

会计的各项活动都体现为对信息的某种作用。取得原始凭证是信息的获取，原始凭证的审核是信息特征的提取和确认，设置会计账户是信息的分类，填制记账凭证和登记账簿是信息的传递和存储，成本计算是对成本信息的进一步变换和处理，会计管理与决策是对会计信息的进一步应用。

会计工作过程构成了一个有秩序的会计数据输入、会计数据处理、会计数据存储和输出的过程，这一过程可分为若干部分，每一部分都有各自的任务，所有部分互相联系、互相配合、服从于一个统一的目标，形成一个会计活动的有机整体，这个有机整体就构成了一个会计信息系统。

会计信息系统(Accounting Information System，AIS)，是指利用信息技术对会计数据进行采集、存储和处理，完成会计核算任务，并提供会计管理、分析与决策相关的会计信息的系统。其实质是将会计数据转化为会计信息的系统，是企业信息系统的一个重要子系统。它是在企业所有部门内以集成和协调的方式，执行从数据处理到生成管理信息全部任务的人机系统。它强调了基于整个企业范围的应用模式，是针对企业全部业务的信息系统，集中了来自销售、采购、制造、人力资源和其他各种经营活动的全部业务信息。

会计信息系统的主要目标为向企业内外部(包括企业内部各个部门，工商、税务等政府机构，以及相关的客户、供应商等)的管理者提供需要的会计信息，以及对会计信息利用有重要影响的非会计信息(如企业创新能力、市场占有率等表现企业独创性、前瞻性、影响力等方面的指标)，以便不断地提高经济效益。

会计信息系统根据其功能和管理层次的高低，可以分为会计核算信息系统、管理会计信息系统和财务决策支持系统。

5. 企业资源计划(ERP)系统

企业信息系统(Enterprise Information System，EntIS)是按照先进的管理理念结合计算机和网络等信息技术建立起来的，在企业所有部门内以集成和协同的方式，执行从数据处理到生成管理信息全部任务的人机系统。它强调了基于整个企业范围的应用模式，是针对企业全部业务的信息系统。

ERP(Enterprise Resource Planning，企业资源计划)是指利用信息技术，一方面将企业内部所有资源整合在一起，对开发设计、采购、生产、成本、库存、分销、运输、财务、人力资源、品质管理进行科学规划，另一方面将企业与其外部的供应商、客户等市场要素有机结合，实现对企业的物资资源(物流)、人力资源(人流)、财务资源(财流)和信息资源(信息流)等资源进行一体化管理(即"四流一体化"或"四流合一")，其核心思想是供应链管理，强调对整个供应链的有效管理，提高企业配置和使用资源的效率。

ERP是企业信息系统的典型代表，ERP除了最核心的财务、分销和生产管理等管理功能以外，还集成了人力资源、质量管理、决策支持等企业其他管理功能。

会计信息系统已经成为ERP系统的一个子系统，通过一体化多部门的应用模式，将企业采购、销售、库存、生产制造等业务系统处理后的数据自动传递到会计信息系统，并进行进一步的财务核算，保证了财务和业务数据的完整性和及时性，便于对企业经营活动过程的全程监督和控制，全面实现财务、业务一体化，如图1-1所示。

会计信息系统与ERP系统有紧密的联系，ERP系统将企业的供产销每个环节以及每个部门和员工个人等全部价值信息传递给会计信息系统，会计信息系统全面地反映企业各个环节的信息；会计信息系统将处理结果提供给有关系统，企业管理者和决策者通过利用会计信息系统收集、存储、加工和传输会计信息，实现对企业经济活动进行全面控制。因此，会计信息系统在ERP系统中处于核心和主导地位。

会计信息系统的普遍推广应用，为单位会计核算工作提供了有力保障。企业资源计划(ERP)系统逐步普及，促进了会计信息系统与业务信息系统的初步融合，有效提升了单位服务管理效能和经营管理水平。

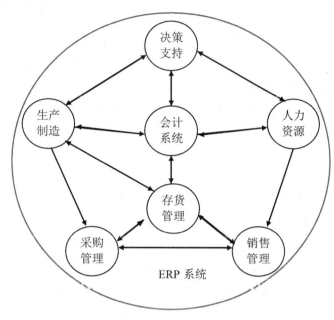

图 1-1　会计信息系统与 ERP 系统关系图

6. 财务共享服务

财务共享服务是以信息技术为基础，以财务业务流程处理为核心，以优化组织结构、规范流程、提升流程效率、降低运营成本或创造价值为目的，以市场化的视角，为内外部客户提供专业化服务的分布式管理模式。财务共享服务将公司或集团范围内的共用的职能集中起来，高质量、低成本地向各个业务部门提供标准化的服务。

财务共享服务是基于统一的由企业 ERP 系统、企业会计信息系统、企业税务管理系统等组成的技术平台实现的，财务共享是为了提高工作效率及节约成本两方面考虑而实施的，共享服务的本质是由信息技术推动的运营管理模式的变革与创新。

1.1.2　会计信息化的主要优势

1. 会计与信息技术深度融合

在会计活动中，会计信息资源的运动过程——信息的获取、存储、处理、传递、输出、管理、控制、分析、共享等，完全融合在确认、计量、记录、报告、资产管理、预算、成本核算、筹资管理、投资管理、财务分析、财务评价、财务监督等业务中，特别是实现了财务会计深入管理会计应用领域，能够更全面地提供财务管理信息，包括战略决策和业务操作等各层次管理者需要的信息。

2. 会计工作自动化与集中化

在会计信息化方式下，充分利用现代信息处理技术自动进行数据的采集、存储、处理、分析、传递和反馈。如试算平衡、登记账簿等以往依靠人工完成的工作，都由计算机自动完成，人工干预明显减少，将由程序统一调度管理，大大减轻了会计人员的工作负担，提高了工作效率。会计信息化中的广泛应用，使得企业能将分散的会计核算工作及其数据统一汇总到会计软件中进行集中处理，既提高了数据汇总的速度，又增强了企业集中管控的能力。

3. 数据处理更加及时与准确

在会计电算化方式下，各种会计信息的搜集是实时的，无论是企业外部的数据，还是企业内部的数据，一旦发生都及时存入相应的数据库中，并由会计信息系统进行实时处理，保证会计信息的及时、准确和自动统一更新。这样可以在较短的时间内完成会计数据的分类、汇总、计算、传递和报告等工作，使会计处理流程更为简便，核算结果更为精确。此外，会计软件运用适当的处理程序和逻辑控制，能够避免在手工会计处理方式下出现的一些错误。

4. 财务与业务一体化处理

支持面向企业级业务流程的财务信息的收集、分析和控制，实现了会计处理与业务处理相互融合，财务数据与非财务数据融为一体，财务部门与业务部门之间可以直接实时传递信息，在经济业务发生时就可以实时采集、加工详细的业务数据和财务数据。如销售、采购、生产、收款等业务流与记账之间的数据传递，业务数据处理后能自动生成会计凭证传递到会计信息系统。由事后反映到实时反映，会计的事前计划、事中控制职能得以有效发挥，会计信息质量发生了质的飞跃。

5. 进一步加强了内部控制制度

控制范围已经从财务部门转变为财会部门、业务部门和计算机处理部门；会计信息质量的控制，不单是局限于对会计信息系统的控制，而是控制整体的企业信息系统。会计信息的安全不仅以会计信息系统的控制为保证，还依赖于对该数据产生的整个业务过程的控制，以及整个系统网络的安全控制。

任务 1.2 了解会计信息化的发展历程

1.2.1 单项会计数据处理阶段

单项会计数据处理阶段是计算机应用于会计工作的初级阶段，也称为电子数据处理会计。国外从 20 世纪 50 年代延续到 20 世纪 60 年代末，我国从 20 世纪 70 年代末开始到 20 世纪 80 年代后期。

这一阶段的主要任务是利用计算机模仿手工操作，对数据量大、计算重复次数多的专项会计业务处理工作实现自动化。如工资核算系统、固定资产核算系统、总账系统、报表管理系统等，体现在岗位级应用层次上。计算机操作系统主要采用 DOS，数据库采用小型数据库。

该阶段的主要特征如下。

(1) 会计软件的应用目标主要是提高会计核算工作效率，实现单项会计核算自动化。
(2) 会计软件的开发方式主要是手工作坊式，软件功能简单、模块独立。
(3) 会计软件的运行环境主要是单台微型计算机系统。
(4) 实现不同会计核算功能的软件之间不能进行数据互通，没有形成基于计算机的完整的会计信息系统。

1.2.2 部门级会计数据处理阶段

部门级会计数据处理阶段是独立的会计信息系统应用阶段，从 20 世纪 80 年代后期延续至 20 世纪 90 年代后期，是我国会计信息化的快速发展期。至今我国还有不少单位的会计信息系统处于部门级的应用。

这一阶段的主要任务是财务部门根据自身会计工作的需要，进行会计信息的采集、存储、加工和使用，部门内部使用的各子系统形成一个整体，实现数据共享。但是，还不能从业务活动出发，将反映整个业务过程的信息自动传递给会计信息系统，经常出现数据不一致、数据不完整和重复处理等问题。

该阶段的主要特征如下。
(1) 会计软件的应用目标主要是提高财务部门整体工作效率，财务部门内部实现信息共享。
(2) 会计软件的开发方式主要是采用工程化方法，软件在会计核算的基础上增加会计管理功能。
(3) 会计软件的运行环境主要是微机局域网或主机终端结构，如主机结构、文件/服务器(F/S)结构、客户机/服务器(C/S)结构等。
(4) 会计信息系统与其他业务子系统之间不能进行数据互通，财务部门与业务部门之间形成相互独立的"信息孤岛"。

1.2.3 业财一体化数据处理阶段

财务数据与业务数据一体化处理阶段是企业级会计信息系统应用阶段。从 20 世纪 90 年代后期开始，是我国会计信息化发展的主流方向之一。

这一阶段的主要任务是综合处理发生在企业各业务系统中的各种会计信息，提高信息处理的系统性、实时性和有效性，为企业内外部各级管理部门提供有关的管理和决策辅助信息。

该阶段的主要特征如下。
(1) 会计软件的应用目标主要是将财务管理的视角渗透到企业的各个领域，全面加强成本控制，提高经济效益，财务部门与业务部门实现信息共享。
(2) 会计软件的开发方式注重规模化、规范化、标准化、流程化。
(3) 会计软件的运行环境主要是基于企业网结构或广域网结构，包括三层或多层客户机/服务器(C/S)结构、浏览器/服务器(B/S)结构以及"云+客户端"模式等。

1.2.4　管理会计信息化处理阶段

管理会计信息化处理阶段是管理会计信息系统应用阶段。互联网的迅猛发展，为企事业管理会计带来了新应用新模式，自2016年我国管理会计信息化进入一个新时代。

管理会计信息系统，是指以财务和业务信息为基础，借助计算机、网络通信等现代信息技术手段，对管理会计信息进行收集、整理、加工、分析和报告等操作处理，为企业有效开展管理会计活动提供全面、及时、准确信息支持的各功能模块的有机集合。

该阶段的主要特征如下。

(1) 管理会计信息系统具有成本管理、预算管理、绩效管理、投资管理、管理会计报告等功能。

(2) 提供已定义清楚数据规则的数据接口，以便自动采集财务和业务数据。

(3) 进行数据加工处理的过程，可以充分利用数据挖掘、在线分析处理等商业智能技术，建立管理会计工具模型，对数据进行综合查询、分析统计，挖掘出有助于企业管理活动的信息。

(4) 自动生成或导出数据报告，数据报告的展示形式注重易读性和可视化，输出结果不仅可以采用独立报表或报告的形式展示给用户，也可以输出或嵌入到其他信息系统中，为各级管理部门提供管理所需的相关、及时的信息。

目前，新一代信息技术得到应用，推动了会计工作创新发展。大数据、人工智能、移动互联、云计算、物联网、区块链等新技术在会计工作中得到应用，智能财务、财务共享等理念以及财务机器人等自动化工具逐步推广，优化了会计机构组织形式，拓展了会计人员工作职能，提升了会计数据的获取和处理能力。

任务1.3　了解会计信息化的实施环境

会计信息化应用需要硬件、软件、人员、数据和规程保障，它们是会计信息系统的物理组成，是会计信息化实施的基本条件。

1.3.1　硬件环境

硬件的作用是实现数据的输入、处理、输出等一系列根本性的操作。

(一) 硬件设备

硬件设备一般包括输入设备、处理设备、存储设备、输出设备和网络设备。

1. 输入设备

计算机常见的输入设备有键盘、鼠标、光电自动扫描仪、条形码扫描仪(又称扫码器)、二维码识读设备、POS机、芯片读卡器、语音输入设备、手写输入设备等。

在会计软件中,键盘一般用来完成会计数据或相关信息的输入工作;鼠标一般用来完成会计软件中的各种用户指令,选择会计软件各功能模块的功能菜单;扫描仪一般用来完成原始凭证和单据的扫描,并将扫描结果存入会计软件相关数据库中。

2. 处理设备

处理设备主要是指计算机主机。中央处理器(CPU)是计算机主机的核心部件,主要功能是按照程序给出的指令序列,分析并执行指令。

3. 存储设备

计算机的存储设备包括内存储器和外存储器。内存储器即内存,分为随机存储器 RAM (Random Access Memory)和只读存储器 ROM(Read-Only Memory),一般容量较小,但数据存取速度较快。断电后,RAM 的数据将消失。

外存储器一般存储容量较大,但数据存取速度较慢。常见的外存储器有硬盘、U 盘、光盘等。会计软件中的各种数据一般存储在外存储器中。

4. 输出设备

计算机常见的输出设备有显示器和打印机。在会计软件中,显示器既可以显示用户在系统中输入的各种命令和信息,也可以显示系统生成的各种会计数据和文件;打印机一般用于打印输出各类凭证、账簿、财务报表等会计资料。

5. 网络设备

计算机网络是以硬件资源、软件资源和信息资源共享以及信息传递为目的,在统一的网络协议控制下,将地理位置分散的许多独立的计算机系统连接在一起所形成的网络。

计算机网络的功能主要体现在资源共享、数据通信、分布处理三个方面,可以将其处理的任务传送到网络中较空闲的其他计算机系统中,以提高整个系统的利用率。

按照覆盖的地理范围进行分类,计算机网络可以分为局域网、城域网和广域网三类。

会计信息系统的主要网络设备如下。

(1) 服务器。服务器也称伺服器,是网络环境中的高性能计算机,它侦听网络上的其他计算机(客户机)提交的服务请求,并提供相应的服务,控制客户端计算机对网络资源的访问,并能存储、处理网络上大部分的会计数据和信息。服务器的性能必须适应会计软件的运行要求,其硬件配置一般高于普通客户机。

(2) 客户机。客户机连接到服务器的计算机或移动终端,能够享受服务器提供的各种资源和服务。会计人员通过客户机使用会计软件,因此客户机的性能也必须适应会计软件的运行要求。

(3) 网络连接设备。网络连接设备是把网络中的通信线路连接起来的各种设备的总称,这些设备包括中继器、交换机和路由器等。

(二) 硬件结构

计算机硬件设备的不同组合方式构成了不同的硬件体系结构,也决定了不同的计算机工作方式。

硬件结构是指硬件设备的不同组合方式。会计信息系统中常见的硬件结构通常有单机结构、多机松散结构、多用户结构、微机局域网络等形式。

1. 单机结构

单机结构属于单用户工作方式,一台微机同一时刻只能一人使用。

单机结构的优点在于使用简单,配置成本低,数据共享程度高,一致性好;其缺点在于集中输入速度低,不能同时允许多个成员进行操作,并且不能进行分布式处理。单机结构适用于数据输入量小的企业。

2. 多用户结构

多用户结构又称为联机结构,整个系统配备一台计算机主机(通常是中型机,目前也有较高档的微机)和多个终端(终端由显示器和键盘组成)。主机与终端的距离较近(0.1 千米左右),并为各终端提供虚拟内存,各终端可同时输入数据。

多用户结构的优点在于会计数据可以通过各终端分散输入,并集中存储和处理;缺点在于费用较高,应用软件较少,主机负载过大,容易形成拥塞。此结构主要适用于输入量大的企业。

3. 局域网络

微机局域网络(又称为网络结构),是由一台服务器(通常是高档微机)将许多中低档微机连接在一起(由网络接口卡、通信电缆连接),相互通信、共享资源,组成一个功能更强的计算机网络系统。

微机局域网络通常分为客户机/服务器结构和浏览器/服务器结构两种,主要适用于大中型企业。

客户机/服务器(C/S)结构。客户机/服务器结构模式下,服务器配备大容量存储器并安装数据库管理系统,负责会计数据的定义、存取、备份和恢复;客户端安装专用的会计软件,负责会计数据的输入、运算和输出。

浏览器/服务器(B/S)结构。浏览器/服务器结构模式下,服务器是实现会计软件功能的核心部分,客户机上只需安装一个浏览器,用户通过浏览器向分布在网络上的服务器发出请求,服务器对浏览器的请求进行处理,将用户所需信息返回到浏览器。

4. 采用财务云模式

财务云是将财务共享服务管理模式与云计算、大数据、人工智能、物联网等信息技术深度融合,与采购销售业务、银行、税务等平台实现互联互通,建立集中、统一的企业财务共享服务中心,可实现会计核算、财务管理、税务管理、资金管理等集中管理和共享处理,支持多终端接入模式。采用财务云模式将更加注重业财融合,管控与服务并重,构建财经大数据,打造智能财务,推动财务数字化转型。

1.3.2 软件环境

会计信息系统的软件包括系统软件和应用软件,在会计信息系统中会计软件是最重要的部分，没有会计软件，现代会计信息系统就无法实施。

1. 系统软件

系统软件是用来控制计算机运行，管理计算机的各种资源，并为应用软件提供支持和服务的一类软件。系统软件通常包括操作系统、数据库管理系统、支撑软件和语言处理程序等。

(1) 操作系统。操作系统是指计算机系统中负责支撑应用程序的运行环境以及用户操作环境的系统软件，具有对硬件直接监管、管理各种计算机资源以及提供面向应用程序的服务等功能。

(2) 数据库管理系统。数据库是指按一定的方式组织起来的数据的集合，它具有数据冗余度小、可共享等特点。数据库管理系统是一种操作和管理数据库的大型软件。目前常用的数据库管理系统有 My SQL、SQL Server、Oracle、Sybase、Access 等。数据库系统主要由数据库、数据库管理系统组成，此外还包括应用程序、硬件和用户。会计软件是基于数据库系统的应用软件。

(3) 支撑软件。支撑软件是指为配合应用软件有效运行而使用的工具软件，它是软件系统的一个重要组成部分。

(4) 语言处理程序。语言处理程序包括汇编程序、解释程序和编译程序等，其任务是将用汇编语言或高级语言编写的程序，翻译成计算机硬件能够直接识别和执行的机器指令代码。

2. 应用软件

应用软件是为解决各类实际问题而专门设计的软件。会计软件属于应用软件。目前的会计软件多采用云服务模式，会计软件安装在云服务器端，用户端计算机安装浏览器，上网运行。

在安装会计软件前，技术支持人员必须首先确保计算机的操作系统符合会计软件的运行要求，并安装完毕数据库管理软件和支撑软件后，技术支持人员方可开始安装会计软件。

1.3.3 人员保障

会计信息化人员是指从事研制、开发、使用和维护的人员。这些人员一般可分为两类：一类称为系统开发人员，包括系统分析员、系统设计员、系统编程和测试人员；另一类称为系统的使用和维护人员。

在手工方式下，会计人员所需掌握和运用的工具是算盘和计算器。会计电算化后，一般会计人员不仅要熟悉会计知识和一定的计算机及网络方面的知识，而且应该能够熟练地运用计算机完成会计业务工作。同时，还应初步具备排除系统运行中的一般性故障的能力。

实现会计电算化的过程中，参与系统开发和使用的人员，不仅有财会人员，还有计算机专业人员和操作员等。计算机专业人员应掌握一定程度的财会理论知识，对会计工作有比较全面和细致的了解，熟悉基本工作流程、方法和基本要求。操作使用人员要熟悉软件的基本功能，能熟练地操作计算机并运用软件完成各项工作。要求系统和维护使用人员是复合型人才,同时具备计算机专业和财务专业两方面的知识。

1.3.4 制度保障

规程指各种法令、条例、规章制度。主要包括两大类:一是政府的法令、条例;二是基层单位在会计信息化工作中的各项具体规定,如岗位责任制度、软件操作管理制度、会计档案管理制度等。

《中华人民共和国会计法》第十三条第二款和第十五条规定:"使用电子计算机进行会计核算的,其软件及其生成的会计凭证、会计账簿、财务会计报告和其他会计资料,也必须符合国家统一的会计制度的规定";"使用电子计算机进行会计核算的,其会计账簿的登记、更正,应当符合国家统一的会计制度的规定"。这是会计信息系统必须遵守的法律规范。

为推动企业会计信息化,节约社会资源,提高会计软件和相关服务质量,规范信息化环境下的会计工作,我国财政部于2013年12月6日发布了《企业会计信息化工作规范》。

为解决传统电子财务报告在转换和利用上的低效率,以我国企业会计准则对财务报告的披露要求为依据,财政部于2010年10月发布的《企业会计准则通用分类标准》,就是我国XBRL应用体系中的基础性分类标准。

为了提高会计数据综合利用率,克服数据交换障碍,规范企业行为,提高审计、财政等经济管理部门的信息化监管水平,由财政部和审计署牵头编制、国家标准化管理委员会批准发布的《信息技术——会计核算软件数据接口》国家标准(GB/T19581—2004),于2005年1月1日在全国范围内实施。这项标准规定了会计核算软件的数据接口要求,包括会计核算数据元素、数据接口输出文件的内容和格式的要求;提出了数据元素和辅助核算的概念,为标准使用者理解会计核算的数据概念奠定了基础,为会计核算软件与其他信息系统之间的数据交换创造了条件。

1.3.5 数据保障

处理经济业务数据是财会部门的传统职责,也是会计信息系统处理的对象。会计信息系统处理的数据量大、数据结构复杂、处理方法要求严格、安全性要求高,而且数据载体是无纸化的。

充分采集企业会计核算与管理所需要的各种数据,保证数据采集的及时性、真实性,也是会计软件运行的关键所在。

任务 1.4　了解会计软件的功能模块

1.4.1　会计软件的定义

会计软件是指专门用于会计核算、财务管理的计算机软件、软件系统或者其功能模块，包括一组指挥计算机进行会计核算与管理工作的程序、存储数据以及有关资料。它用于配合计算机完成记账、算账、报账，以及部分的会计管理和会计辅助决策等工作，如日常核算工作、量本利分析、投资决策等。

会计软件具有以下功能。

(1) 为会计核算、财务管理直接提供数据输入。

(2) 生成凭证、账簿、报表等会计资料。

(3) 对会计资料进行转换、输出、分析、利用。

1.4.2　会计软件的分类

按照不同的划分标准，会计软件分为不同的类型。

(1) 按硬件结构划分可分为单用户会计软件和多用户(网络)会计软件。

单用户会计软件是指将会计软件安装在一台计算机上，计算机中的会计软件单独运行，生成的数据只存储在本台计算机中，各计算机之间不能直接进行数据交换和共享。

多用户(网络)会计软件是指将会计软件安装在一个多台主服务器上，系统中各终端用户可以同时运行主服务器上的会计软件，不同终端(工作站)上的会计人员能够共享会计信息。目前的会计软件多采用云服务模式。

(2) 按适用范围划分可分为通用会计软件和定点开发会计软件。

通用会计软件是指在一定范围内适用的会计软件。通用会计软件的特点是不含或含有较少的会计核算规则与管理方法。其优点是由用户自己输入会计核算规则，使会计软件突破了空间上和时间上的局限性。其缺点是由于通用，初始化工作量越大，个别用户的会计核算工作的细节就越难被兼顾。

定点开发会计软件也称为专用会计软件，是指仅适用于个别单位会计业务的会计软件，如某企业针对自身的会计核算和管理的特点而开发研制的软件。定点开发会计软件的特点是把适合本单位特点的会计核算规则与管理方法编入会计软件，如将报表格式、工资项目、计算方法等在程序中固定。其优点是比较适合使用单位的具体情况，使用方便。其缺点是受到空间和时间上的限制，只能在个别单位、一定时期内使用。

(3) 按提供信息的层次划分可分为核算型会计软件、管理型会计软件和决策型会计软件。它们分别用于实现会计信息系统的核算、管理和决策职能，完成会计工作中事后核算、事中控制和事前决策，用于反映企业的经营活动情况，监督企业的经营活动，参与企业管理。一般的会计信息系统这三部分是相互联系、相互渗透的，共同组成一个完整系统。

- 会计核算：会计信息系统最基本的职能，面向事后核算。运用计算机和软件，采用一系列专门的会计核算方法，完成会计核算工作，提供会计核算信息。其主要任务是完成记账、算账、报表编制等会计业务处理。
- 会计管理：在会计核算的基础上，对会计信息进行深层加工，面向管理工作。借助计算机和软件，采用会计学、统计学、运筹学和数量经济学等方法，实现会计管理职能，提供管理上所需要的各种财务信息。其主要任务是开展财务分析、预测、计划和控制。
- 会计决策：会计决策是决策支持系统在会计领域的应用，是会计信息系统的进一步发展。借助计算机和软件，利用数据库、方法库和模型库，采用人机交互方式，帮助决策者解决决策问题，完成会计辅助决策工作。如利用成本核算数据和回归分析方法建立成本估计模型等；利用数据、模型并融合会计专家的知识进行会计预测，获得决策方案，直接为上层领导决策提供科学的辅助决策依据，帮助领导决策。

1.4.3 会计软件功能模块简介

会计软件的总体结构是指一个完整的会计软件由哪几个模块组成，每个模块完成哪些功能，以及各模块之间的相互关系等内容。

会计软件的功能模块也称为子系统，是指会计软件中能相对独立地完成会计数据输入、处理和输出功能的各个部分。

目前，会计软件已从核算型发展成管理型，它涵盖了供、产、销、人、财、物以及决策分析等企业经济活动的各个领域，功能不断完善，子系统不断扩展，基本上满足了各行各业会计核算和管理的要求。但是，由于企业性质、行业特点以及会计核算和管理需求不同，各种会计软件所包含的内容不尽相同，其子系统的划分也各有差异。按信息加工的层次和处理经济业务的类型，一般的会计软件功能模块包括账务处理模块、固定资产管理模块、工资管理模块、应收管理模块、应付管理模块、存货核算模块、成本管理模块、报表管理模块、财务分析模块、预算管理模块、绩效管理模块、投资管理模块、项目管理模块、其他管理模块，如图1-2所示。

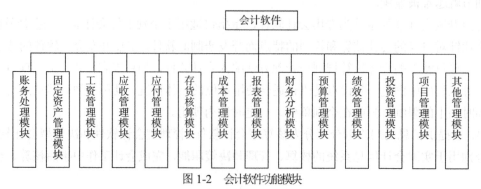

图1-2 会计软件功能模块

以上各子系统共同构成了会计软件的总体功能结构，其中前 8 个模块一般为会计核算功能，后 6 个模块一般为管理会计功能。各模块既相对独立，分别有着较为丰富的具体功能，基本上能够满足企事业单位会计核算和管理的需要，又能融会贯通地结合为一个有机的整体。这些模块的划分不是唯一的，在企业实际应用中，可能会进行适当的删减或重组。

1. 账务处理模块

账务处理模块(或称总账系统)，它是以凭证为数据处理起点，通过凭证输入和审核，完成记账、银行对账、结账、账簿查询及打印输出等工作。目前许多商品化的账务处理模块还包括往来款管理、部门核算、项目核算和管理及现金银行管理等一些辅助核算的功能。

2. 固定资产管理模块

固定资产管理模块主要是以固定资产卡片和固定资产明细账为基础，实现固定资产的会计核算、折旧计提和分配、设备管理等功能，同时提供了固定资产按类别、使用情况、所属部门和价值结构等进行分析、统计和各种条件下的查询、打印功能，以及该模块与其他模块的数据接口管理。

3. 工资管理模块

工资管理模块是进行工资核算和管理的模块，该模块以人力资源管理提供的员工及其工资的基本数据为依据，完成员工工资数据的收集、员工工资的核算、工资发放、工资费用的汇总和分摊、个人所得税计算和按照部门、项目、个人时间等条件进行工资分析、查询和打印输出，以及该模块与其他模块的数据接口管理。

4. 应收管理模块

应收管理模块以发票、其他应收单据等原始单据为依据，记录销售业务所形成的往来款项，处理应收款项的收回和转账，进行账龄分析和坏账估计及冲销，并对往来业务中的票据、合同进行管理，同时提供统计分析、打印和查询输出功能，以及与销售管理、账务处理等模块进行数据传递的功能。

5. 应付管理模块

应付管理模块以费用单据、其他应付单据等原始单据为依据，记录采购业务所形成的往来款项，处理应付款项的支付和转账，进行账龄分析及冲销，并对往来业务中的票据、合同进行管理，同时提供统计分析、打印和查询输出功能，以及与采购管理、账务处理等模块进行数据传递的功能。

6. 存货核算模块

存货核算模块以供应链模块产生的入库单、出库单、采购发票等核算单据为依据，核算存货的出入库和库存金额、余额，确认采购成本，分配采购费用，确认销售收入、成本和费用，并将核算完成的数据，按照需要分别传递到成本管理模块、应付管理模块和账务处理模块。

7. 成本管理模块

成本管理模块应实现成本管理的各项主要功能，一般包括对成本要素、成本中心、成本对象等参数的设置，以及成本核算方法的配置，从财务会计核算模块、业务处理模块以及人力资源等模块中抽取所需数据，进行精细化成本核算，生成分产品、分批次(订单)、分环节、分区域等多维度的成本信息，以及基于成本信息进行成本分析，实现成本的有效控制，为企业成本管理的事前计划、事中控制、事后分析提供有效的支持。

8. 报表管理模块

报表管理模块与其他模块相连，可以根据会计核算的数据，生成各种内部报表、外部报表、汇总报表，并根据报表数据分析报表，以及生成各种分析图等。在网络环境下，很多报表管理模块同时提供了远程报表的汇总、数据传输、检索查询和分析处理等功能。

9. 财务分析模块

财务分析模块从会计软件的数据库中提取数据，运用各种专门的分析方法，完成对企业财务活动的分析，实现对财务数据的进一步加工，生成分析和评价企业财务状况、经营成果和现金流量的各种信息，为决策提供正确依据。

10. 预算管理模块

预算管理模块应实现的主要功能包括对企业预算参数设置、预算管理模型搭建、预算目标制定、预算编制、预算执行控制、预算调整、预算分析和评价等全过程的信息化管理。

11. 绩效管理模块

绩效管理模块主要实现在业绩评价和激励管理过程中各要素的管理功能，一般包括业绩计划和激励计划的制定、业绩计划和激励计划的执行控制、业绩评价与激励实施管理等，为企业的绩效管理提供支持。

12. 投资管理模块

投资管理模块主要实现对企业投资项目进行计划和控制的系统支持过程，一般包括投资计划的制定和对每个投资项目进行的及时管控等。

13. 项目管理模块

项目管理模块主要是对企业的项目进行核算、控制与管理。项目管理主要包括项目立项、计划、跟踪与控制、终止的业务处理以及项目自身的成本核算等功能。该模块可以及时、准确地提供有关项目的各种资料，包括项目文档、项目合同、项目的执行情况，通过对项目中的各项任务进行资源的预算分配，实时掌握项目的进度，及时反映项目执行情况及财务状况，并且与账务处理、应收管理、应付管理、固定资产管理、采购管理、库存管理等模块集成，对项目收支进行综合管理，是对项目的物流、信息流、资金流的综合控制。

14. 其他管理模块

根据企业管理的实际需要，其他管理模块一般包括领导查询模块、决策支持模块等。领导查询模块可以按照领导的要求从各模块中提取有用的信息并加以处理，以最直观的表格和图形显示，使得管理人员通过该模块及时掌握企业信息；决策支持模块利用现代计算机、通信技术和决策分析方法，通过建立数据库和决策模型，实现向企业决策者提供及时、可靠的财务和业务决策辅助信息。

上述各模块既相互联系又相互独立,有着各自的目标和任务,它们共同构成了会计软件,实现了会计软件的总目标。

1.4.4 会计软件各模块的数据传递关系

会计软件各模块相互依赖,存在着复杂的数据传递关系,明确它们之间的相互联系,是理解会计软件功能结构的重要方面。会计核算系统软件内部各模块的数据传递关系如图 1-3 所示。

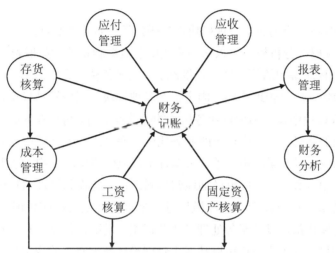

图 1-3　会计核算系统软件内部各模块的数据传递关系

会计软件是由各功能模块共同组成的有机整体,为实现相应功能,相关模块之间相互依赖,互通数据。

(1) 存货核算模块生成存货入库、存货估价入账、存货出库、盘亏/毁损、存货销售收入、存货期初余额调整等业务的记账凭证,并传递到账务处理模块,以便用户审核登记存货账簿。

(2) 应付管理模块完成采购单据处理、供应商往来处理、票据新增、付款、退票处理等业务后,生成相应的记账凭证并传递到账务处理模块,以便用户审核登记赊购往来及其相关账簿。

(3) 应收管理模块完成销售单据处理、客户往来处理、票据处理及坏账处理等业务后,生成相应的记账凭证并传递到账务处理模块,以便用户审核登记赊销往来及其相关账簿。

(4) 固定资产管理模块生成固定资产增加、减少、盘盈、盘亏、固定资产变动、固定资产评估和折旧分配等业务的记账凭证,并传递到账务处理模块,以便用户审核登记相关的资产账簿。

(5) 工资管理模块进行工资核算,生成分配工资费用、应交个人所得税等业务的记账凭证,并传递到账务处理模块,以便用户审核登记应付职工薪酬及相关成本费用账簿;工资管理模块为成本管理模块提供人工费资料。

(6) 成本管理模块中，如果计入生产成本的间接费用和其他费用定义为来源于账务处理模块，则成本管理模块在账务处理模块记账后，从账务处理模块中直接取得间接费用和其他费用的数据；如果不使用工资管理、固定资产管理、存货核算模块，则成本管理模块还需要在账务处理模块记账后，自动从账务处理模块中取得材料费用、人工费用和折旧费用等数据。成本管理模块的成本核算完成后，要将结转制造费用、结转辅助生产成本、结转盘点损失和结转工序产品耗用等记账凭证数据传递到账务处理模块。

(7) 存货核算模块为成本管理模块提供材料出库核算的结果；存货核算模块将应计入外购入库成本的运费、装卸费等采购费用和应计入委托加工入库成本的加工费传递到应付管理模块。

(8) 固定资产管理模块为成本管理模块提供固定资产折旧费数据。

(9) 报表管理和财务分析模块可以从各模块中取数编制相关财务报表，进行财务分析。

(10) 预算管理模块编制的预算经审核批准后，生成各种预算申请单，再传递给账务处理模块、应收管理模块、应付管理模块、固定资产管理模块、工资管理模块，进行责任控制。

(11) 项目管理模块中发生和项目业务相关的收款业务时，可以在应收发票、收款单或者退款单上输入相应的信息，并生成相应的业务凭证传递至账务处理模块；发生和项目相关采购活动时，其信息也可以在采购申请单、采购订单、应付模块的采购发票上记录；在固定资产管理模块中引入项目数据，可以更详细地归集固定资产建设和管理的数据；项目的领料和项目的退料活动等数据可以在存货核算模块进行处理，并生成相应凭证传递到账务处理模块。此外，各功能模块都可以从账务处理模块获得相关的账簿信息，存货核算、工资管理、固定资产管理、项目管理等模块均可以从成本管理模块获得有关的成本数据。

(12) 领导查询模块可以从各个模块中提取数据，根据企业的管理要求，编制成领导所需要的图表格式，通过网络进行传输，供领导使用。

(13) 决策支持模块可以从各个模块中取数，采用决策方法和模型，为企业内外部管理者提供有关财务决策信息。

任务 1.5　了解会计软件的配备方式及应用流程

1.5.1　会计软件的配备方式

企业配备会计软件的方式主要有购买、定制开发、购买与开发相结合等方式。其中，定制开发包括企业自行开发、委托外部单位开发、企业与外部单位联合开发三种具体开发方式。

1. 购买通用会计软件

通用会计软件是指软件公司为会计工作而专门设计开发，并以产品形式投入市场的应用软件。企业作为用户，付款购买即可获得软件的使用、维护、升级以及人员培训等服务。

采用这种方式的优点主要有：

(1) 企业投入少，见效快，实现信息化的过程简单。

(2) 软件性能稳定，质量可靠，运行效率高，能够满足企业的大部分需求。

(3) 软件的维护和升级由软件公司负责。

(4) 软件安全保密性强，用户只能执行软件功能，不能访问和修改源程序。

采用这种方式的缺点主要有：

(1) 软件的针对性不强，通常针对一般用户设计，难以适应企业特殊的业务或流程。

(2) 为保证通用性，软件功能设置往往过于复杂，业务流程简单的企业可能感到不易操作。

2. 自行开发

自行开发是指企业自行组织人员进行会计软件开发。采用这种方式的优点主要有：

(1) 企业能够在充分考虑自身生产经营特点和管理要求的基础上，设计出最有针对性和适用性的会计软件。

(2) 由于企业内部员工对系统充分了解，当会计软件出现问题或需要改进时，企业能够及时高效地纠错和调整，保证系统使用的流畅性。

采用这种方式的缺点主要有：

(1) 系统开发要求高、周期长、成本高，系统开发完成后，还需要较长时间的试运行。

(2) 自行开发软件系统需要大量的计算机专业人才，普通企业难以维持一支稳定的高素质软件人才队伍。

3. 委托外部单位开发

委托外部单位开发是指企业通过委托外部单位进行会计软件开发。

采用这种方式的优点主要有：

(1) 软件的针对性较强，降低了用户的使用难度。

(2) 对企业自身技术力量的要求不高。

采用这种方式的缺点主要有：

(1) 委托开发费用较高。

(2) 开发人员需要花大量的时间了解业务流程和客户需求，会延长开发时间。

(3) 开发系统的实用性差，常常不适用于企业的业务处理流程。

(4) 外部单位的服务与维护承诺不易做好。因此，这种方式目前已很少使用。

4. 企业与外部单位联合开发

企业与外部单位联合开发是指企业联合外部单位进行软件开发，由本单位财务部门和网络信息部门进行系统分析，外部单位负责系统设计和程序开发工作，开发完成后，对系统的重大修改由网络信息部门负责，日常维护工作由财务部门负责。

采用这种方式的优点主要有：

(1) 开发工作既考虑了企业的自身需求，又利用了外部单位的软件开发力量，开发的系统质量较高。

(2) 企业内部人员参与开发,对系统的结构和流程较熟悉,有利于企业日后进行系统维护和升级。

采用这种方式的缺点主要有:

(1) 软件开发工作需要外部技术人员与内部技术人员、会计人员充分沟通,系统开发的周期较长。

(2) 企业支付给外部单位的开发费用相对较高。

1.5.2 会计软件的应用流程

(一) 系统初始化

系统初始化也称初始设置,是指系统首次使用时,将通用会计软件转化成专用会计软件、将手工会计业务数据移植到计算机中等一系列准备工作,根据企业的实际情况进行参数设置、核算规则和方法设置,并录入基础档案与初始数据的过程。

系统初始化是会计软件运行的基础。它将通用的会计软件转变为满足特定企业需要的系统,使手工环境下的会计核算和数据处理工作得以在计算机环境下延续和正常运行。

系统初始化在系统初次运行时一次性完成,但部分设置可以在系统使用后进行修改。系统初始化将对系统的后续运行产生重要影响,因此系统初始化工作必须完整且尽量满足企业的需求。

1. 初始化的内容

一般地,会计软件的初始设置应该包括设置业务控制参数、设置业务处理规则、输入企业初始数据等步骤。

(1) 设置业务控制参数。

业务参数是反映企业会计核算和管理具体要求的指标或开关。不同的企业,会计业务处理的具体对象、采用的会计核算方法等也不尽相同。目前的会计软件已延伸到企业管理领域,不同企业的业务流程更是千差万别,为使通用会计软件能适应不同企业的会计业务处理的要求,可以通过设置业务参数来解决。业务参数的设置将决定会计软件的运行流程、业务模式、数据流向等,设定后不能随意更改。

(2) 设置业务处理规则。

建立有关核算规则,确定管理分析方法,如设置各种分类方法、设置会计科目体系、编制工资计算公式、编制报表取数和计算公式等。其中,重要任务之一就是建立会计字典。

会计字典,有些软件称之为档案,有些软件称之为目录,如科目目录、客户目录、存货目录、部门目录等,是构成会计数据的框架,是对会计信息进行分类的依据。由会计软件生成的总分类账、明细账、辅助账和各种统计表都是在会计字典的基础上形成的。每一笔业务都可能由几个会计字典和一组数字组成,如会计凭证的一条记录可能含有科目、部门、职员、客户或供应商、发生额等数据项,而一张发票可能含有客户、部门、业务员、仓库、商品、数量、金额、税额等数据项。按照数据库原理，我们可以对成批的会计记录分别以不同的会计字典为关键字进行分类和汇总。

建立会计字典就是构成计算机会计数据体系的框架，就像手工方式下要在新的账本上建立会计科目、在往来明细账上抄写各往来单位名称一样，以便下一步会计数据的写入及数据分类。

(3) 输入企业初始数据。

输入期初数据的目的是完成手工账与计算机账的衔接，使会计数据具有连续性。

- 输入期初余额。在首次使用新的会计软件时，初始数据是指软件启用时间以前的科目总账、明细账、辅助账等余额。该余额包含新的会计软件启用以前，已进行了会计处理的所有业务信息，同时也包含了未进行会计处理的一些业务数据。
- 期初余额输入后的校验。会计体系具有严密的完整性和科学性，它通过总账平衡校验、总账与明细账相符、明细账与各商品账及实物账相符的校验，来进行会计数据的验证，从而保证企业的会计信息准确、真实。

2. 初始化的类型

初始化包括系统级初始化和模块级初始化。

(1) 系统级初始化。

系统级初始化是设置会计软件所公用的数据、参数和系统公用基础信息，其初始化的内容涉及多个模块的运行，不特定专属于某个模块。系统级初始化内容主要包括创建账套并设置相关信息、增加操作员并设置权限和设置系统公用基础信息。

(2) 模块级初始化。

模块级初始化是设置特定模块运行过程中所需要的参数、数据和本模块的基础信息，以保证模块按照企业的要求正常运行。模块级初始化内容主要包括设置系统控制参数、设置基础信息和录入初始数据。

(二) 日常处理

日常处理是指在每个会计期间内，企业日常运营过程中重复、频繁发生的业务处理过程。

日常会计业务处理主要包括输入、处理、输出、利用等方面的工作，会计数据处理的基本流程包括输入工作、加工处理序列、输出工作、数据分析等步骤。

- 输入：将原始数据、原始凭证或记账凭证输入计算机，生成一定格式的数据文件，存储在计算机磁盘介质上。
- 处理：对计算机磁盘介质上存储的数据文件，进行计算、分类、合并、传送等处理，生成凭证、账簿或报表等数据文件，存储在计算机磁盘介质上。
- 输出：根据计算机磁盘介质上存储的凭证、账簿或报表数据文件，在计算机屏幕或打印机上输出各种会计信息。
- 利用：在会计核算的基础上进一步分析利用，如编制各种财务分析报告等。

日常处理有以下特点。

(1) 日常业务频繁发生，需要输入的数据量大。

(2) 日常业务在每个会计期间内重复发生，所涉及金额不尽相同。

（三）期末处理

期末处理是指在每个会计期间的期末所要完成的特定业务。

会计期末进行账账、账证、账实核对，处理期末会计事项，如工资分配及费用计提、固定资产折旧处理、销售成本结转以及各种转账业务等，最后进行结账。

期末处理有以下特点。

(1) 有较为固定的处理流程。

(2) 业务可以由计算机自动完成。

（四）数据管理

在会计软件应用的各个环节均应注意对数据的管理。

1. 数据备份

数据备份是指将会计软件的数据输出保存在其他存储介质上，以备后续使用。数据备份主要包括账套备份、年度账备份等。

2. 数据还原

数据还原又称数据恢复，是指将备份的数据使用会计软件恢复到计算机硬盘上。它与数据备份是一个相反的过程。数据还原主要包括账套还原、年度账还原等。

任务 1.6　了解企业会计信息化工作规范

1.6.1　会计软件的功能规范

(1) 会计软件应当保障企业按照国家统一会计准则制度开展会计核算，不得有违背国家统一会计准则制度的功能设计。

(2) 会计软件的界面应当使用中文并且提供对中文处理的支持，可以同时提供外国或者少数民族文字界面对照和处理支持。

(3) 会计软件应当提供符合国家统一会计准则制度的会计科目分类和编码功能。

(4) 会计软件应当提供符合国家统一会计准则制度的会计凭证、账簿和报表的显示和打印功能。

(5) 会计软件应当提供不可逆的记账功能，确保对同类已记账凭证的连续编号；不得提供对已记账凭证的删除和插入功能，不得提供对已记账凭证日期、金额、科目和操作人的修改功能。

(6) 鼓励软件供应商在会计软件中集成可扩展商业报告语言(XBRL)功能,便于企业生成符合国家统一标准的 XBRL 财务报告。

(7) 会计软件应当具有符合国家统一标准的数据接口,满足外部会计监督需要。

(8) 会计软件应当具有会计资料归档功能,提供导出会计档案的接口,在会计档案存储格式、元数据采集、真实性与完整性保障方面,符合国家有关电子文件归档与电子档案管理的要求。

(9) 会计软件应当记录生成用户操作日志,确保日志的安全、完整。

(10) 以远程访问、云计算等方式提供会计软件的供应商,应当在技术上保证客户会计资料的安全、完整。

(11) 客户以远程访问、云计算等方式使用会计软件生成的电子会计资料归客户所有。

(12) 以远程访问、云计算等方式提供会计软件的供应商,应当做好本厂商不能维持服务情况下,保障企业电子会计资料安全以及企业会计工作持续进行的预案。

(13) 软件供应商应当努力提高会计软件相关服务质量,按照合同约定及时解决用户使用中的故障问题。

(14) 鼓励软件供应商采用呼叫中心、在线客服等方式为用户提供实时技术支持。

(15) 软件供应商应当就如何通过会计软件开展会计监督工作,提供专门教程和相关资料。

1.6.2 企业会计信息化的工作规范

1. 会计信息化建设

(1) 企业应当充分重视会计信息化工作,加强组织领导和人才培养,不断推进会计信息化在本企业的应用。

(2) 企业开展会计信息化工作,应当根据发展目标和实际需要,合理确定建设内容,避免投资浪费。

(3) 企业开展会计信息化工作,应当注重信息系统与经营环境的契合。

(4) 大型企业、企业集团开展会计信息化工作,应当注重整体规划,统一技术标准、编码规则和系统参数,实现各系统的有机整合,消除信息孤岛。

(5) 企业配备会计软件,应当根据自身技术力量以及业务需求,考虑软件功能、安全性、稳定性、响应速度、可扩展性等要求,合理选择购买、定制开发、购买与开发相结合等会计软件配备方式。

(6) 企业通过委托外部单位开发、购买等方式配备会计软件,应当在有关合同中约定操作培训、软件升级、故障解决等服务事项,以及软件供应商对企业信息安全的责任。

(7) 企业应当促进会计信息系统与业务信息系统的一体化,通过业务的处理直接驱动会计记账,减少人工操作,提高业务数据与会计数据的一致性,实现企业内部信息资源共享。

(8) 企业应当根据实际情况,开展本企业信息系统与银行、供应商、客户等外部单位信息系统的互联，实现外部交易信息的集中自动处理。

(9) 企业进行会计信息系统前端系统的建设和改造，应当安排负责会计信息化工作的专门机构或者岗位参与，充分考虑会计信息系统的数据需求。

(10) 企业应当遵循企业内部控制规范体系要求，加强对会计信息系统规划、设计、开发、运行、维护全过程的控制。

(11) 处于会计核算信息化阶段的企业，应当结合自身情况，逐步实现资金管理、资产管理、预算控制、成本管理等财务管理信息化；处于财务管理信息化阶段的企业，应当结合自身情况，逐步实现财务分析、全面预算管理、风险控制、绩效考核等决策支持信息化。

2. 信息化条件下的会计资料管理

(1) 对于信息系统自动生成且具有明晰审核规则的会计凭证，可以将审核规则嵌入会计软件，由计算机自动审核。未经自动审核的会计凭证，应当先经人工审核后再进行后续处理。

(2) 分公司、子公司数量多且分布广的大型企业、企业集团，应当探索利用信息技术促进会计工作的集中，逐步建立财务共享服务中心。

(3) 外商投资企业使用的境外投资者指定的会计软件，或者跨国企业集团统一部署的会计软件，应当符合会计软件和服务的规范的要求。

(4) 企业会计信息系统数据服务器的部署应当符合国家有关规定。

(5) 企业会计资料中对经济业务事项的描述应当使用中文，可以同时使用外国或者少数民族文字对照。

(6) 企业应当建立电子会计资料备份管理制度，确保会计资料的安全、完整和会计信息系统的持续、稳定运行。

(7) 企业不得在非涉密信息系统中存储、处理和传输涉及国家秘密、关系国家经济信息安全的电子会计资料；未经有关主管部门批准，不得将其携带、寄运或者传输至境外。

(8) 企业内部生成的会计凭证、账簿和辅助性会计资料，如果同时满足所记载的事项属于本企业重复发生的日常业务、由企业信息系统自动生成且可查询和输出、企业对相关数据建立了电子备份制度及完善的索引体系等条件，可以不输出纸面资料。

(9) 企业获得的需要外部单位或者个人证明的原始凭证和其他会计资料，如果同时满足会计资料附有可靠的电子签名，且电子签名经符合《中华人民共和国电子签名法》的第三方认证、所记载的事项属于本企业重复发生的日常业务、可及时在企业信息系统中查询和输出、企业对相关数据建立了电子备份制度及完善的索引体系等条件，可以不输出纸面资料。

(10) 企业会计资料的归档管理，遵循国家有关会计档案管理的规定。

(11) 实施企业会计准则通用分类标准的企业，应当按照有关要求向财政部报送 XBRL 财务报告。

1.6.3 会计信息化的监督管理

(1) 企业使用会计软件不符合《企业会计信息化工作规范》(以下简称《规范》)要求的，

由财政部门责令限期改正。限期不改的，财政部门应当予以公示，并将有关情况通报同级相关部门或其派出机构。

(2) 财政部采取组织同行评议、向用户企业征求意见等方式对软件供应商提供的会计软件遵循《规范》的情况进行检查。省、自治区、直辖市人民政府财政部门发现会计软件不符合《规范》的，应当将有关情况报财政部。

(3) 软件供应商提供的会计软件不符合《规范》的，财政部可以约谈该供应商主要负责人，责令限期改正。限期内未改正的，由财政部予以公示，并将有关情况通报相关部门。

任务 1.7 会计信息安全认知

1.7.1 安全使用会计软件的基本要求

常见的非规范化操作包括密码与权限管理不当、会计档案保存不当、未按照正常操作规范运行软件等。这些操作可能威胁会计软件的安全运行。

1. 严格管理账套使用权限

在使用会计软件时，用户应该对账套使用权限进行严格管理，防止数据外泄；用户不能随便让他人使用计算机；在离开计算机时，必须立即退出会计软件，以防止他人偷窥系统数据。

2. 定期打印备份重要的账簿和报表数据

为防止硬盘上的会计数据遭受意外或被人为破坏，用户需要定期将硬盘数据备份到其他磁性介质上(如U盘、光盘等)。在月末结账后，对本月重要的账簿和报表数据还应该打印备份。

3. 严格管理软件版本升级

对会计软件进行升级的原因主要有：因改错而升级版本；因功能改进和扩充而升级版本；因运行平台升级而升级版本。经过对比审核，如果新版软件更能满足实际需要，企业应该对其进行升级。

1.7.2 计算机病毒的防范

计算机病毒是指编制者在计算机程序中插入的破坏计算机功能或数据，影响计算机使用并且能够自我复制的一组计算机指令或程序代码。

1. 计算机病毒的特点

(1) 寄生性：病毒可以寄生在正常的程序中，跟随正常程序一起运行。

(2) 传染性：病毒可以通过不同途径传播。

(3) 潜伏性：病毒可以事先潜伏在计算机中不发作，然后在某一时间集中大规模爆发。

(4) 隐蔽性：病毒未发作时不易被发现。

(5) 破坏性：病毒可以破坏计算机，造成计算机运行速度变慢、死机、蓝屏等问题。

(6) 可触发性：病毒可以在条件成熟时被触发。

2. 计算机病毒的类型

(1) 按计算机病毒的破坏能力分类可分为良性病毒和恶性病毒。

良性病毒是指只占用系统 CPU 资源，但不破坏系统数据，不会使系统瘫痪的计算机病毒。与良性病毒相比，恶性病毒对计算机系统的破坏力更大，包括删除文件、破坏和盗取数据、格式化硬盘、使系统瘫痪等。

(2) 按计算机病毒存在的方式分类可分为引导型病毒、文件病毒和网络病毒。

引导型病毒是在系统开机时进入内存后控制系统，进行病毒传播和破坏活动的病毒。

文件型病毒是感染计算机存储设备中的可执行文件，当执行该文件时，再进入内存，控制系统，进行病毒传播和破坏活动的病毒。

网络病毒是通过计算机网络传播感染网络中的可执行文件的病毒。

3. 导致病毒感染的人为因素

(1) 不规范的网络操作。

不规范的网络操作可能导致计算机感染病毒。其主要途径包括浏览不安全网页、下载被病毒感染的文件或软件、接收被病毒感染的电子邮件、使用即时通信工具等。

(2) 使用被病毒感染的磁盘。

使用来历不明的硬盘和 U 盘，容易使计算机感染病毒。

4. 感染计算机病毒的主要症状

当计算机感染病毒时，系统会表现出一些异常症状，主要如下。

(1) 系统启动时间比平时长，运行速度减慢。

(2) 系统经常无故发生死机现象。

(3) 系统异常重新启动。

(4) 计算机存储系统的存储容量异常减少，磁盘访问时间比平时长。

(5) 系统不识别硬盘。

(6) 文件的日期、时间、属性、大小等发生变化。

(7) 打印机等一些外部设备工作异常。

(8) 程序、数据丢失或文件损坏。

(9) 系统的蜂鸣器出现异常响声。

(10) 其他异常现象。

5. 防范计算机病毒的措施

防范计算机病毒的措施主要有以下几种。

(1) 规范使用 U 盘。在使用外来 U 盘时，应该首先用杀毒软件检查是否有病毒，确认无病毒后再使用。

(2) 使用正版软件,杜绝购买盗版软件。
(3) 谨慎下载与接收网络上的文件和电子邮件。
(4) 经常升级杀毒软件。
(5) 在计算机上安装防火墙。
(6) 经常检查系统内存。
(7) 计算机系统要专机专用,避免使用其他软件。

6. 计算机病毒的检测与清除

(1) 计算机病毒的检测。

计算机病毒的检测方法通常有以下两种。

- 人工检测。人工检测是指通过一些软件工具进行病毒检测。这种方法需要检测者熟悉机器指令和操作系统,因而不易普及。
- 自动检测。自动检测是指通过一些诊断软件来判断一个系统或一个软件是否有计算机病毒。自动检测比较简单,一般用户都可以进行。

(2) 计算机病毒的清除。

对于一般用户而言,清除病毒一般使用杀毒软件进行。杀毒软件可以同时清除多种病毒,并且对计算机中的数据没有影响。

1.7.3　计算机黑客的防范

计算机黑客是指通过计算机网络非法进入他人系统的计算机入侵者。他们对计算机技术和网络技术非常精通,能够了解系统的漏洞及其原因所在,通过非法闯入计算机网络来窃取机密信息,毁坏某个信息系统。

1. 黑客常用手段

(1) 密码破解。黑客通常采用的攻击方式有字典攻击、假登录程序、密码探测程序等,主要目的是获取系统或用户的口令文件。

(2) IP 嗅探与欺骗。IP 嗅探是一种被动式攻击,又叫网络监听。它通过改变网卡的操作模式来接收流经计算机的所有信息包,以便截取其他计算机的数据报文或口令。欺骗是一种主动式攻击,它将网络上的某台计算机伪装成另一台不同的主机,目的是使网络中的其他计算机误将冒名顶替者当成原始的计算机而向其发送数据。

(3) 攻击系统漏洞。系统漏洞是指程序在设计、实现和操作上存在的错误。黑客利用这些漏洞攻击网络中的目标计算机。

(4) 端口扫描。由于计算机与外界通信必须通过某个端口才能进行,黑客可以利用一些端口扫描软件对被攻击的目标计算机进行端口扫描,搜索到计算机的开放端口并进行攻击。

2. 防范黑客的措施

(1) 制定相关法律法规加以约束。

随着网络技术的发展，有关网络信息安全的法律法规相继诞生，并有效规范和约束着与网络信息传递相关的各种行为。

(2) 数据加密。

数据加密的目的是保护系统内的数据、文件、口令和控制信息，同时也可以提高网上传输数据的可靠性。

(3) 身份认证。

系统可以通过密码或特征信息等来确认用户身份的真实性，只对确认了身份的用户给予相应的访问权限，从而降低黑客攻击的可能性。

(4) 建立完善的访问控制策略。

系统应该设置进入网络的访问权限、目录安全等级控制、网络端口和节点的安全控制、防火墙的安全控制等。通过各种安全控制机制的相互配合，才能最大限度地保护计算机系统免受黑客攻击。

单元总结

本单元主要内容的思维导图，如图 1-4 所示，各项任务的电子演示文稿见思维导图中二维码的内容。

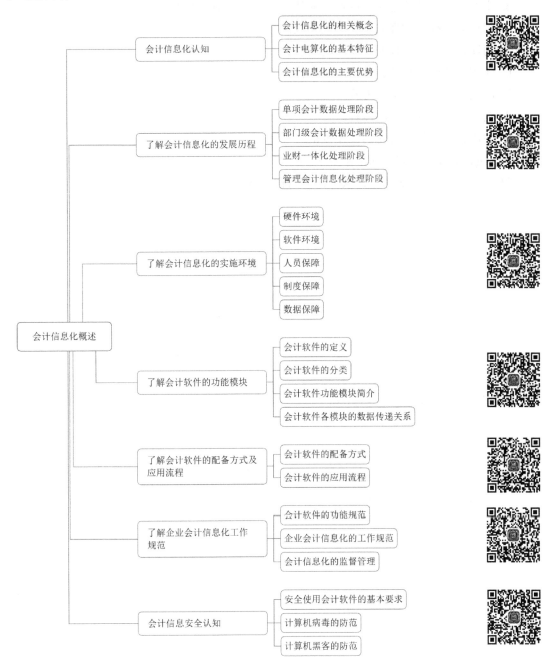

图 1-4 会计信息化概述总结

思考训练

1. 什么是会计信息化、会计信息系统?
2. 简述会计信息化的发展历程。
3. 举例说明会计信息化的硬件、软件、网络、人员、制度。
4. 阐述会计核算软件的主要功能模块。
5. 阐述管理会计软件的主要功能模块。
6. 简述会计核算软件各模块的数据传递关系。
7. 简述会计软件的配备方式。
8. 阐述会计软件的应用流程。
9. 简述企业会计信息化的工作规范。
10. 简述会计信息安全的基本要求。
11. 上网查询写出5个会计软件公司的官方网址。

第 2 单元　系统级初始化

学习目标

熟悉会计账套信息、财务分工的基本内容并能上机操作，掌握企业基本分类及档案的基本内容并能熟练操作，会进行会计数据备份、数据恢复操作。

通过系统级初始化学习，让学生树立全局观念，能够把握全局和局部、当前和长远、宏观和微观的关系，具有战略思维、系统思维，领悟前瞻性思考、全局性谋划、整体性推进各项工作的科学思想方法。

系统级初始化是指设置会计软件的公用数据、参数和系统公用基础信息，其初始化的内容涉及多个模块的运行，不特定专属于某个模块。系统级初始化内容主要包括创建账套并设置相关信息、增加操作员并设置权限和设置系统公用基础信息等。

任务 2.1　建立账套与财务分工

为规定系统具体采用的业务控制的参数、设置具体的核算规则，在开始使用通用财务软件时，首先需根据本企业的业务性质和会计核算与财务管理的具体要求进行系统级初始化设置。

2.1.1　建立账套

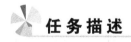

任务描述

振华商贸有限公司(简称振华公司)成立于 2022 年 10 月，是一家零售业务公司，法人代表张志勇，地址为北城区正义路 89 号，电子邮件为 zhua@vip.sina.com。该公司在 2022 年 11 月完成了前期会计工作，在 2022 年 12 月开始准备实施会计信息化。

公司考虑到初次应用会计信息系统，应用水平和人员素质均有限，决定先启用基本模块，各方面条件成熟后再全面实施会计信息系统。经过评估，选用用友 U8 V10.1 软件作为应用软件，并在实施进程上，在 2022 年 12 月开启总账系统、工资管理、固定资产管理、应收管理、应付管理、存货管理、会计报表及财务分析子系统等。

公司记账本位币为人民币，不进行存货分类、对客户和供应商分类，无外币核算业务，对数量、单价核算时小数位为 2。该公司为增值税一般纳税人，使用的增值税率为 17%。

公司设置的编码规则如表2-1。

表2-1 编码方案

会计科目编码级次	42222
部门编码级次	12
结算方式编码级次	11
收发类别编码级次	11
供应商分类/客户分类编码级次	22

请为振华公司建立账套并进行账套信息设置。

 相关知识

账套是用户单位的一套独立完整的账簿体系。建立账套就是利用财务软件为本单位建立一套账簿文件。首次使用总账系统,应根据本单位的具体情况,建立新的核算账套。

1. 设置账套基本信息和公用业务参数

建账是指按照所设置的账套基本信息和各模块公用业务参数来建立会计数据库文件,相当于手工方式下准备账册及建立内部会计制度。

业务参数,即业务处理控制参数,是财务软件为适应不同单位的需求而设计的,用来反映单位具体核算和管理要求的参数。

账套基本信息和主要业务参数有账套名称、账套号、启用日期、编码方案、记账本位币、数据精度、会计期间、会计制度。

(1) 账套名称:即会计核算单位的名称,是会计核算的主体,具有独立的、完整的账簿体系。使用通用财务软件可自行定义核算单位名称,以便在显示和打印的账簿与报表上标识核算单位的名称。

(2) 账套号:是核算单位账套的编号。通用财务软件一般允许同时管理多个单位的多个账套,每个核算单位都有一套独立的、完整的账簿体系。实际上每个账套是由相互关联的业务数据构成的一系列的数据文件。为便于计算机管理,每个核算单位的账套用一个账套号表示。账套号一般用数字表示,不能重复,每一个号码与核算单位名称是相互对应的。每个账套的业务数据都存储在指定目录下的数据库文件中。

通常除了定义单位名称外,还可按照核算单位的实际情况,建立本单位基本信息资料,包括单位地址、法人代表、邮政编码、电话、传真、税号、电子邮件等。

(3) 启用日期:即新建账套被启用的时间(年份和月份)。设置启用日期是为了便于确定计算机会计信息处理工作的起点,以确保证、账、表数据的连续性。启用日期应在第一次初始设置时确定,一般软件默认为计算机系统的时间。建账时务必将启用日期调整正确,设定后将不能再更改。

(4) 编码方案：是指设置编码的级次方案。为了便于进行分级核算、统计和管理，财务软件将对会计科目、企业部门等进行编码。编码方案、编码级次和各级编码长度的设置，将决定核算单位如何对经济业务数据进行分级核算、统计和管理。

通常采用群码方案进行编码，这是一种分段组合编码，每一段有固定的位数。

编码规则：编码共分几段，每段有几位。

级次：顶层至最底层的段数。

级长：每级科目(或每段)的编码位数。

编码总级长：每级编码级长之和。

以会计科目编码为例，科目总级长与本级科目级长的关系为：

$$本级科目总级长=上级科目总级长+本级科目级长$$

例如，假定某企业会计科目分为四级，规定编码总长度为十位，科目编码规则为4222，即科目级次为四级，一级科目编码为四位，其余各级均为二位，如图2-1所示。

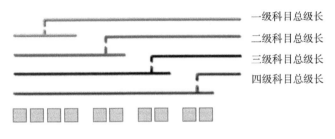

图2-1　会计科目分级图

除会计科目外，可分级设置编码的内容还有地区分类、客户分类、供应商分类、存货分类、部门、收发类别和结算方式等。

(5) 记账本位币：是指核算单位采用的基本货币种类，在国内采用人民币作为记账本位币。企业如果有外币核算要求，可以开设辅助账。

(6) 数据精度：是指确定数据的小数位数。若需要进行数量核算，可以根据对数量、单价等核算精度的不同要求，定义数量核算的数量小数位数和单价小数位数。

(7) 会计期间：通用财务软件依照国家统一会计制度的规定划分会计期间，用于分期结算账目以及编制财务会计报告。我国会计制度规定，会计年度自公历1月1日起至12月31日止。在会计年度内正确规定会计月份的起始日期和结账日期。

(8) 会计制度：根据企业的性质选择相应的会计制度，确定会计制度将影响软件系统内部预置的会计科目体系、报表格式及有关会计核算方法。目前，除金融保险企业和经营规模较小的企业外，国内的企业执行统一的会计制度。

2. 建立账簿文件

建立账簿文件就是建立会计信息系统所需要的科目库、凭证库、总账和明细账库等数据库文件，通常由软件根据账套参数自动完成。建立过程是通过定义一系列的会计业务处理过程中所使用的各种控制参数，来规定会计业务处理的具体要求或会计核算方法。财务软件设置了参数后，在使用时，将按照规定的参数值进行相应的计算、存储、统计分析等处理。这样，为通用财务软件专用化打下了基础。账簿文件建立后，方能进行经济业务处理。

第一次使用总账系统时，建立的证、账、表数据库文件都是空白的。第二年使用总账系统时，建立账簿文件后，财务软件将自动填入上年结转的基础数据。

 任务实施

1. 系统注册

(1) 执行"开始"|"程序"|"用友 U8 V10.1"|"系统服务"|"系统管理"命令，打开"用友 U8[系统管理]"窗口，如图 2-2 所示；

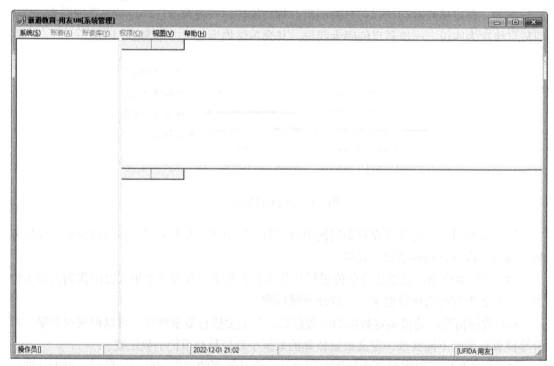

图 2-2

(2) 在"用友 U8[系统管理]"窗口中，执行"系统"|"注册"命令，如图 2-3 所示；

(3) 在"登录"对话框中，在"操作员"处输入"admin"，如图 2-4 所示，然后单击"登录"按钮即可。

第2单元 系统级初始化

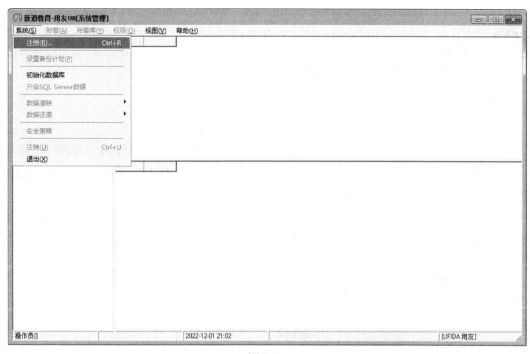

图 2-3

【说明】

第一次使用系统时,必须利用系统管理员建账,系统默认的系统管理员是 admin,密码为空。

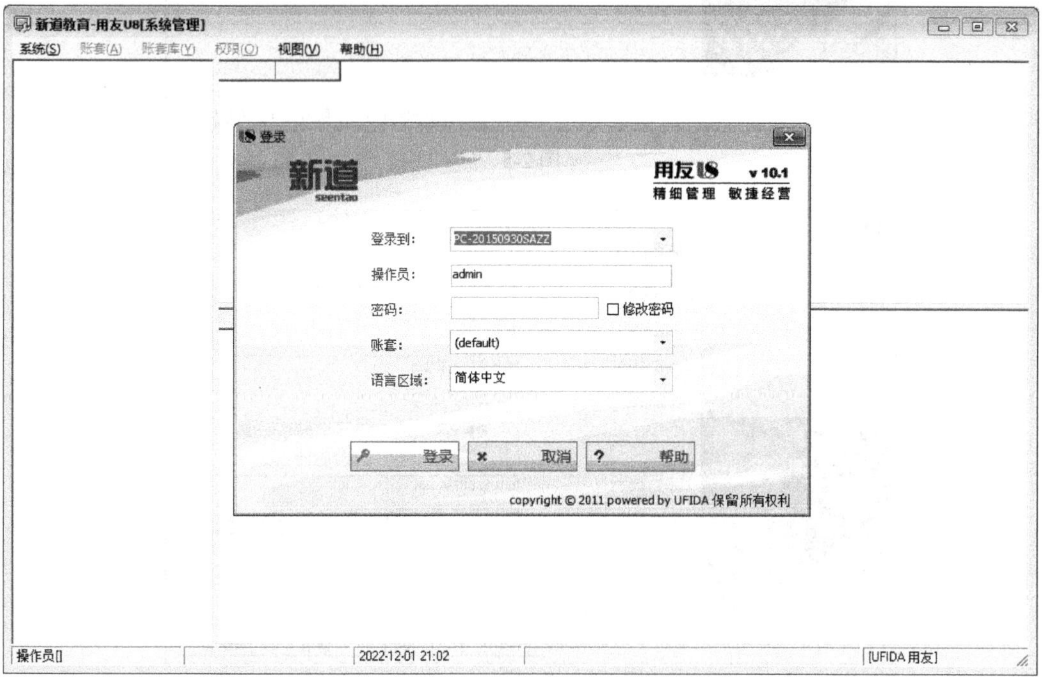

图 2-4

提示：
初学者暂时不要设置或修改系统管理员的密码。

2. 账套信息设置

(1) 以系统管理员身份进入"用友 U8[系统管理]"窗口；

(2) 执行"账套"|"建立"命令，打开"创建账套—建账方式"对话框，如图 2-5 所示；

(3) 单击"下一步"按钮，打开"创建账套—账套信息"对话框，依次输入新建的账套号、账套名称和启用会计期，如图 2-6 所示；

(4) 单击"下一步"按钮，进入"创建账套—单位信息"对话框，在"创建账套—单位信息"对话框中，依次输入单位名称、单位简称、单位地址、电子邮件等有关信息，如图 2-7 所示；

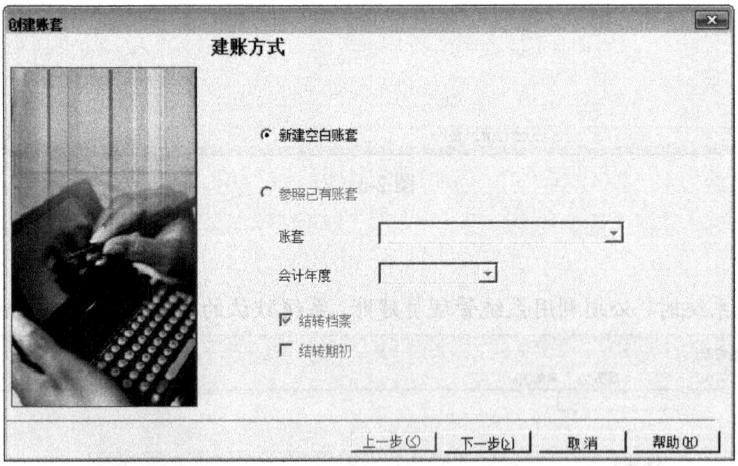

图 2-5

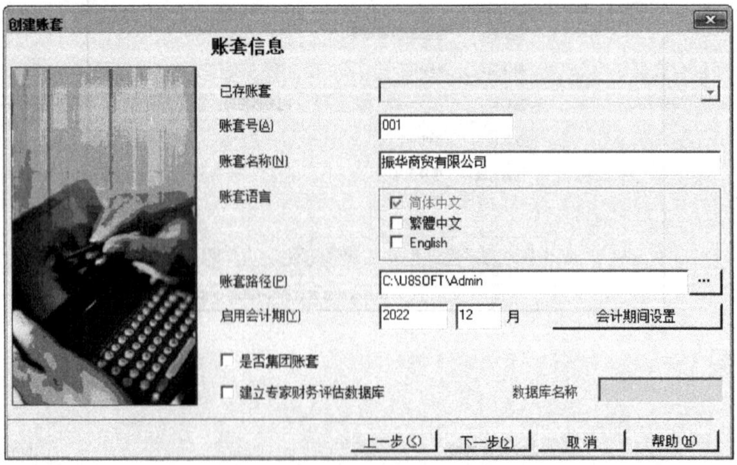

图 2-6

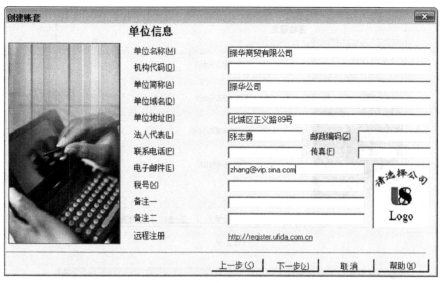

图 2-7

(5) 单击"下一步"按钮，进入"创建账套—核算类型"对话框，在"创建账套—核算类型"对话框中，依次采用系统默认的本位币"RMB"、本币名称"人民币"，分别选择企业类型、行业性质及其账套主管，如图 2-8 所示；

(6) 单击"下一步"按钮，进入"创建账套—基础信息"对话框，分别选择"客户是否分类""供应商是否分类"复选框，如图 2-9 所示；

(7) 单击"下一步"按钮，打开"创建账套—开始"对话框，如图 2-10 所示；

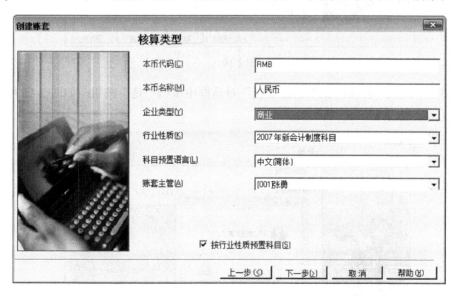

图 2-8

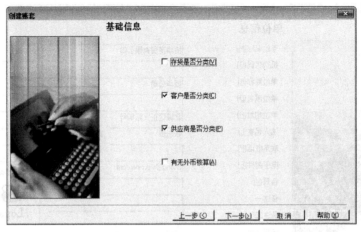

图 2-9

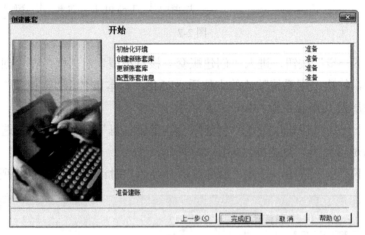

图 2-10

(8) 单击"完成"按钮，在"创建账套"对话框中单击"是"按钮，如图 2-11 所示，打开"编码方案"对话框；

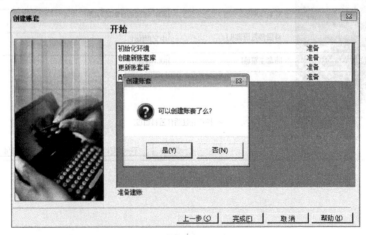

图 2-11

(9) 在"编码方案"对话框中,根据所提供的资料,分别设置会计科目、部门、结算方式、收发类别、供应商和客户、地区等编码级次,如图 2-12 所示;

图 2-12

(10) 单击"确定"按钮,打开"数据精度"对话框。在"数据精度"对话框中,根据所提供的资料,确定所有小数位,如图 2-13 所示;

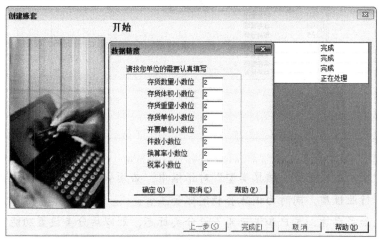

图 2-13

(11) 单击"确定"按钮,在"创建账套"对话框中单击"是"按钮,账套创建成功,如图 2-14 所示;

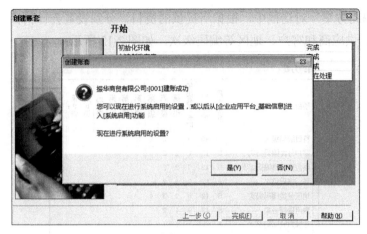

图 2-14

(12) 系统自动打开"系统启用"窗口,选择"GL 总账",定义启用日期为"2022 年 12 月 1 日",如图 2-15 所示。

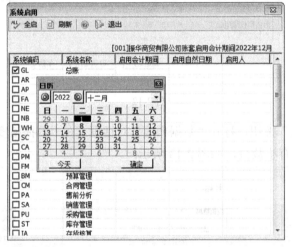

图 2-15

提示:

- 在"创建账套—核算类型"对话框中,必须从"行业性质"中正确选择所属行业性质,同时为该账套指定账套主管。
- 如果存货、客户和供应商不设分类标志,则以后分类设置功能不可用,直接输入存货、客户和供应商档案而不需要进行分类。
- 在"编码方案"对话框中,必须先定义好会计科目编码级次,否则会导致会计科目设置失败。
- 子系统的启用日期不能早于建账日期,且一般需设置为月初,即某月的 1 号。

2.1.2 财务分工

任务描述

为适应系统运行环境，振华公司财务部经理张志勇对财务部门进行了岗位分工，分设财务主管、总账会计、出纳员及业务会计等岗位，具体情况如表 2-2 所示。

表 2-2 岗位及分工

人员	编号	岗位	岗位责任
张 勇	001	财务主管 （电算主管）	负责各项初始设置、审核、财务分析及财务管理
刘兆福	002	主办会计 （软件操作 1）	负责总账、辅助账、银行对账处理，工资、固定资产、应收应付和存货系统的制单和记账工作，负责编制会计报表
马 丽	003	出纳	负责收付款凭证审核、企业日记账管理等工作
赵 燕	004	一般会计 （软件操作 2）	负责工资、固定资产、应收应付、存货等原始单据的输入及一般业务处理工作

请为振华公司设置系统操作员并给操作员赋权或分配权限。

相关知识

财务分工是指设置系统操作员并给操作员赋权或分配权限。

1. 设置系统操作员

在使用新账套之前，必须先指定账套主管和全部操作员。

(1) 操作员编码：用来标识所设置的操作员的编号，必须输入且唯一。

(2) 操作员姓名：也称为注册名，是指有权进入系统人员的名称，如电算管理员、操作员、审核员等。它可以是真实姓名，也可以是代号，如有重名，必须加上区别标记。

(3) 操作密码：即口令，是指设置操作员进行系统登录时的口令。为了保证系统的安全和保密，以及分清责任，最好设置口令，但口令务必牢记。在第一次进入系统前，可由电算管理员代为建立密码，并通知操作员本人；进入系统后，再由操作员自行修改。

2. 操作员分配权限

为协调财务软件各模块之间的操作，确保会计数据的安全和保密，防止非指定操作人员擅自使用软件，避免与业务无关人员对系统进行操作，在使用财务软件处理会计业务之前，需对电算化的操作人员进行岗位分工，并对指定的操作人员实行使用权限控制。权限分配可以是系统级的，即可对总账系统、工资管理、固定资产管理等各子系统的使用权进行分配；也可以是操作级的，即对子系统中的操作权限进行具体的明细分工。具体分配情况可以视企业的规模、业务复杂程度以及财务岗位的分工要求来定。

操作人员分工的主要依据是基本会计岗位分工和会计信息化岗位责任制中有关职责和权限的规定，并结合企业内部控制规范来执行。

一般地，一个账套中设一个账套主管，系统默认账套主管拥有全部权限。系统管理员与账套主管的区别如下。

(1) "账套主管"主要是由"系统管理员"指定，系统管理员负责整个系统的安全和维护工作，而账套主管只负责所管账套的维护工作。

(2) 以"系统管理员"身份注册进入系统，可进行账套的管理(包括账套的建立、引入和输出)，以及操作员及其权限的设置。而以"账套主管"的身份注册登录，可进行所选账套的修改和所选年度内账套的管理(包括账套的创建、清空、引入、输出和年末结转，所选账套的数据备份)，以及该账套操作员权限的设置。

总之，合理地进行人员分工能使会计信息系统在有效的控制下正常运行，也是严格执行内部控制制度、保证会计信息系统安全使用的有效措施。

任务实施

1. 设置系统操作员

(1) 以系统管理员 admin 的身份进入"用友 U8[系统管理]"窗口；

(2) 执行"权限"|"用户"命令，进入"用户管理"窗口，单击"增加"按钮，打开"操作员详细情况"对话框，如图 2-16 所示；

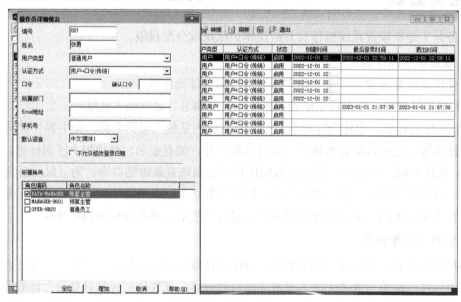

图 2-16

(3) 在"操作员详细情况"对话框中，依次输入编号、姓名、口令以及所属部门等有关信息，单击"确定"按钮即可；

(4) 重复步骤(2)和(3)，继续增加其他操作员。

提示：
- "口令"和"确认口令"栏中输入的内容要求一致。
- 操作员的编码和姓名均不能重复。
- 设置的操作员一旦被使用，将不能删除。

2. 操作员权限分配

(1) 以系统管理员身份进入"用友U8[系统管理]"窗口；

(2) 执行"权限"|"权限"命令，进入"操作员权限"窗口，系统默认"001 张勇"具有账套主管权限；

(3) 选定"002 刘兆福"，单击"修改"按钮，选择"总账"|"凭证"等相关权限，如图2-17所示；

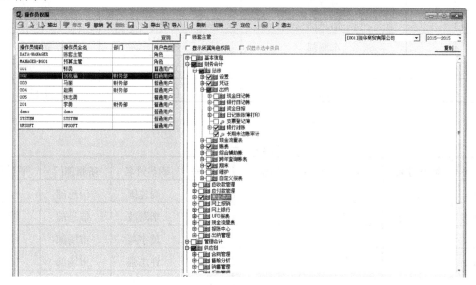

图 2-17

(4) 重复步骤(3)，可以继续增加其他操作员的权限，设置完之后，单击"确定"按钮。

提示：
- 若需要取消某些权限，将复选按钮前的"对勾"去掉即可。
- 操作员一旦开展了日常操作，即其权限被引用，便不能修改和删除。

任务 2.2 建立企业基础档案

2.2.1 部门档案和职员档案

 任务描述

振华商贸有限公司(简称振华公司)成立于 2022 年 10 月,下设行政部、财务部、信息部、市场部、采购部和仓储部 6 个部门,拥有员工 13 名,具体情况如表 2-3、表 2-4 所示。企业性质为有限责任公司,主要从事商品批发兼营零售业务。

表 2-3 组织结构及相关信息

部门编码	部门名称	部门属性	负责人
1	行政部	管理	张志勇
2	财务部	管理	张 勇
3	信息部	管理	周建国
4	市场部	营销	黄宇翔
5	采购部	采购	叶淑贤
6	仓储部	仓管	王自立

表 2-4 员工资料

编号	职员姓名	所属部门	职员属性	编号	职员姓名	所属部门	职员属性
101	张志勇	行政部	经理	301	周建国	信息部	经理
102	刘晓倩	行政部	管理	302	李海波	信息部	管理
201	张 勇	财务部	经理	401	黄宇翔	市场部	经理
202	刘兆福	财务部	管理	402	许志强	市场部	销售
203	马 丽	财务部	管理	501	叶淑贤	采购部	经理
204	赵 燕	财务部	管理	502	谢志刚	采购部	采购
				601	王自立	仓储部	仓管

请为振华公司建立组织结构和职员档案。

 相关知识

使用账套之前,首先要建立好单位内部组织机构和外部往来单位两方面的信息。其中单位内部组织机构信息主要有部门档案和职员档案,外部往来单位信息主要有客户档案和供应商档案。此外,涉及项目核算的还应建立项目目录和项目档案。

会计核算过程中,经常会遇到分部门核算与管理的问题,如费用核算,不仅要核算某项费用在某会计期的发生总额,而且要进一步核算该项费用在企业内部各个部门的发生情况,以便有效地进行费用的控制;又如产品销售收入的核算,有时同样要求在核算总收入和各产品的分项收入基础上,进一步核算管理各部门的总收入及各部门的分项收入,以便考核各部门的经营业绩,等等。

在会计核算中,往往还需要按部门进行分类和汇总,下一级自动向有隶属关系的上一级进行汇总。建立部门档案就是为了按部门分类、汇总和管理。在系统初始化时,应先确定核算单位的组织机构层次。一般地,一个企业有唯一的机构模型。

例如,某公司的组织机构分为以下三个层次,如图2-18所示。

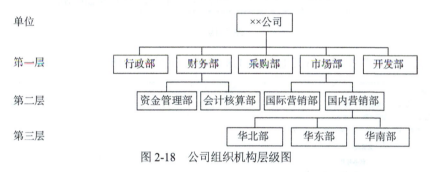

图2-18 公司组织机构层级图

在图2-18中,该企业的机构分三个层次,拟设计的部门档案编码规则应分三级,各级位数可以确定为122,表示为第一层次编号长度为1位;第二层次编号长度为2位,总长度3位;第三层次编号长度为2位,总长度5位。

在实际工作中,如果需要按部门管理会计信息,就需要设置部门档案。通常在总账系统进行部门辅助核算、使用工资系统、使用固定资产系统、在存货系统以部门作为统计项、在财务分析系统需要按部门进行预算管理时,都需要调用部门档案。部门档案的主要设置内容包括部门编码、部门名称、负责人及部门属性等项目。

如果需要管理职工个人的业务信息,就需要设置职员档案。通常在总账系统进行个人往来辅助核算、使用工资系统、在存货系统以个人作为统计项和在项目管理系统考核人员工资时,都需要调用职员档案。其主要内容有职员编码、职员姓名、所属部门及职员属性等项目。职员信息设置以后,可以在总账、工资等系统共享。

 **任务实施**

1. 建立组织结构

(1) 执行"开始"|"程序"|"用友 U8 V10.1"|"企业应用平台"命令,以账套主管身份登录系统,如图2-19所示;

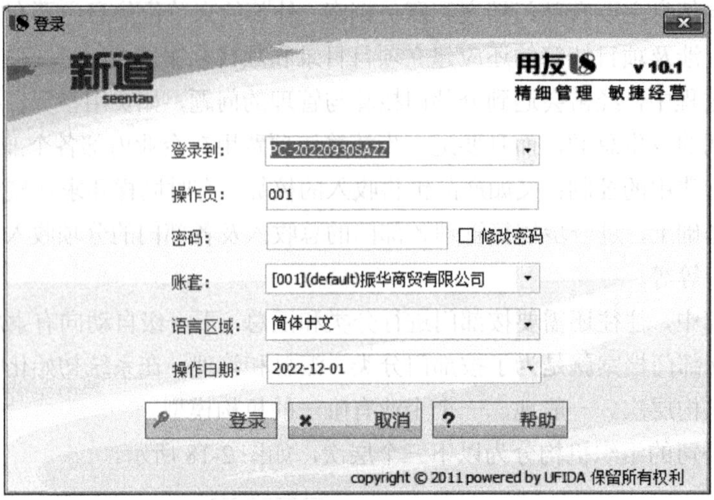

会计信息化——用友 U8 V10.1 财务篇

图 2-19

(2) 单击"确定"按钮，打开 UFIDA U8 窗口，如图 2-20 所示；

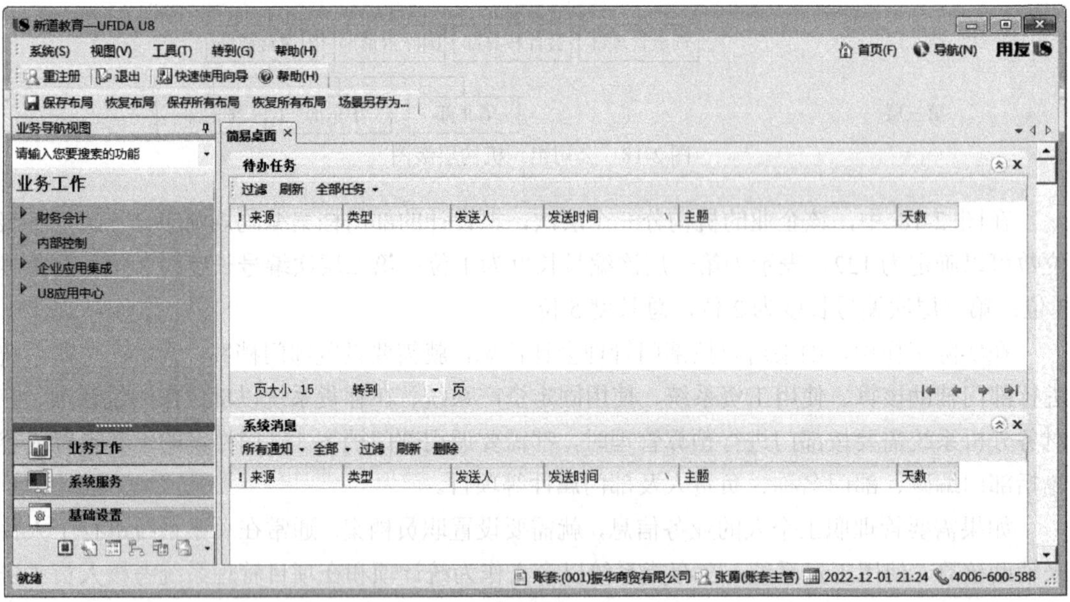

图 2-20

(3) 单击"基础设置"标签，执行"基础档案"|"机构人员"|"部门档案"命令，打开"部门档案"窗口，单击"增加"按钮，分别输入部门编码、部门名称、部门属性等有关信息，再单击"保存"按钮即可，如图 2-21 所示；

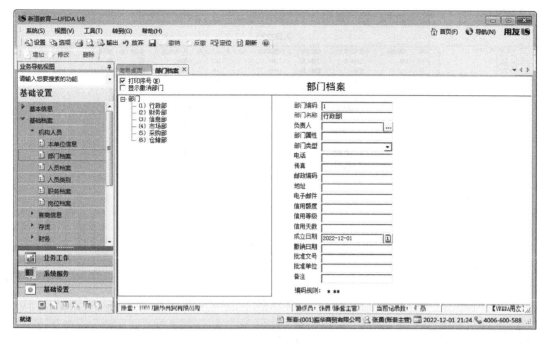

图 2-21

(4) 重复步骤(3)，可继续设置其他部门，否则单击"退出"按钮，返回。

 提示：
- 进行部门设置时，负责人先不输入，等职员档案定义完之后再把负责人补充进去。
- 部门设置也可以在总账系统中完成，定义的结果是一样的。

【说明】
部门设置后，在其他子系统，如工资系统、固定资产系统等中可以直接引用。

2. 建立职员档案

(1) 在"基础档案"中，单击"机构人员"|"人员类别"选项，打开"人员类别"窗口，单击"正式工"|"增加"选项，进行人员类别设置，如图 2-22 所示；

(2) 在"基础档案"中，单击"机构人员"|"人员档案"选项，再单击"增加"按钮，打开"人员档案"对话框，分别输入人员编码、人员姓名、性别、人员类别等有关信息，单击"保存"按钮即可，如图 2-23 所示；

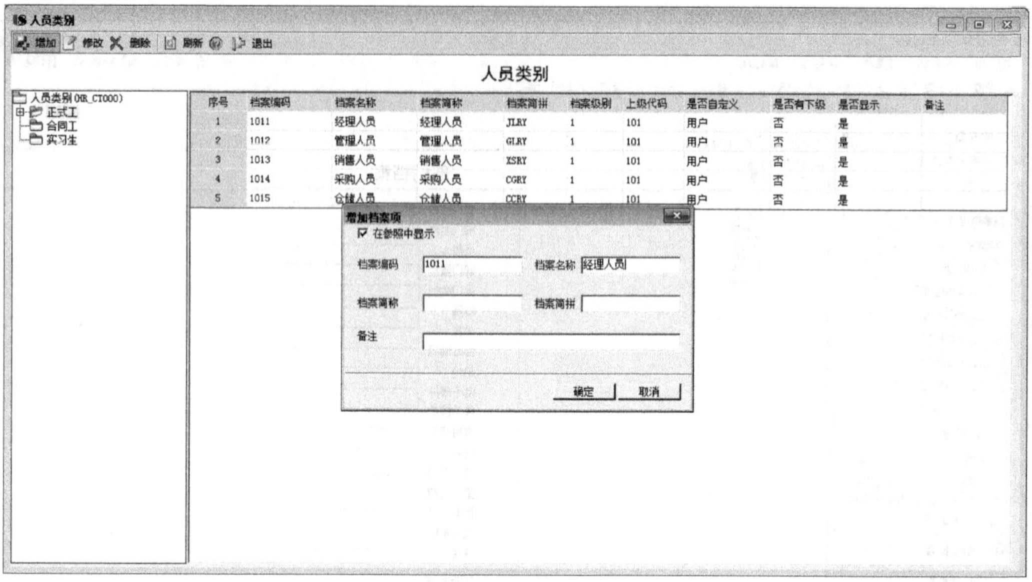

图 2-22

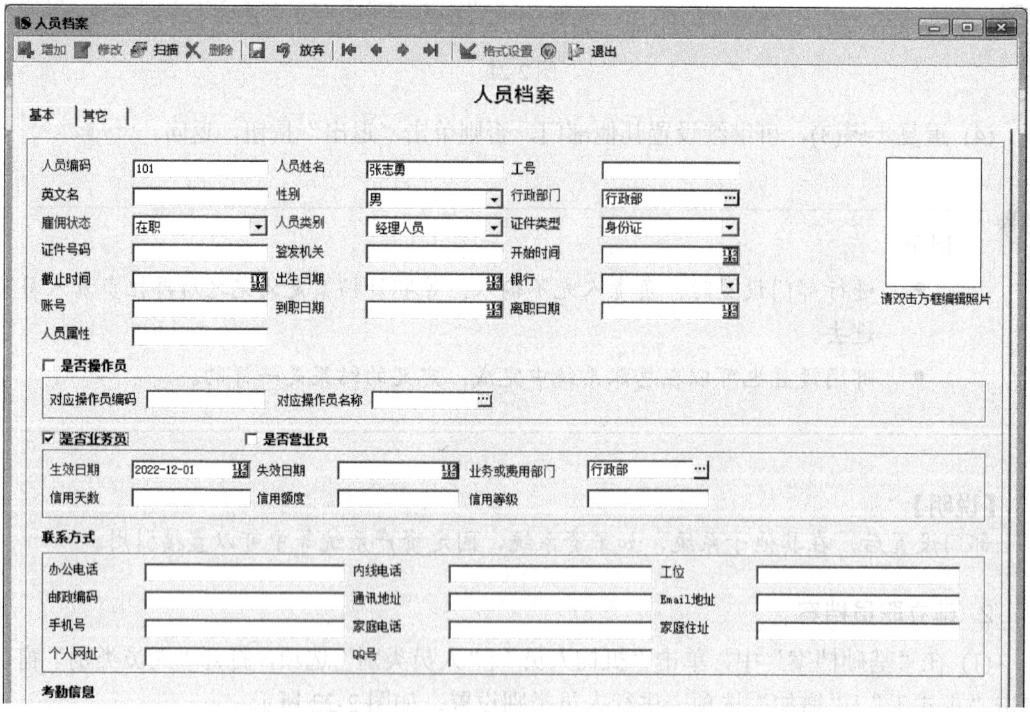

图 2-23

(3) 重复步骤(1)和(2)，可继续设置其他职员，如图 2-24 所示，否则单击"退出"按钮，返回。

第2单元　系统级初始化

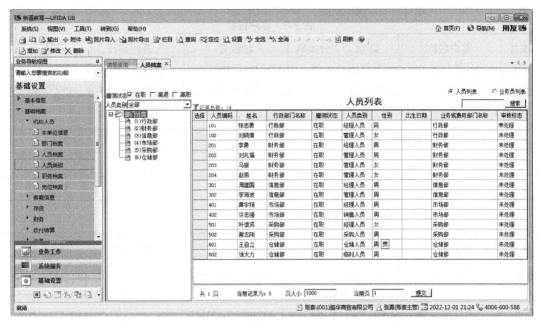

图 2-24

提示：
- 职员档案设置完毕后，请返回到"人员列表"中，执行"修改"功能补充设置负责人。
- 职员档案设置也可以在总账系统中完成。

【说明】
职员档案设置后在其他子系统中可以直接引用。

2.2.2　客户与供应商档案

 任务描述

根据往来单位的往来资料情况，整理出相关客户和供应商资料，如表 2-5 至表 2-8 所示。

表 2-5　客户分类

类 别 编 码	类 别 名 称
01	主要客户
02	普通客户
03	零散客户

表 2-6 客户档案

编号	客户名称	简称	分类码	纳税号	开户银行	银行账号
001	北京伟达贸易公司	北京伟达	01	225230127489735	工商银行北京支行	79829384927
002	广州思梦集团	广州思梦	02	7849300208764029	工商银行广州支行	68979827498

表 2-7 供应商分类

分类编码	分类名称
01	主要供应商
02	普通供应商

表 2-8 供应商档案

编号	供应商名称	简称	分类码	纳税号	开户银行	银行账号
001	北京力天集团	北京力天	01	222220123456789	中国银行北京支行	13423425436
002	天津华茂公司	天津华茂	02	322342352523980	工商银行天津支行	439977262809

请为振华公司设置客户、供应商及项目档案。

 相关知识

客户和供应商档案统称为往来目录。要进行往来管理,必须将企业中客户或供应商的详细信息录入客户或供应商档案中。建立客户或供应商档案直接关系到对客户或供应商数据的统计、汇总和查询等分类处理。因此要根据实际业务需要进行设置,并要求档案资料越完整越好。

在实际工作中,使用总账系统进行往来管理、使用应收应付账款系统或在存货系统以客户或供应商作为统计项时,均需要使用客户或供应商档案。

1. 客户和供应商分类

当往来客户或供应商较多时,还可以对客户或供应商进行分类,以便对客户或供应商进行分类统计和汇总,便于进行分类管理。客户或供应商的类别可以分级次,按事先定义的规则进行分类。

例如,对客户进行分类可以将客户根据时间分为长期客户、中期客户和短期客户;也可以根据客户的信用将客户分为优质客户、良性客户、一般客户和信用较差的客户;还可以按行业、地区等进行分类。

如果需要对客户按地区进行统计,就应该建立地区分类体系,地区分类可以按大区、省、市进行分类,也可以按省、市、县进行分类。例如,将客户分为华东、华南、东北等地区。

2. 客户和供应商档案

建立客户档案或供应商档案时,应将每一客户或供应商的详细信息(卡片)输入档案中,软件将自动形成客户或供应商档案列表。

客户或供应商信息的主要内容是客户或供应商档案编码、名称和简称。编码、名称不得省略，编码必须唯一。此外还有开户行、账号、信誉额度、税号、本单位的业务员、联系人、电话、地址、邮编、传真、E-mail、网址等信息。这些信息最好录入得详细一些，以便查询或系统调用。以后使用时只需输入"编码"便可得到对应单位名称等固定信息，从而大大提高输入和处理的效率。

在系统使用前，建立好常用的客户或供应商档案，以后在使用时随着经济业务的扩展，可以随时向客户或供应商档案中追加新的客户或供应商，年末也可将不再有往来业务联系的往来单位删除。删除时该客户或供应商的所有业务必须全部经过核销，否则系统将不允许删除该往来客户。

客户和供应商分别是企业的销售对象和采购对象，是企业最重要的资源之一，对于企业的发展意义重大。为了加强对客户和供应商的管理，应该对客户和供应商进行专项管理，由专门的人员集中进行客户和供应商的增、减、资料变动等维护工作。

3. 项目分类和项目档案

项目核算与管理的首要步骤是设置项目档案，项目档案设置包括增加和修改项目大类，定义项目核算科目、项目分类及项目栏目结构，项目目录维护等。

任务实施

(1) 在"基础档案"中，单击"客商信息"，双击"客户分类"，打开"客户分类"窗口，执行"增加"命令，进行客户分类设置；

(2) 在右框中，依次输入分类编码、分类名称等信息，单击"保存"图标按钮，如图2-25所示；

图2-25

(3) 在"基础档案"中,单击"客商信息",双击"客户档案",打开"客户档案"窗口;

(4) 在"客户档案"窗口中,单击"客户分类"|"主要客户"标签,再单击"增加"按钮,打开"增加客户档案"对话框,分别输入客户编码、客户名称、客户简称有关信息,单击"银行",增加银行信息,单击"保存"按钮即可,如图2-26所示;

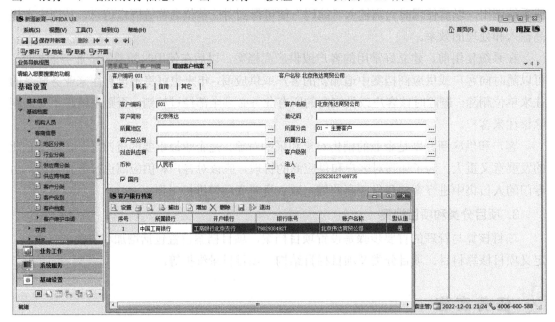

图2-26

(5) 重复步骤(3)和(4),可继续设置其他客户,否则单击"退出"按钮,返回。

【说明】
- 供应商设置方法与客户相同,不再赘述。
- 客户、供应商档案设置也可以在总账系统中完成。
- 客户、供应商档案设置后,在其他子系统中可以直接引用。

任务2.3 会计数据备份与恢复

由于计算机在运行时,经常会受到来自各方面因素的干扰,如人为的因素、硬件的因素、软件或计算机病毒等因素,引起会计数据被破坏。因此系统提供了账套数据的备份和恢复功能。

2.3.1 会计数据备份

任务描述

某日,会计赵燕找到财务主管张勇谈到一则新闻:某公司一间办公场所失火导致其会计数据全部丢失,损失惨重。张勇听后受到启发,对财务部门提出要求:应定期进行数据备份,可采用光盘备份或移动硬盘进行备份,同时要求备份两份,分别存放于不同的地点,以防不测。这样,当计算机或系统受到意外损坏时可根据备份资料进行数据恢复。

相关知识

会计数据备份就是将财务软件所产生的数据备份到硬盘、软盘或可擦写光盘中保存起来。会计数据备份有账套输出和年度账输出两种。账套输出是指将所选的账套数据进行备份输出。年度账输出是指将所选的年度账数据进行备份输出。

数据备份对于会计数据的安全和完整非常重要,其目的在于使会计数据得到长期保存,防备意外事故造成的硬盘数据丢失、被非法篡改和破坏;利用备份数据,能够使系统数据得到尽快恢复,以保证业务正常进行。

会计数据备份于每月结账前和业务处理结束后进行;或在更新软件版本前、硬盘需要进行格式化、会计年度终了进行结账时进行,此时,数据备份一般由系统强制进行。

会计数据备份时应注意:对于不需要的账套可以进行删除,但是请慎用,因为删除后将不能恢复。

任务实施

(1) 以系统管理员身份进入"用友U8[系统管理]"窗口,执行"账套"|"输出"命令,打开"账套输出"对话框;

(2) 单击"账套号"下拉列表框中的下三角按钮,选择"001"账套号;

(3) 单击"确认"按钮,经讨压缩,系统打开"请选择账套备份路径"对话框,如图2-27所示;

(4) 双击打开存放备份数据的文件夹,如"2022",单击"确定"按钮。

【说明】

账套的备份一般由系统管理员来执行。

会计信息化——用友 U8 V10.1 财务篇

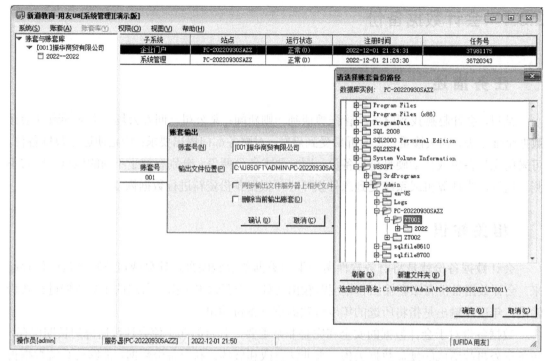

图 2-27

> 提示：
> 选择备份目标时，应该双击打开备份文件夹，再确认保存。

2.3.2 会计数据恢复

 任务描述

将前面备份的数据在计算机上恢复。

 相关知识

会计数据恢复(账套引入)就是把软盘、硬盘或光盘上的数据恢复到硬盘中指定的目录下，即利用现有数据恢复到最近状态。其目的是当硬盘数据被破坏时，用软盘上的最新备份数据恢复到硬盘上。当硬盘上某年的数据(账、证)已被删除，但又需要查询时，用往年的数据恢复到硬盘；将系统外某账套数据引入本系统中，有利于集团公司的操作，例如，母公司可以定期引入子公司的账套数据到系统中，以便进行有关账套数据的分析和合并工作。

会计数据恢复应注意：恢复备份数据会将硬盘中现有的数据覆盖，容易造成错误地把硬盘上的最新数据变成备份盘上的旧数据。因此，如果没有发现数据损坏，一般不用进行数据恢复；如果需要恢复往年数据，必须先将硬盘数据备份，保存最新的数据，再恢复往年数据。

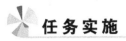

(1) 以系统管理员身份进入"用友U8[系统管理]"窗口，执行"账套"|"引入"命令，打开"请选择账套备份文件"对话框，如图2-28所示；

(2) 选择所要引入的账套数据备份文件，它是由账套输出时生成的文件，名称统一为"UfErpAct.Lst"；

(3) 单击"打开"按钮，确认要打开的账套备份文件；

(4) 系统弹出信息提示对话框，经过恢复，系统出现"账套引入成功"提示对话框，单击"确定"按钮即可。

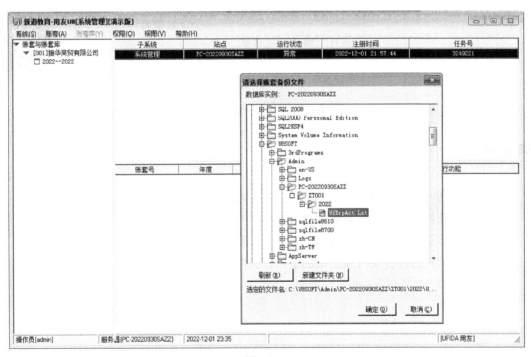

图2-28

【说明】

账套的备份一般由系统管理员来执行，年度账的备份由账套主管来执行。

单元总结

本单元主要内容的思维导图,如图 2-28 所示,各项任务的电子演示文稿见思维导图中二维码的内容。

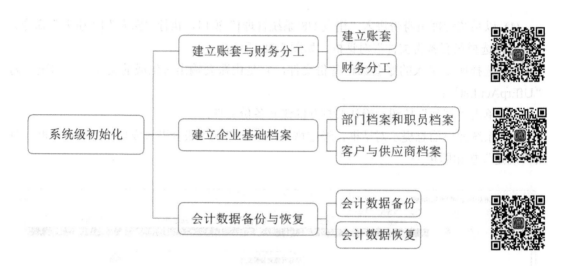

图 2-29 系统级初始化总结

思考训练

1. 设置账套一般包括哪些主要参数?有什么用途?
2. 操作员及权限设置一般有哪些内容?
3. 本单元涉及的企业基础档案信息有哪些内容?
4. 根据本单元的任务安排及给出的资料,完成相应的上机训练。

第 3 单元　总账系统初始化

学习目标

掌握设置总账系统控制参数、建立会计科目体系、辅助账初始设置、设置凭证类型与结算方式、输入期初余额的基本知识，并学会相关的操作。

通过总账系统级初始化学习，让学生树立系统观念，深刻领悟万事万物是相互联系、相互依存的，推进各项事业发展、调整工作关系往往牵一发而动全身，只有用普遍联系的、全面系统的、发展变化的观点观察事物，才能把握事物发展规律。

任务 3.1　总账系统认知

3.1.1　总账系统的任务

会计核算的基本方法包括设置账户、复式记账、填制和审核凭证、登记账簿、成本计算、财产清查和编制财务会计报告等。这些方法相互联系、紧密结合，形成一个完整的会计方法体系。为适应计算机管理的需要，我们把设置账户、复式记账、填制和审核凭证、登记账簿等统称为账务处理，完成账务处理工作的子系统称为总账系统。

总账系统的任务就是利用建立的会计科目体系，输入和处理各种记账凭证，完成记账、结账以及对账工作，输出各种总分类账、日记账、明细账和有关辅助账。

总账系统是会计信息系统的一个基本的子系统，它概括地反映了企业供产销等全部经济业务的综合信息。它在整个会计信息系统中处于中枢地位，其他各个子系统的数据都必须传输到总账系统中，同时还要把某些数据传送给其他子系统供其利用。许多企事业单位的会计电算化工作往往都是从总账系统开始的。

3.1.2　数据处理流程

1. 手工方式下的数据处理流程

尽管各个单位会计核算的方式不尽相同，但在手工方式下，账表处理都是从原始凭证开始的，直到会计报表输出。数据流程图如图 3-1 所示。

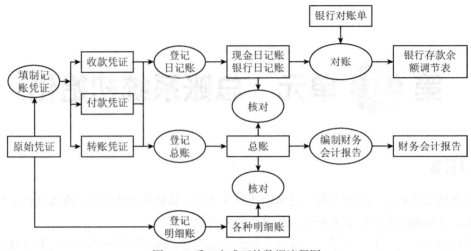

图 3-1 手工方式下的数据流程图

2. 计算机方式下的数据处理流程

计算机方式下的数据处理流程如图 3-2 所示。

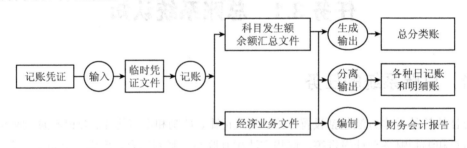

图 3-2 计算机方式下的数据流程图

3. 两种数据处理方式的对比

在计算机方式下,为便于计算机处理,对手工方式数据流程进行了以下改进。

(1) 数据源点发生了改变,由于手工方式下的原始凭证种类多、格式不规范,故除其他子系统外,计算机方式下的总账系统从记账凭证输入开始。

(2) 所有记账凭证存放在同一个数据库文件中,而不必按凭证类别分别存放在多个数据库文件中。

(3) 对记账过程进行了简化,将多人分别记不同的账簿改为可以由一人记多种账簿。

(4) 手工方式下,明细账可能有多本账簿。计算机方式下,明细账可以合并成一个数据库文件,输出时从中分离出来。

(5) 计算机方式下,账证、账账核对工作可以省略。

(6) 由于会计信息存储在磁性介质上,人不可见,必须使用输出功能,在输出设备上输出。

3.1.3 基本功能结构

总账系统的基本功能结构一般可划分为系统设置、凭证处理、记账结账、账簿输出、辅助核算和系统服务，如图3-3所示。

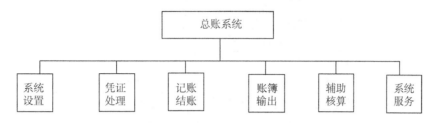

图 3-3　总账系统基本功能结构

目前各种通用的总账系统软件模块结构各有差异，但基本上是对以上模块结构重新进行组合，其基本功能大致相同。

（1）**系统设置**：通过建立核算单位账套、建立会计科目、输入期初余额、设置凭证类别、设置自动转账分录等，建立总账系统的核算规则和基础数据，为实现"输入—处理—输出"做准备。

（2）**凭证处理**：输入、修改和删除凭证，对机内凭证进行审核、查询和汇总。

（3）**记账结账**：根据已经审核的记账凭证登记明细账、日记账和总分类账，并每月定期进行结账。

（4）**账簿输出**：提供按多种条件查询日记账、明细账、总账等，月末打印正式账簿等。

（5）**辅助核算**：包括客户与供应商往来核算、个人往来核算、部门核算、项目核算等，定期将企业银行日记账与银行出具的对账单进行核对，并编制银行存款余额调节表。

（6）**系统服务**：为了保证系统正常运行以及账务数据安全和完整，进行人员分工、数据备份与恢复、数据整理等工作。

3.1.4 基本操作过程

一般地，应用总账系统可按照初始设置、凭证填制、审核、记账、查账、结账等这一过程进行操作，如图3-4所示。

如果企业核算业务较复杂，建议使用总账系统提供的各种辅助核算进行管理，如个人往来核算、部门核算、项目核算等，会提高工作效率。

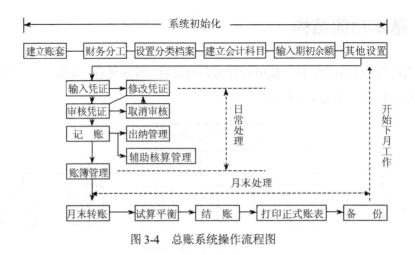

图 3-4 总账系统操作流程图

任务 3.2 总账系统的核算要求设置

总账系统是通用性很强的系统，在系统投入日常使用之前必须首先根据企业自身的业务特点和核算与管理的需要，对系统进行初始设置，将通用化的系统改造为适合特定企业使用的专用化软件。初始设置是系统正常运行的基础，也是账务处理的起点。

总账系统的初始设置内容主要包括设置系统控制参数、建立会计科目体系、辅助账初始设置、设置凭证类型与结算方式、输入期初余额等。

由于总账系统的初始设置内容是其运行的基础，为了防止数据出现紊乱，保证系统的正常运行，有些初始设置完成之后，往往在一个会计年度内不允许随意修改。

3.2.1 设置系统控制参数

 任务描述

根据公司业务特点及核算要求，整理出以下适应新系统要求的主要账务参数。

凭证处理时，对凭证进行自动编号；制单进行序时控制，进行支票控制、资金及往来科目赤字控制；凭证制单时可以使用应收、应付及存货的受控科目；出纳员凭证必须经出纳员签字，其他参数默认。

财务主管张勇根据以上资料在总账系统中进行参数设置。

 相关知识

首次启动通用财务软件的总账系统时，需要确定反映总账系统基本核算要求的各种参数，使得通用财务软件适用于本单位的具体核算要求。

总账系统的业务参数将决定总账系统的输入控制、处理方式、数据流向、输出格式等，设定后不能随意更改。通用商品化会计软件的业务控制参数由于软件不同而不尽相同，典型的参数设置如下。

(1) 制单序时控制：即控制系统保存凭证的顺序，可以按凭证号顺序排列也可以按日期顺序排列，一般要求在制单时按日期、凭证号顺序排列。

(2) 资金及往来赤字控制：选择了资金及往来赤字控制，则在制单时，当现金、银行科目的最新余额出现负数时，系统将予以提示。

(3) 支票控制：选择支票控制，在制单时录入了未在支票登记簿中登记的支票号，系统将提供登记支票登记簿的功能。

(4) 出纳凭证必须由出纳签字：出纳人员可通过出纳签字功能对制单员填制的带有现金银行科目的凭证进行检查核对，主要核对出纳凭证的出纳科目的金额是否正确，审查认为错误或有异议的凭证，应交与填制人员修改后再核对。

(5) 可以使用应收受控科目：弃用这个参数，则如果科目定义为应收款系统的受控科目，为了防止重复制单，只允许应收系统使用此科目进行制单，总账系统是不能使用此科目制单的。所以如果需要在总账系统中也能使用这些科目填制凭证，则应选择此项。

(6) 可以使用应付受控科目：弃用这个参数，则如果科目定义为应付款系统的受控科目，为了防止重复制单，只允许应付系统使用此科目进行制单，总账系统是不能使用此科目制单的。所以如果需要在总账系统中也能使用这些科目填制凭证，则应选择此项。

(7) 可以使用存货受控科目：弃用这个参数，则如果科目定义为存货核算系统的受控科目，为了防止重复制单，只允许存货核算系统使用此科目进行制单，总账系统是不能使用此科目制单的。所以如果需要在总账系统中也能使用这些科目填制凭证，则应选择此项。

任务实施

(1) 进入"UFIDA U8 V10.1"窗口，执行"业务工作"|"财务会计"|"总账"命令，如图 3-5 所示；

(2) 执行"设置"|"选项"命令，打开"选项"对话框，单击"凭证"选项卡，如图 3-6 所示；

(3) 在"制单控制"选项区域，分别选中"制单序时控制""赤字控制"等复选框；

(4) 在"凭证编号方式"选项区域，选中"系统编号"单选按钮；

(5) 在"凭证控制"选项区域，选中"主管签字以后不可以取消审核和出纳签字"复选框；

(6) 在"选项"对话框中，单击"权限"选项卡，选中"制单、辅助账查询控制到辅助核算"复选框，如图 3-7 所示；

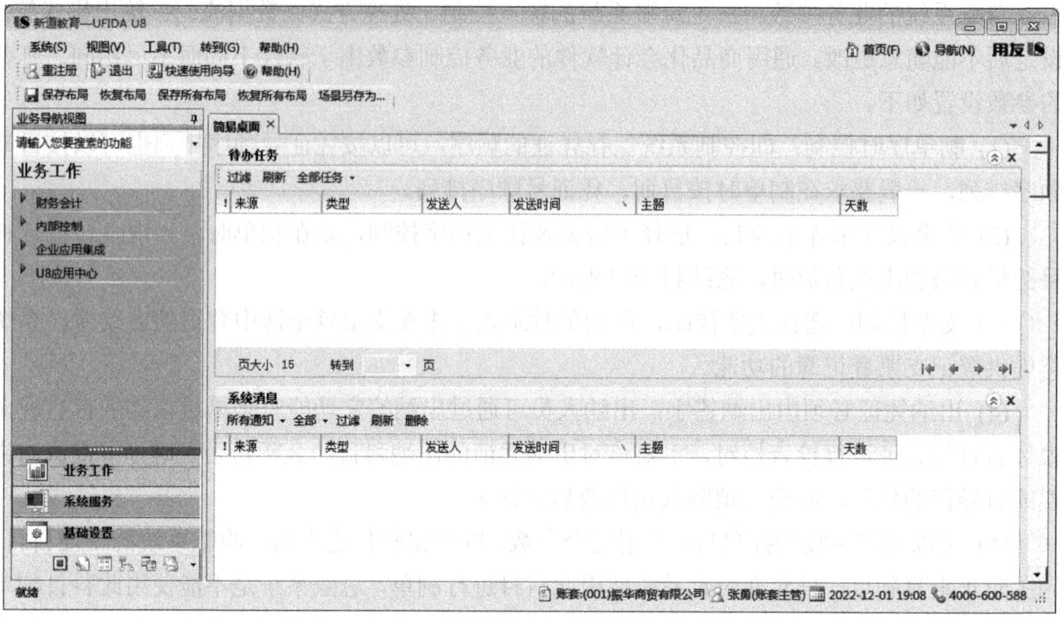
新道教育—UFIDA U8
系统(S) 视图(V) 工具(T) 转到(G) 帮助(H)
首页(F) 导航(N) 用友U8
重注册 退出 快速使用向导 帮助(H)
保存布局 恢复布局 保存所有布局 恢复所有布局 场景另存为...
业务导航视图
请输入您要搜索的功能
业务工作
财务会计
内部控制
企业应用集成
U8应用中心
业务工作
系统服务
基础设置
简易桌面
待办任务
过滤 刷新 全部任务
! 来源 类型 发送人 发送时间 主题 天数
页大小 15 转到 页
系统消息
所有通知 全部 过滤 刷新 删除
! 来源 类型 发送人 发送时间 主题 天数
就绪
账套:(001)振华商贸有限公司 张勇(账套主管) 2022-12-01 19:08 4006-600-588

图 3-5

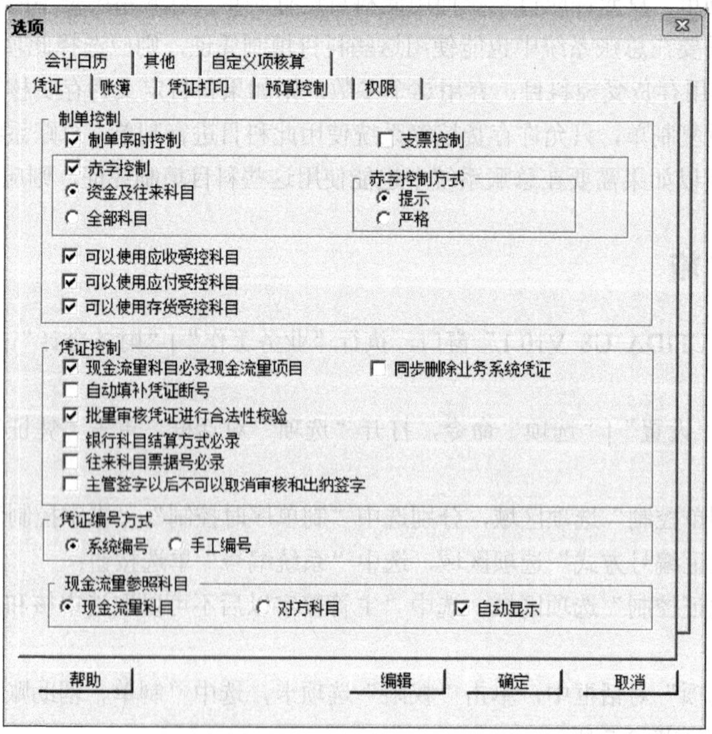
选项
会计日历 其他 自定义项核算
凭证 账簿 凭证打印 预算控制 权限
制单控制
制单序时控制
支票控制
赤字控制
资金及往来科目
全部科目
赤字控制方式
提示
严格
可以使用应收受控科目
可以使用应付受控科目
可以使用存货受控科目
凭证控制
现金流量科目必录现金流量项目
同步删除业务系统凭证
自动填补凭证断号
批量审核凭证进行合法性校验
银行科目结算方式必录
往来科目票据号必录
主管签字以后不可以取消审核和出纳签字
凭证编号方式
系统编号
手工编号
现金流量参照科目
现金流量科目
对方科目
自动显示
帮助
编辑
确定
取消

图 3-6

图 3-7

(7) 单击"确定"按钮,返回。

【说明】

设置"制单、辅助账查询控制到辅助核算"此项权限,制单时才能使用有辅助核算属性的科目录入分录,辅助账查询时只能查询有权限的辅助项内容。

3.2.2 建立会计科目体系

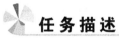

根据振华公司 2022 年 11 月末的会计科目及相关账户数据资料,整理出公司会计科目体系及期初余额如表 3-1 所示。

表 3-1 会计科目体系及期初余额表

科目名称	账类及辅助核算	年初余额	本期累计借方发生额	本期累计贷方发生额	方向	期末余额
现金(1001)	日记/指定	2 000.00	30 000.00	27 000.00	借	5 000.00
银行存款(1002)	日记/银行/指定	311 000.00	200 000.00	293 680.00	借	217 320.00
应收账款(1122)	客户往来		14 040.00		借	14 040.00

(续表)

科目名称	账类及辅助核算	年初余额	本期累计借方发生额	本期累计贷方发生额	方向	期末余额
坏账准备(1231)				702.00	贷	702.00
材料采购(1401)			80 000.00	80 000.00	借	
库存商品(1405)		15 000.00	133 000.00	20 000.00	借	128 000.00
A 商品(140501)	数量核算	12 000.00	88 000.00	8 000.00	借	92 000.00
B 商品(140502)	数量核算	3 000.00	45 000.00	12 000.00		36 000.00
固定资产(1601)			511 500.00		借	511 500.00
累计折旧(1602)					贷	
在建工程(1604)	项目核算		12 600.00		借	12 600.00
固定资产清理(1606)					借	
短期借款(2001)	项目核算			20 000.00	贷	20 000.00
应付账款(2202)	供应商往来	18 900.00	14 500.00	65 800.00	贷	70 200.00
应付职工薪酬(2211)		23 000.00	270 220.00	270 220.00	贷	23 000.00
应付职工薪酬—福利费(221102)			17 220.00	17 220.00	贷	
应交税金(2221)			52 800.00	55 300.00	贷	2 500.00
应交增值税(222101)			28 200.00	28 200.00	贷	
进项税(22210101)			13 600.00	13 600.00	借	
已交税金(22210102)						
转出未交增值税(22210103)						
减免税款(22210104)						
销项税(22210105)			14 600.00	14 600.00	贷	
出口退税(22210106)						
进项税额转出(22210107)						
转出多交增值税(22210109)						
未交增值税(222102)			13 600.00	14 600.00	贷	1 000.00
应交所得税(222103)			11 000.00	12 500.00	贷	1 500.00
其他应付款(2241)					贷	
长期借款(2501)	项目核算				贷	
实收资本(4001)		300 000.00			贷	300 000.00
资本公积(4002)				60 000.00	贷	60 000.00
资本(或股本)溢价(400201)				60 000.00	贷	60 000.00

(续表)

科目名称	账类及辅助核算	年初余额	本期累计借方发生额	本期累计贷方发生额	方向	期末余额
盈余公积(4101)				72 000.00	贷	72 000.00
法定盈余公积(410101)				36 000.00	贷	36 000.00
任意盈余公积(410102)				18 000.00	贷	18 000.00
法定公益金(410103)				18 000.00	贷	18 000.00
本年利润(4103)						
利润分配(4104)		337 331.00	72 000.00	72 000.00	贷	337 331.00
提取法定盈余公积(410401)			36 000.00	36 000.00		
提取法定公益金(410402)			18 000.00	18 000.00		
提取任意盈余公积(410403)			18 000.00	18 000.00		
未分配利润(410404)		340 058.00			贷	340 058.00
主营业务收入(6001)			345 500.00	345 500.00	贷	
其他营业外收入(6051)			3 000.00	3 000.00	贷	
主营业务成本(6401)			189 000.00	189 000.00	借	
税金及附加(6403)			12 000.00	12 000.00	借	
营业外支出(6711)					借	
销售费用(6601)			86 494.00	86 494.00	借	
工资费用(660101)			86 000.00	86 000.00	借	
折旧费用(660102)			494.00	494.00	借	
其他费用(660103)					借	
管理费用(6602)			56 753.00	56 753.00	借	
工资费用(660201)	部门核算		54 220.00	54 220.00	借	
折旧费用(660202)	部门核算		2 533.00	2 533.00	借	
其他费用(660203)	部门核算				借	
财务费用(6603)			880.00	880.00	借	
所得税费用(6801)			12 500.00	12 500.00	借	

辅助核算及账页格式要求如下。

- 现金(1001)：日记账。
- 银行存款(1002)：日记账、银行账。
- 指定科目：将现金指定为现金总账科目，将银行存款指定为银行总账科目。
- 应收账款(1131)：客户往来。
- 应付账款(2121)：供应商往来。
- 库存商品—A商品(124301)数量核算，单位为"箱"。

- 库存商品—B 商品(124302)数量核算,单位为"个"。
- 科目的账页格式为"数量金额式",其他科目的账页格式为"金额式"。
- 在建工程(1603)、短期借款(2101)、长期借款(2301)设置为项目核算。
- 管理费用(5502)的明细科目设置为部门核算。
- 根据以上资料由财务主管张勇在总账系统进行设置和录入。

相关知识

建立会计科目就是将企业会计科目逐一地按软件要求输入计算机,大部分通用财务软件中已分行业预置了一级会计科目,使用时需要进一步设定其下级明细科目。

1. 建立会计科目的原则

财务软件中所采用的一级会计科目,必须符合国家会计制度的规定,而各级明细科目,各使用单位可根据实际情况,在满足核算和管理要求以及报表数据来源的基础上,自行设定。具体设置原则如下。

(1) 会计科目的设置必须满足会计核算与宏观管理和微观管理的要求。
(2) 会计科目的设置必须满足编制财务会计报告的要求。
(3) 会计科目的设置必须保持科目与科目间的协调性和体系完整性。
(4) 会计科目要保持相对稳定,会计年中不能删除、增设下一级明细科目。
(5) 设置会计科目要考虑到与子系统的衔接。

2. 建立会计科目时设置的主要项目

在财务软件中,建立会计科目时,输入的基本内容包括会计科目编码、科目名称、科目类型、辅助账标识等项目。

3. 增加、修改和删除会计科目的要求与限制

在进行会计核算时,资产、负债、所有者权益、成本、损益等各类科目中所有可能用到的各级明细科目均需设置。

凡是报表所用数据,需要从总账系统中取数的,必须设立相应的科目。既要设置总账科目又要设置明细科目,用来提供总括和详细的会计核算资料。不能只有下级科目,而没有上级科目。

会计科目名称的设置,一级会计科目名称按国家会计制度的规定,明细科目的名称要通俗易懂,具有普遍的适用性。

(1) 会计科目编码。

在手工方式下,会计科目通常采用汉字名称的形式,但汉字名称难以反映出科目间的逻辑关系,同名科目也经常发生,所以科目的汉字名称不适合直接用计算机进行处理。在电算化下,必须对会计科目进行统一编码。

① 科目编码的作用。

- 便于反映会计科目间的上下级逻辑关系。

- 便于计算机识别和处理，将会计科目编码作为数据处理的关键字，便于检索、分类及汇总。
- 减少输入工作量，提高输入速度。
- 促进会计核算的规范化和标准化。

② 设计会计科目编码的方法。

首先从一级科目开始，逐级向下设置明细科目。一级科目编码按财政部规定(四位编码)；会计科目编码按照参数设置中的编码方案，对科目编码级次和级长的规定进行设置。

通常的方法是同级科目按顺序排列，以序号作为本级科目编码，加上上级科目编码，组成本级科目全编码。即：

本级科目全编码＝上一级科目全编码 ＋ 本级科目编码

由此可见，每级科目的全编码都包括上级科目的编码和本级科目编码，这样编码能够反映科目上下级之间的关系。编码设计时必须注意，科目级长如设定为两位，如果科目在十个以下，编码的十位数必须以"0"表示。

(2) 会计科目名称。

会计科目名称是指会计科目的汉字名称。科目编码是计算机使用的科目代码，而科目汉字名称，则是证、账、表上显示和打印的标志，是企业与外部交流信息所使用的标志。因此在定义科目名称时，必须严格按照会计制度规定的科目名称输入，做到规范化、标准化。输入科目名称时尽量避免重名，以免影响科目运用的准确性。

(3) 科目类型。

按会计科目性质对会计科目进行划分，按照会计制度规定，科目类型分为五大类，即资产、负债、所有者权益、成本、损益。指定会计科目的类型，这是计算机自动进行分类汇总的依据。财政部规定的一级科目编码的第一位，即科目大类代码为："1＝资产"，"2＝负债"，"3＝所有者权益"，"4＝成本"，"5＝损益"。因此在指定科目类型时必须将定义的类型与编码的第一位保持一致。

(4) 账页格式。

规定每个科目的会计账页格式，账页格式一般有金额式、外币金额式、数量金额式、数量外币式等种类。

4．增加、修改和删除会计科目的要求与限制

增加的会计科目编码长度及每段位数要符合编码规则，编码不能重复、越级；科目一经使用，即已输入凭证，不允许做科目升级处理，即只能增加同级科目，而不能再增设下级科目。

修改或删除会计科目应遵循"自下而上"的原则，即先删除或修改下一级科目，然后再删除或修改本级科目。

修改或删除已经输入余额的科目，必须先删除本级及其下级科目的期初余额(设为0)，才能修改或删除该科目。

科目一经使用，则不允许修改或删除该科目，不允许做科目升级处理，即只能增加同级科目，而不能在科目下增设下级科目。

任务实施

(1) "进入 UFIDA U8 V10.1"窗口,执行"基础设置"|"基础档案"|"财务"|"会计科目"命令,进入"会计科目"窗口,如图3-8所示;

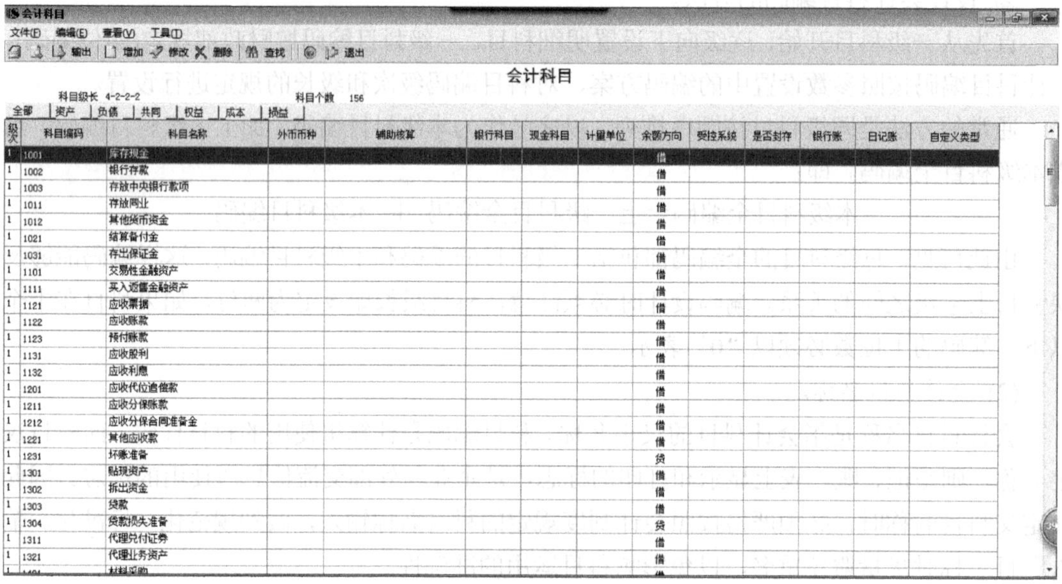

图 3-8

(2) 单击"增加"图标按钮,打开"新增会计科目"对话框;

(3) 在"新增会计科目"对话框中,依次输入科目编码、科目名称、账页格式等内容,如图3-9所示;

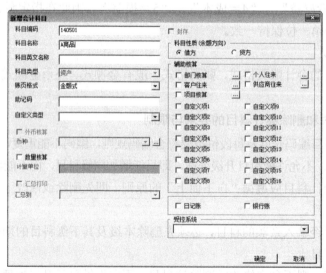

图 3-9

(4) 单击"确定"按钮,返回。

【说明】
一级科目和个别明细科目是根据建账时选择的行业性质而由系统预置的,本案例适用新会计制度规则。

提示:
- 建立会计科目时,正确设置科目的辅助选项是日常辅助核算处理的关键和前提,应根据企业需要正确定义。例如,银行存款科目应该选择"银行账"参数,否则日常核算将无法输入银行结算信息,期末也将无法执行银行对账。
- 会计科目的编码必须遵循建账时设置的编码方案的约束,且编码必须唯一。

3.2.3 辅助账初始设置

任务描述

经过整理,本期企业需设置的项目核算如表3-2～表3-4所示。

表3-2 项目定义

项目大类	项目分类	指定科目	增加项目结构
借款项目	1 短期借款项目	短期借款	利率;借款日期;到期日期;借款期限;借款用途
	2 长期借款项目	长期借款	利率;借款日期;到期日期;借款期限;借款用途
工程项目	1 自营工程	在建工程	开工日期;预计完工日期
	2 外包工程	在建工程	开工日期;预计完工日期

表3-3 借款项目

项目编号	项目名称	是否结算	所属分类	利率	借款日期	到期日期	借款期限	借款用途	期末余额
01	中国银行借款	否	1	4%	2022-10-01	2023-03-01	6个月	采购物资资金周转	20 000.00
02	工商银行借款	是	1	5%	2022-07-01	2023-10-01	3个月	固定资产改造	0

表3-4 工程项目

项目编号	项目名称	是否结算	所属分类	开工日期	预计完工日期	期末余额
01	办公楼改造项目	否	1	2022-09-01	2023-01-31	12 600.00
02	仓库修建项目	是	2	2022-06-01	2022-09-01	0

根据以上资料，由财务主管张勇在总账系统中定义项目档案。

相关知识

辅助账是相对于手工方式下的货币资金账而言的。传统核算方式下，会计信息包括会计凭证、会计账簿和会计报表，绝大多数是以货币的形式体现和反映出来的，对于一些非货币信息反映得非常少。而在企业管理实务中，恰恰是这些非货币信息，成为企业管理者强化管理的重要内容和信息，如客户信息对于加强企业的客户管理、资金管理、销售管理均具有重要意义。由于手工核算方式的局限性，会计信息对于相关的一些非货币的管理信息反映得非常少，造成了企业管理上的盲点。而在计算机方式下，为了满足企业对某些具体会计业务的核算和管理，可以将各种所谓的辅助账从传统的日记账、明细账和总账等资金账簿中分离出来，以灵活多变的核算形式、统计方法，为管理者提供准确、全面、详细的会计信息。

辅助账主要包括数量核算、外币核算、银行账核算、个人往来核算、客户与供应商往来核算、部门核算和项目核算等内容，如图 3-10 所示。

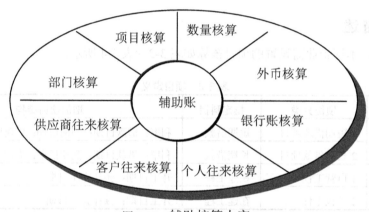

图 3-10 辅助核算内容

一般的辅助账核算标志是依附在会计科目的设置内容上的。在建立会计科目体系时，对有辅助核算要求的科目，需要设置相应的辅助核算标识，以便在数据输入时，系统根据辅助账标识，输入相应的附加业务信息。

辅助账标识一般要求设在最底层的科目上。辅助账一经定义并已使用，则不要随意进行修改，以免造成账簿数据的混乱。

辅助账的一般核算流程如图 3-11 所示。

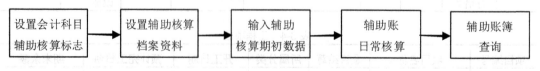

图 3-11 辅助账核算流程

其中设置会计科目辅助核算标志、设置辅助核算档案资料、输入辅助核算期初数据属于辅助账簿的初始设置。

1. 定义银行账

如果企业要求对银行账进行定期核对，则必须将银行存款科目设为"银行账"核算。有的软件还设计了"指定科目"功能，要求现金科目要设为日记账，银行存款科目要设为银行账和日记账，才能执行出纳签字，才能查看现金、银行存款日记账，从而提高了现金、银行存款管理的保密性。

2. 项目辅助账核算

企业在实际业务处理中会对多种类型的项目进行核算和管理，如在建工程、对外投资、技术改造项目、项目成本管理、合同等。因此系统提供项目核算管理的功能，可以将具有相同特性的一类项目定义成一个项目大类。一个项目大类可以核算多个项目，为了便于管理，还可以对这些项目进行分类管理，如可以将存货、成本对象、现金流量、项目成本等作为核算的项目分类。

要进行项目辅助账核算，首先必须在总账系统的"会计科目"定义功能中设置项目辅助核算；其次还需要进行项目档案设置，项目档案设置包括增加或修改项目大类，定义项目核算科目、项目分类、项目栏目结构，并进行项目目录的维护。

(1) 设置项目大类。

项目大类是项目档案的第一层分类，系统预置成本对象、项目管理、存货核算和现金流量四个项目大类。除此之外，企业还可以自由设置任何具有相同经济性质的一类经济业务组成为一个项目大类，如一份合同、一张订单、一个借款项目、一个建筑项目、投资项目等。因此项目核算的范围非常广泛，能满足企业对经济业务的各方面的核算和管理需要。

设置项目大类的内容如下。

- 新增项目大类：输入新增的项目大类名称。
- 定义项目级次：即定义项目编码规则，只有在这里定义了项目级次和编码原则，才能进行项目分类定义。
- 定义项目栏目：项目栏目是项目目录定义时需要输入的栏目及其输入内容的属性，可以增加、删除或自定义项目栏目。项目栏目包括项目编号、项目名称、是否结算、所属分类码等。用户还可根据需要增设项目栏目。每个栏目需设置标题、类型、长度、数据来源等内容。一个项目除了项目名称外，有时还应加一些其他备注说明，例如，课题核算除了课题名以外，还有课题性质、课题承担单位、课题负责人等备注说明，这些备注说明均可以设置为项目栏目。项目栏目决定了项目档案的输入内容。

(2) 设置项目辅助核算会计科目。

核算和管理项目的第一步就是设置项目大类的核算科目。将设有项目核算辅助标志的会计科目指定为某个项目大类的核算科目，如将库存商品科目指定为存货项目核算、将在建工程科目指定为工程项目核算等。指定之后，这些核算科目将作为该项目大类在以后的数据输入、计算汇总中的依据。只有在会计科目设置中设置项目辅助核算属性的科目才能作为项目大类核算科目。

(3) 项目分类定义。

根据项目级次和编码规则设置项目的分类编码和分类名称。项目分类是在项目大类之下的对项目目录的归类，单位可以根据自己的核算及管理需要对项目目录进行分类，如可以将工程项目分为自营工程和外包工程等。

项目分类定义需要设置分类的编码和分类名称。分类编码必须遵循前面设置项目大类时定义的项目级次要求。

(4) 项目目录定义。

项目目录即具体的项目，项目目录定义在项目分类之下。可以根据前面定义的项目栏目输入具体的项目内容。

通过项目目录维护，可查看显示所有项目列表、增加新的项目目录、删除或修改项目目录。项目目录有变动应及时进行调整。每年年初应将已结算或不用的项目予以删除。

这里着重介绍项目核算的初始设置，数量核算、外币核算、个人往来核算、客户与供应商往来核算、部门核算初始设置的相关内容已在本单元第二节中介绍，此处不再赘述。

 任务实施

1. 定义项目大类

(1) 进入"UFIDA U8 V10.1"窗口，执行"基础设置"|"基础档案"|"财务"|"项目目录"命令，进入"项目档案"窗口，如图3-12所示；

图3-12

(2) 在"项目档案"窗口中，单击"增加"图标按钮，弹出"项目大类定义_增加"对话框，在"项目大类名称"文本框中输入"借款项目"，单击"下一步"按钮；

(3) 根据向导设置项目级次、修改项目栏目，如图 3-13、图 3-14 所示，单击"完成"按钮，完成新增"借款项目"大类；

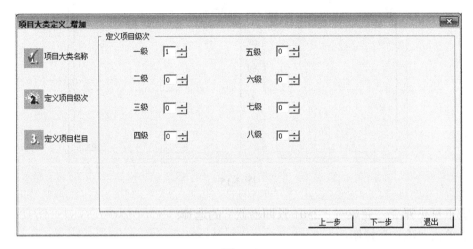

图 3-13

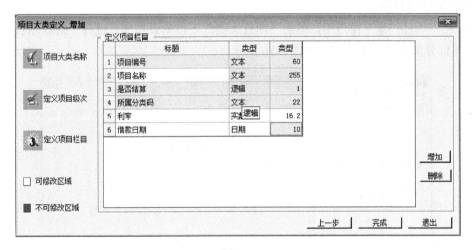

图 3-14

(4) 重复执行步骤(2)和(3)，完成对"工程项目"的定义。

2. 指定科目

(1) 单击"项目大类"下拉按钮，选择"借款项目"选项；

(2) 单击"核算科目"页标签，选定"2001 短期借款"科目，单击 按钮，将"待选科目"指定为"已选科目"，如图 3-15 所示；

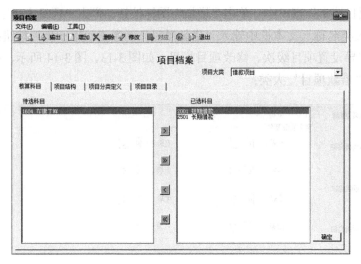

图 3-15

(3) 重复步骤(2),完成对"2501 长期借款"的选择;

(4) 单击"确定"按钮;

(5) 重复步骤(1)~(4),完成对"工程项目"的定义。

3. 定义项目分类

(1) 在"项目档案"窗口中,单击"项目大类"下拉列表按钮,选择"借款项目"栏目,单击"项目分类定义"页标签,如图 3-16 所示;

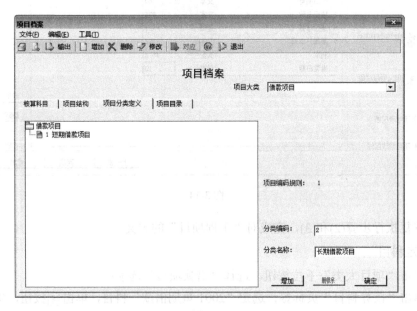

图 3-16

(2) 单击"增加"图标按钮,依次输入分类编码、分类名称等数据;

(3) 输入完毕，单击"确定"按钮；

(4) 重复步骤(1)~(3)，完成对"工程项目"科目设置。

4．录制项目目录

(1) 在"项目档案"窗口中，单击"项目大类"下拉列表按钮，选择"借款项目"栏目，单击"项目目录"页标签，如图3-17所示；

(2) 单击"维护"按钮，进入"项目目录维护"窗口，如图3-18所示；

(3) 单击"增加"图标按钮，依次输入项目编号、项目名称、所属分类码、借款日期、还款日期及借款用途、期末余额等数据；

(4) 单击"退出"按钮，返回"项目目录"定义。

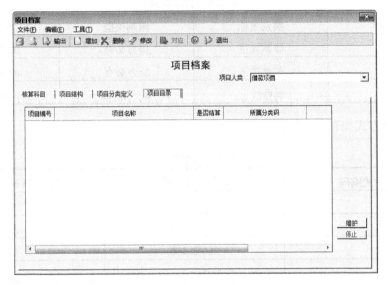

图 3-17

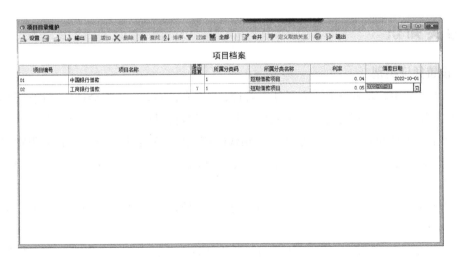

图 3-18

【说明】
操作时应设置项目核算后，再进行项目定义才能选择项目科目。

3.2.4 设置凭证类型与结算方式

任务描述

财务主管张勇根据会计信息系统的要求和公司业务特点，设置凭证类别如表 3-6 所示。

表 3-6 凭证类别

类 别 字	类别名称	限制类型	限制科目
收	收款凭证	借方必有	1001，1002
付	付款凭证	贷方必有	1001，1002
转	转账凭证	凭证必无	1001，1002

设置结算方式如表 3-7 所示。

表 3-7 结算方式

结算方式编码	结算方式名称	是否进行票据管理
1	支票	否
11	现金支票	否
12	转账支票	否
2	汇兑	否
3	委托收款	否

1. 设置凭证类别

在手工方式下，大多数单位为了便于管理、记账和汇总，一般将会计凭证进行分类编制。通用总账系统提供了设置凭证类别的功能，核算单位可根据自己的实际情况自行设置。

设置凭证类别的内容主要包括凭证类别代码和凭证类别名称。其中，凭证类别代码可采用数字型代码或字母型代码；凭证类别名称是指其汉字名称，用于显示输出，必须是凭证类别的全称。

有的软件在定义凭证类别时，可以同时对凭证中的必有或必无科目进行限制，用来控制凭证的正确性。

例如，如果是"收款凭证"，则借方必须有"现金"或"银行存款"科目；如果是"付款凭证"，则贷方必须有"现金"或"银行存款"科目；如果是"转账凭证"，则借、贷方均不涉及"现金"和"银行存款"科目，只涉及转账业务。

表 3-5 是比较典型的凭证类型的定义方案。

表 3-5 凭证类型

类 别 字	凭证类别	限制类型	限制科目
收	收款凭证	借方必有	1001，1002
付	付款凭证	贷方必有	1001，1002
转	转账凭证	凭证必无	1001，1002

凭证分类不影响记账的结果，对于业务量大的企业一般可将凭证分为收款凭证、付款凭证和转账凭证 3 类，而业务量较少的单位可不分类。首次进总账时的凭证类型定义对话框中，凭证类别定义并使用以后，不能进行修改，否则会造成不同时期凭证类别的混乱，影响查询和打印。

2．设置结算方式

与银行进行资金结算的业务需要经常对账，为便于管理和提高银行自动对账的效率，系统提供了定义银行结算方式的功能，用来建立在经营活动中所涉及的结算方式。

设置结算方式的主要内容包括结算方式编码、结算方式名称、票据管理标志等。其中，支票管理用于实现企业的银行结算票据管理功能，类似于手工下的支票登记簿的管理。

系统还需设置企业用于收款、付款结算的各开户银行信息。一般地，系统支持多个开户行及账号的情况。结算方式一旦被引用，便不能进行修改或删除操作。

1．设置凭证类别

(1) 进入"UFIDA U8 V10.1"窗口，执行"基础设置"|"基础档案"|"财务"|"凭证类别"命令，打开"凭证类别预置"对话框，如图 3-19 所示；

图 3-19

(2) 单击"收款凭证 付款凭证 转账凭证"单选按钮；
(3) 单击"确定"按钮，进入"凭证类别"限制条件设置窗口；

(4) 双击"转账凭证"行上"限制类型"所在单元,出现下三角按钮,单击下三角按钮,在下拉列表中选择"凭证必无",如图 3-20 所示,再双击"限制科目"所在单元,出现参照按钮,单击参照按钮,打开"科目参照"对话框;

(5) 在"科目参照"对话框中,选择"1001 现金"科目;

(6) 单击"确定"按钮,返回;

(7) 重复步骤(5)和(6),继续选择"1002 银行存款"科目;

(8) 设置完毕后,单击"退出"按钮。

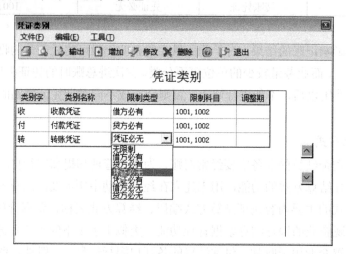

图 3-20

【说明】
- 第一次使用总账系统,必须正确选择凭证类别的分类方式。
- 这里定义的限制类型和限制科目可以用来对记账凭证进行初步校验。

提示:
凭证类型被日常业务引用后不可以修改,只可浏览。

2. 设置结算方式

(1) 进入"UFIDA U8 V10.1"窗口,执行"基础设置"|"基础档案"|"收付结算"|"结算方式"命令;

(2) 在"结算方式"窗口中,分别输入结算方式编码、结算方式名称等有关信息,单击"保存"按钮即可,如图 3-21 所示;

(3) 重复步骤(2),可继续设置其他结算方式,否则单击"退出"按钮,返回。

第3单元　总账系统初始化

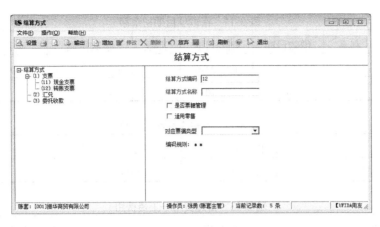

图 3-21

【说明】

结算方式可以作为银行对账的依据之一。

任务 3.3　总账系统的期初余额输入

任务描述

(1) 根据表 3-1 所给出的 11 月份期末余额资料输入 12 月份的期初余额。

(2) 根据公司库存商品、应收账款、应付账款、借款项目及在建工程手工数据资料整理出 12 月份库存商品、应收账款、应付账款、借款项目及在建工程期初余额资料，如表 3-8～表 3-14 所示。

表 3-8　库存商品结存数量表

商品编号	商品名称	计量单位	库存数量	单　价	库存金额	备　注
01	A#商品	箱	2300	40.00	92 000.00	
02	B#商品	个	600	60.00	36 000.00	

表 3-9　应收账款(1131)期初余额

日　期	客户名称	摘　要	方向	余　额	业务员	票　号
22-10-31	北京伟达	销售 A#商品	借	14 040.00	许志强	1002

表 3-10　应付账款(2121)期初余额

日　期	供应商名称	摘　要	方向	余　额	业务员	票　号
22-10-31	北京力天	采购 B#商品	贷	70 200.00	谢志刚	4300

表 3-11　借款项目期初余额

项目名称	利率	借款日期	到期日期	期限	借款用途	余额	是否结算
中国银行借款	0.04%	2022-10-01	2023-03-01	6个月	采购资金周转	20 000.00	否
工商银行借款	0.05%	2022-07-01	2022-10-01	3个月	固定资产改造		是

表 3-12　在建工程期初余额

项目名称	开工日期	预计完工日期	余额
办公楼改造工程	2022-09-01	2023-01-31	12 600.00

表 3-13　管理费用—工资费用

部门编码	部门名称	工资分摊额
1	行政部	10 383.00
2	财务部	17 593.00
3	信息部	10 671.00
4	采购部	10 383.00
5	仓储部	5 190.00

表 3-14　管理费用—折旧费用

部门编码	部门名称	工资分摊额
1	行政部	1 142.00
2	财务部	90.00
3	信息部	611.00
4	采购部	90.00
5	仓储部	600.00

相关知识

为了保证电算化方式下的数据能与手工方式下的数据衔接，保持账簿数据的连续完整，在应用计算机进行账务处理前，需要将一些基础数据录入系统中。首先将各账户的年初余额或启用月份的月初余额，以及年初到该月的各月借贷方发生额或累计发生额计算清楚，然后输入总账系统中。若有辅助核算，还应输入各辅助项目的期初余额，例如，某科目有部门核算，应录入各部门的期初余额。

1. 录入期初余额

当第一次使用账务处理系统时，首先应将手工方式下的账户余额整理好，编制科目余额表，然后通过键盘输入系统中。

输入的内容主要包括账户方向和余额。

- 账户方向：输入余额时必须注意调整有关科目余额的方向。如果不改变借贷标志，余额可用"-"符号表示。
- 余额：一般来说，只需输入末级科目的余额，上级科目余额会自动计算。有些软件允许用户输入一级和末级科目的余额，中间级科目的余额由系统自动计算，以便于检查上下级科目余额是否相符。

2. 年中建账处理

如果企业在年中某月开始建账，需要输入年初余额或启用月份的月初余额，以及年初到该月份的各月借贷方发生额或累计发生额。

某公司在 12 月份开始建账，需录入 12 月份期初余额以及 1~11 月的借方累计发生额和贷方累计发生额，年初余额由系统自动计算。

3. 录入辅助账余额

在录入期初余额时，如果某科目涉及辅助核算，则必须输入辅助账的期初数据。

输入期初余额时，不能对科目进行增、删、改的操作。如要增、删、改科目，必须在设置会计科目功能中进行。

对于进行客户往来、供应商往来核算的科目，应录入期初往来未达账项。如果科目为数量核算，系统会自动要求录入期初数量余额。

年初结转是在旧的会计年度结束、新的会计年度开始时，为保持会计数据处理的连续性，将上一年度的期末余额结转为新会计年度的期初余额。第一次使用账务处理系统或没有上年数据时，不能进行年初结转。

4. 试算平衡

期初余额输入后，必须进行上下级科目间余额的试算平衡和一级科目余额平衡检验，以保证初始数据的正确性，检验过程由计算机自动进行。

第二年使用账务处理系统时，首先建立账簿，然后使用"年初结转"功能结转上年余额，系统将自动结转各账户余额、往来未达账、银行未达账等。

如果同时开设总账和其他模块，且总账和这些模块存在数据传递关系，则在总账系统和其他模块输入期初余额的同时，应对总账和相关模块进行对账，确保数据在不同模块中的一致性。

任务实施

1. 录入期初余额

(1) 进入"UFIDA U8 V10.1"窗口，执行"业务工作"|"财务会计"|"总账"|"设置"|"期初余额"命令；

(2) 根据案例资料依次输入累计借方、累计贷方、期初余额，如图 3-22 所示；

图3-22

【说明】
- 输入期初余额时,只需要录入最末级的科目余额,上级科目余额由系统自动汇总。
- 有辅助核算的科目还应录入相关辅助核算信息。

2. 录入辅助账余额

(1) 在"期初余额录入"窗口中,双击"1131 应收账款"客户往来核算科目的"期初余额"栏,进入"辅助期初余额"窗口;

(2) 单击"增行"图标按钮,根据给出的资料输入有关信息,如图3-23所示;

(3) 重复步骤(1)和(2),继续输入"2121 应付账款"供应商往来期初余额资料;

(4) 输入完毕,单击"退出"图标按钮。

图3-23

3. 试算平衡

(1) 输入完所有余额后,在"期初余额录入"窗口中单击"试算"图标按钮,查看期初余额试算平衡表，检查余额是否平衡，如图 3-24 所示；

图 3-24

(2) 若显示试算平衡，单击"确定"按钮，返回"期初余额录入"窗口，单击"对账"图标，打开"期初对账"对话框，如图 3-25 所示；

图 3-25

(3) 单击"开始"按钮，对期初余额进行对账。

【说明】

期初余额试算不平衡，不能记账，但可以填制凭证。

提示：

已经本期记过账，则期初余额变为浏览状态，不能再输入或修改期初余额，不能执行"结转上年余额"功能。

单元总结

本单元主要内容的思维导图，如图 3-26 所示，各项任务的电子演示文稿见思维导图中二维码的内容。

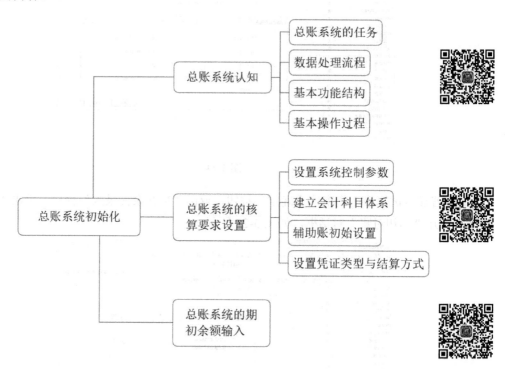

图 3-26　总账系统初始化总结

思考训练

1. 叙述在总账初始设置中各种主要参数的作用。
2. 建立会计科目的原则有哪些？
3. 科目增加、修改的要求和限制有哪些？
4. 总账系统中的辅助账一般有什么用途？
5. 简述期初余额录入的要求。
6. 根据本单元的任务安排及给出的资料，完成相应的上机训练。

第 4 单元　总账系统日常处理

学习目标

熟悉凭证处理的基本内容，会绘制日常账目处理数据流程图；熟练掌握凭证填制的主要内容，学会凭证填制的基本操作；掌握凭证查询及修改的基本方法，学会查询和修改的基本操作；了解凭证审核的基本含义和作用，学会审核的操作；学会凭证输出的操作；掌握记账操作一般步骤，了解记账的计算机内部处理过程，学会记账的操作；熟悉账簿输出的基本内容，学会账簿输出的操作步骤。

在总账系统日常处理学习过程中，让学生在按照会计工作规范要求进行处理日常会计业务的同时，培养学生养成爱岗敬业、要在自己的岗位上恪尽职守的基本素质，以及遵守工作规范、业务流程的责任意识。

日常账务处理是总账系统的日常操作内容，会计信息的主要内容都是来源于总账的日常业务数据，其他系统处理的结果生成的凭证也都传递到总账。总账的主要任务是从填制记账凭证到账簿输出，具体内容则包括记账凭证的填制、凭证的审核、凭证记账、往来账核算和管理。只有在正确和完整处理完日常业务的基础之上，才能正确输出账簿和报表数据。

任务 4.1　凭证处理

记账凭证是登记账簿的依据，是总账系统的唯一数据源点。填制记账凭证是日常账务处理工作的起点，是最基础和频繁的工作。在实行计算机处理账务后，电子账簿的准确与完整完全依赖于记账凭证，因而在实际工作中，必须确保记账凭证输入的准确完整。

凭证处理包括填制、查询、修改、审核和汇总等内容。记账凭证格式有借贷金额式和借贷标志式两种，主要内容分为凭证头和凭证分录两部分。一般情况下，通常采用借贷金额式的格式，根据所发生的经济业务，按照记账规则填制记账凭证。

凭证处理的数据流程如图 4-1 所示。

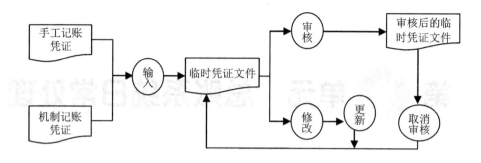

图 4-1 凭证处理数据流程

4.1.1 凭证填制

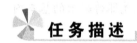

经过整理,该企业 12 月份的业务如下。

(1) 12 月 3 日,行政部刘晓倩根据市场部、采购部分别提交的考勤记录和销售业绩,编制市场部、采购部员工本期考核汇总表,负责人张志勇审核后,交由财务部会计刘兆福计算并汇总,编制出工资单,核算出本月应付工资额共计为 23 000.00 元。5 日,刘兆福将工资单交由财务主管张勇审核、行政部负责人张志勇审批签字后,财务部由出纳员马丽开出一张现金支票(支票号为 1201)到本公司的开户银行提取现金 23 000.00 元准备发工资。

借:现金(1001) 23 000.00
　　贷:银行存款(1002) 23 000.00

(2) 12 月 5 日,出纳员马丽用从银行提出的现金 23 000.00 元,发放给员工工资。

借:应付职工薪酬—工资(221101) 23 000.00
　　贷:现金(1001) 23 000.00

(3) 12 月 8 日,银行转来收到北京伟达公司偿还前欠货款的进账单,共计金额 14 040.00 元,出纳员马丽将进账单交会计刘兆福编制收款凭证,同时登记银行信息(汇兑结算票号:1281,原发票号:1002)。(客户往来账输入)

借:银行存款(1002) 14 040.00
　　贷:应收账款(1122) 14 040.00

(4) 采购部谢志刚专门负责按约定日期进行付款的业务处理。15 日,谢志刚找到部门经理叶淑贤说:"公司以前欠北京力天公司的货款到支付期限,我已填写好付款申请单,申请归还前欠北京力天公司的货款 50 000.00 元,余款暂欠,请你审批。"审批后,谢志刚持付款申请单、购货合同及相关结算单据找到财务主管张勇审批,会计刘兆福根据审批后的单据编制付款凭证,出纳员马丽收到会计转来的付款凭证,审核签字后办理支付结算(原发票号:4300,现金支票号:1202),之后把相关付款单据交会计刘兆福入账,同时登记银行信息。(供

应商往来账输入)

  借：应付账款(2202)   50 000.00
    贷：银行存款(1002)   50 000.00

  (5) 19日，采购部经理叶淑贤找到采购员谢志刚说："现公司急需A商品200箱，公司决定派你前往天津华茂公司采购。请你做好准备务必在明天完成采购业务。"谢志刚称没问题，保证按时完成任务。20日，谢志刚前往天津华茂公司购入A商品200箱，单价50.00元，货物到达已经验收入库，并收到对方开具的增税发票(发票号为1210)，货款未付。

  借：库存商品—A商品(140501)   10 000.00
    应交税金—应交增值税(进项税)(22210101) 1 700.00
    贷：应付账款(2202)   11 300.00

  (6) 24日，市场部销售员许志强经与北京伟达公司进行交易，以每箱80.00元售价，销售A商品1500箱；货已发出并开具增值税发票(发票号为1216)，已办理托收手续，对方货款未付。

  借：应收账款(1122)   135 600.00
    贷：主营业务收入(6001)   120 000.00
      应交税金—应交增值税(销项税)(22210105) 15 600.00

  (7) 28日，财务部会计刘兆福根据行政部已经审核的发放工资通知单，对本月应付工资计算并汇总。其结果为：市场部人员工资8 600.00元，管理部门人员工资合计36 300.00元，其中办公室人员工资费用6 500.00元、财务部人员工资11 700.00元、信息部人员工资6 800.00元、采购部人员工资6 700.00元、仓储部人员工资4 600.00元。本月应付工资额为44 900.00元。

  借：营业费用—工资费用(660101)   8 600.00
    管理费用—工资费用(660201)   36 300.00
    贷：应付职工薪酬—工资(221101)   44 900.00

  (8) 31日，仓库管理员王自立根据本期售出A商品的情况，编制A商品出库汇总表：本期发出A商品1500箱，移动加权平均单价40.80元，共计金额61 200.00元。结转售出商品成本。

  借：主营业务成本(6401)   61 200.00
    贷：库存商品—A商品(140501) 61 200.00

  (9) 31日，会计刘兆福按规定计提本月固定资产折旧，共计金额为3 027.00元，其中市场部计提折旧494.00元；管理部门计提折旧2 533.00元，包括行政部计提1 142.00元、财务部计提90.00元、信息部计提611.00元、采购部计提90.00元、仓储部计提600.00元。

  借：营业费用—折旧费用(660102)   494.00
    管理费用—折旧费用(660202)   2 533.00
    贷：累计折旧(1602)   3 027.00

  根据上述业务，由会计刘兆福在总账系统中，完成凭证填制工作。

相关知识

1. 记账凭证的产生

产生记账凭证的途径有三种：一是由人工填制记账凭证，再输入计算机；二是先根据审核无误的原始凭证直接在计算机上填制记账凭证；三是计算机自动生成的机制凭证。

第二种凭证产生的途径是目前最常见的途径。应该注意的是，在总账及多个子系统协同处理会计业务的模式下，大量的记账凭证是总账系统以外的其他子系统自动生成的，这是集成化的会计信息系统应用的理想状态。通过这种途径生成凭证，一方面能大大降低手工的工作量，另一方面能强化财务系统内部以及财务系统和业务系统的联系。

2. 记账凭证的种类

账务处理系统中的记账凭证分为手工记账凭证和机制记账凭证两种。手工记账凭证是指根据所发生的经济业务及其原始凭证编制的记账凭证。机制记账凭证是指账务处理系统根据系统机内已有的数据产生的记账凭证，以及已经实现计算机处理的其他业务子系统对原始凭证编制的记账凭证。

3. 输入凭证的方式

输入凭证的方式有四种：采用键盘输入、软盘转入、网络传输和自动生成机制凭证。键盘输入是目前最常用的形式。随着互联网技术的普及以及会计信息系统应用层次的逐步深化，通过网络传输记账凭证和自动生成机制凭证将会占很大比重。这种生成记账凭证的方法无疑将会极大地提高会计处理的效率。

4. 记账凭证的格式

经济业务发生时，应按照会计制度规定的记账规则填制记账凭证。填制时，应区别不同情况进行处理。

记账凭证格式大概可分为借贷金额式和借贷标志式两种。借贷金额式如表 4-1 所示，借贷标志式如表 4-2 所示。

表 4-1 借贷金额式记账凭证格式

记 账 凭 证

记字 0001　　　　　日期：12 月 05 日　　　　　附单据 1 张

摘　要	会计科目	借方金额	贷方金额
提现	现金	23 000.00	
提现	银行存款		23 000.00
合　　计		23 000.00	23 000.00

制单：刘兆福　　　　审核：　　　　　　　记账：

表 4-2　借贷标志式记账凭证格式

记 账 凭 证

记字 0001　　　　　　　　　　　日期：12 月 05 日　　　　　　　　　附单据 1 张

摘　要	会计科目	方向	金　额
提现	现金	借	23 000.00
提现	银行存款	贷	23 000.00
合　计	借方　　　23 000.00	贷方	23 000.00

制单：刘兆福　　　　　审核：　　　　　　　　记账

5. 记账凭证的内容

(1) 填制凭证头部分。

根据具体经济业务填制记账凭证，应先填制凭证头部分，即凭证的附属内容，一般包括凭证类别、凭证编号、凭证日期和附件张数等。

- 凭证类别：输入初始化时已定义的凭证类别代码或名称或通过参照选择。
- 凭证编号：按月分别按凭证类别对凭证进行顺序编号，凭证编号既不能重号也不能漏号。编号由凭证类别编号(或凭证类别名)和凭证顺序编号组成，如收款 001、收款 002 等。一般账务系统中，凭证编号可以人工编制，也可由系统自动产生，并对连续性进行控制。
- 凭证日期：凭证日期包括年、月、日，由于日期的正确性将影响经济业务在明细账和日记账中的顺序，所以日期应随凭证号递增而递增，日期不能超过当前系统日期。
- 附件张数：指本张凭证所附原始凭证张数。

(2) 凭证正文部分。

凭证正文部分，即凭证分录部分，是填制凭证的重要环节，也是凭证主体核算内容，一般包括摘要、会计分录和金额。应该根据具体经济业务内容填制。

- 摘要：即对本凭证所反映的经济业务内容的说明，凭证的每行必须有摘要内容，不同行的摘要内容可以不同，每行的摘要将随该行会计科目在日记账或明细账中出现。摘要的填写要求简明、准确。
- 科目：输入科目时，一般输入科目编码，计算机根据科目编码自动切换为该编码所对应的会计科目名称。输入的科目编码必须在建立科目时已经定义，必须是末级的科目编码，不能有非法对应科目。会计科目输入也可通过系统提供的参照选择。
- 方向：每一科目的发生额均应有它的方向，即借方或贷方。
- 金额：金额不能为"零"，红字以"－"号表示，会计科目借贷双方金额必须平衡。
- 如果无辅助核算要求，则完成主体核算内容即可。
- 合计：自动计算借方科目和贷方科目的金额合计数。

- 制单人签字：在登录总账系统时，已经输入了操作员，在此计算机会将当前的操作员自动输入制单人项目中。
- 计算机自动检查：计算机自动检查凭证的正确性，要求凭证必须有借方和贷方会计科目，借贷双方平衡，否则不能保存。

(3) 辅助核算的内容。

如果输入的会计科目有辅助核算要求，即在科目设置时定义了某类"辅助账"，则在输入相应会计分录时，应同时输入相应的辅助核算内容。

辅助核算的内容主要包括银行账辅助信息、部门核算内容、个人往来信息、单位往来信息、外币科目辅助信息和数量金额核算信息等内容。

- 当输入的科目需要待核银行账时，要求输入对应的票据日期、结算方式和票号，这些信息在进行银行对账时使用。
- 当输入的科目有部门核算要求时，要求输入对应的部门代码或名称。如涉及个人往来核算，还应输入个人往来信息。
- 当输入的科目有往来账核算要求时，要求输入对应的单位代码和业务员。这些信息在往来账管理时使用。
- 当输入的科目有外币核算要求时，要求输入外币金额和记账汇率。
- 当输入的科目有数量核算要求时，要求输入数量和单价。

如果一个会计科目同时兼有上述多项核算要求时，则应同时输入有关内容。

6. 增加凭证时的要求和限制

一般地，在账务系统中，可以输入未结账月份的记账凭证；也可以在月末未结账的情况下，输入下一个月的凭证，即跨月输入凭证。

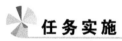

1. 银行账凭证输入

以第 1 题数据为例，说明银行账信息的输入。

(1) 以操作员刘兆福身份进入"UFIDA U8 V10.1"窗口，执行"业务工作"|"财务会计"|"总账"命令，再执行"凭证"|"填制凭证"命令，进入"填制凭证"窗口；

(2) 单击"增加"图标按钮，增加一张新凭证，如图 4-2 所示；

(3) 在"凭证类别"下拉列表中，选择"凭证类别"为"付款凭证"选项，修改"制单日期"为"2022-12-05"，在"附单数据"处输入"1"；

(4) 录入第 1 行分录，依次输入摘要、科目名称及发生额。按 Enter 键，继续输入下一行分录；

(5) 在凭证第 2 行输入"银行存款 1002"，系统自动打开银行账"辅助项"对话框，如图 4-3 所示；

(6) 在"辅助项"对话框中，依次输入结算方式、票号、发生日期，单击"确定"按钮

返回;

(7) 单击"保存"图标按钮,系统自动保存数据。

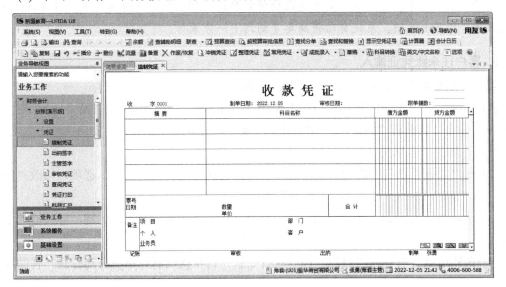

图 4-2

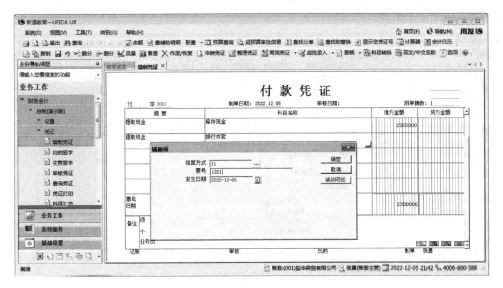

图 4-3

提示:
- 凭证保存后在审核前可以修改,但凭证类别、凭证编号不能修改。
- 制单采用序时控制时,凭证日期应大于等于启用日期,不能超过业务日期。
- 这里的银行账信息不输入凭证也可以保存,但将无法进行期末银行对账。

【说明】

在计算机方式下，系统往往要求凭证摘要需要每行都输入。一般情况下，当前新增分录完成后，按 Enter 键，系统自动将摘要复制到下一分录行。

2. 客户往来账凭证输入

以第 3 题数据为例，说明客户往来账凭证的输入。

(1) 以操作员刘兆福身份进入"UFIDA U8 V10.1"窗口，执行"业务工作"|"财务会计"|"总账"命令，再执行"凭证"|"填制凭证"命令，打开"填制凭证"窗口；单击"增加"图标按钮，增加一张新凭证；

(2) 在"凭证类别"下拉列表中，选择"凭证类别"为"收款凭证"选项，修改"制单日期"为"2022-12-08"，在"附单数据"处输入"1"；

(3) 录入第 1 行分录，依次输入摘要、科目名称及发生额，按 Enter 键，继续输入下一行分录；

(4) 在凭证第 2 行输入"1122"为"应收账款"科目代码后，系统自动打开"辅助项"对话框；

(5) 在"辅助项"对话框中，依次输入客户、业务员、票号、发生日期，单击"确定"按钮返回，如图 4-4 所示；

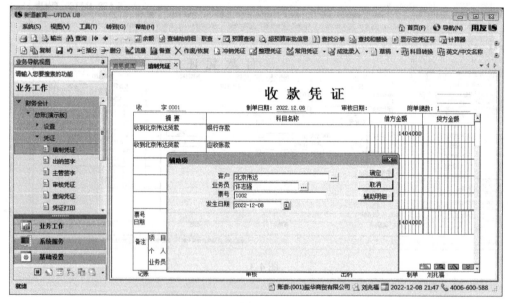

图 4-4

(6) 单击"保存"图标按钮，系统自动保存数据。

【说明】

这里输入的客户信息，记账后可以作为客户往来两清的依据。

提示：

若略过辅助信息，凭证仍可执行保存及后继操作，并且不显示出错警告，但会导致辅助账对账不平或者某些辅助账功能无法使用，所以这里的辅助账信息必须按实际情况输入。

3. 供应商往来账输入凭证输入(以第 4 题数据为例)

(1) 以操作员刘兆福身份进入"UFIDA U8 V10.1"窗口，执行"业务工作"|"财务会计"|"总账"命令，再执行"凭证"|"填制凭证"命令；单击"增加"图标按钮，增加一张新凭证；

(2) 在"凭证类别"下拉列表中，选择"凭证类别"为"付款凭证"选项，修改"制单日期"为"2022-12-15"，在"附单数据"处输入"1"；

(3) 在凭证第 1 行输入"2202"为"应付账款"科目代码后，系统自动打开"辅助项"对话框，如图 4-5 所示；

(4) 在"辅助项"对话框中，依次输入供应商、业务员、票号、发生日期，单击"确定"按钮返回；

(5) 按 Enter 键，继续输入下一行分录；

(6) 单击"保存"图标按钮，系统自动保存数据。

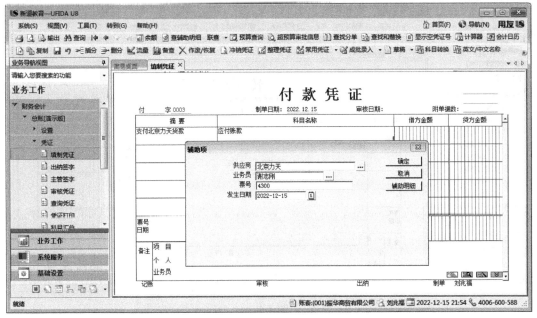

图 4-5

提示：

若略过辅助信息，凭证仍可执行保存及后继操作，并且不显示出错警告，但会导致辅助账对账不平或者某些辅助账功能无法使用，所以这里的辅助账信息必须按实际情况输入。

4. 数量金额式账凭证输入(以第 5 题数据为例)

(1) 以操作员刘兆福身份进入"UFIDA U8 V10.1"窗口，执行"业务工作"|"财务会计"|"总账"命令，再执行"凭证"|"填制凭证"命令；单击"增加"图标按钮，增加一张新凭证；

(2) 在"凭证类别"下拉列表中，选择"凭证类别"为"转款凭证"选项，修改"制单日期"为"2022-12-19"，在"附单数据"处输入"1"；

(3) 在凭证第 1 行输入"140501"为"库存商品/A 商品"科目代码后，系统自动打开"辅助项"对话框，如图 4-6 所示；

(4) 在"辅助项"对话框中，依次输入数量和单价，单击"确定"按钮返回；

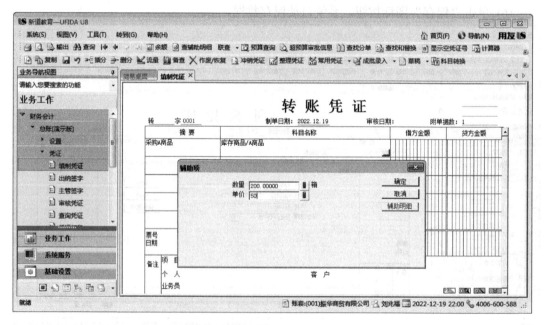

图 4-6

(5) 按 Enter 键，继续输入下一行分录；

(6) 单击"保存"图标按钮，系统自动保存数据。

> **提示：**
> 若略过辅助信息，凭证仍可执行保存及后继操作，并且不显示出错警告，但会导致辅助账对账不平或者某些辅助账功能无法使用，所以这里的辅助账信息必须按实际情况输入。

4.1.2 凭证查询

任务描述

财务主管张勇想了解一下近期的付款业务，以便制订下期的资金付款计划，于是在总账系统中对本期付款业务进行查询。

相关知识

在填制记账凭证过程中，利用软件提供的查询功能，根据给定的数据资料，可以随时通过输入查询条件，查看相应的凭证，以便了解经济业务发生的情况，保证填制凭证的正确。

解决步骤

（1）以财务主管身份进入"UFIDA U8 V10.1"窗口，执行"业务工作"|"财务会计"|"总账"命令，再执行"凭证"|"查询凭证"命令，打开"凭证查询"对话框，如图4-7所示；

图 4-7

（2）单击"凭证类别"下拉列表的下三角形按钮，在下拉列表中选择"付 付款凭证"选项；

(3) 其他选项默认；
(4) 单击"确定"按钮，即可找到符合条件的凭证。

4.1.3 凭证修改

 任务描述

(1) 30 日，财务主管张勇在审核会计刘兆福编制的凭证时，发现结转售出商品成本凭证错误，通知刘兆福修改。

(2) 30 日，财务主管张勇根据管理需要对本期所有业务凭证进行了查询，发现 12 月 8 日编制的收款金额错误，应为 14 000.00 元，该凭证已审核尚未记账；同时发现 12 月 31 日计提固定资产折旧的业务凭证，已经审核记账，有错误。

 相关知识

凭证输入时，尽管系统提供了多种控制错误的措施，但错误凭证仍是难免的，记账凭证的错误必然影响系统的核算结果。为更正错误，系统提供了对错误凭证修改的功能。当然，财务会计制度和审计对错误凭证的修改有严格的要求，根据这些要求，在计算机方式下对不同状态下的错误凭证有不同的修改方式。

1. 错误凭证的"无痕迹"修改

无痕迹修改是指不留下任何曾经修改的线索和痕迹。下列两种状态下的错误的机内记账凭证可实现无痕迹修改。

- 对已经输入但尚未审核的凭证进行修改或删除。修改时，首先找到错误的凭证，然后利用凭证编辑功能直接进行修改，一般要求操作员只能修改自己填制的凭证。
- 对已经审核但尚未记账的凭证进行修改。在这种情况下，不能直接修改，如果软件有取消审核功能，应首先取消审核后，再通过凭证编辑功能进行修改。

2. 错误凭证的"有痕迹"修改

有痕迹修改是指留下曾经修改的线索和痕迹，即通过保留错误凭证和更正凭证的方式留下修改的痕迹。

若已经记账的凭证发现有错，不能再直接修改，对此类凭证的修改要求留下审计线索。此时可以采用红字冲销法或者补充登记法进行更正。

红字冲销法，即将错误凭证采用增加一张"红字"凭证全额冲销，若需要，再增加一张"蓝字"凭证进行补充的方法。

例如，从银行提取现金 1 000.00 元，但编制反映该笔业务的付款凭证时，误为借记银行存款、贷记现金，记账后发现错误，为修改此错误凭证，此时采用红字冲销法。首先通过编制红字凭证将错误凭证冲销，然后再编制一张正确的蓝字凭证。通过红字冲销法增加的凭证，应视同正常凭证进行保存和管理。

对于需要冲销的记账后的凭证，有的软件提供有"冲销凭证"功能，只需输入要冲销凭证的所在月份、凭证类别和凭证号，系统会自动制作一张红字冲销凭证，从而提高了处理的效率。

对记账后发现错误的凭证，属于少记金额情况的，可按少记金额编制一张正确的蓝字凭证进行补充更正。

任务实施

1. 修改未审核、未记账的凭证

(1) 以制单人身份进入"UFIDA U8 V10.1"窗口，执行"业务工作"|"财务会计"|"总账"命令，再执行"凭证"|"查询凭证"命令，打开"凭证查询"对话框，如图4-8所示；

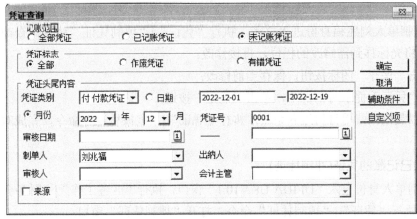

图 4-8

(2) 在"凭证号"文本框中填入"0001"，单击"确定"按钮，找到所修改的凭证；

(3) 将光标移到需修改的栏位，直接修改；

(4) 单击"保存"图标按钮，保存当前修改；

(5) 在"凭证"提示对话框中，单击"确定"按钮。

【说明】

总账系统的外部系统，如工资、固定资产等系统传递过来的凭证不能在总账系统中进行修改，只能在生成该凭证的系统中进行修改。

2. 修改已审核、未记账的凭证

(1) 以审核人身份进入"UFIDA U8 V10.1"窗口，执行"业务工作"|"财务会计"|"总账"命令，执行"凭证"|"审核凭证"命令，打开"凭证审核"对话框，如图4-9所示；

(2) 在"审核凭证"对话框中，在"凭证号"文本框中填入"0001"，单击"确定"按钮，找到已审核的凭证；

(3) 单击"取消"图标按钮，取消凭证的审核；

图 4-9

(4) 以制单人刘兆福身份进入总账，执行"凭证"|"填制凭证"命令，查询出"第 1 张"凭证，将光标移到需修改的栏位，直接修改；

(5) 单击"保存"图标按钮，保存当前修改；

(6) 在"凭证"提示对话框中，单击"确定"按钮；

(7) 再以复核人张勇身份进入系统，执行"凭证"|"审核凭证"命令，完成对已修改凭证的审核。

3. 修改已记账的凭证(冲销凭证)

(1) 以制单人身份进入"UFIDA U8 V10.1"窗口，执行"业务工作"|"财务会计"|"总账"命令，执行"凭证"|"填制凭证"命令，打开"填制凭证"窗口；

(2) 执行"制单"|"冲销凭证"命令，打开"冲销凭证"对话框，如图 4-10 所示；

图 4-10

(3) 在"冲销凭证"对话框中，依次输入月份、凭证类别和凭证号；

(4) 单击"确定"按钮，系统自动生成一张红字冲销凭证。

【说明】

制作红字冲销增加的凭证，应视同正常凭证进行保存和管理。

4.1.4 凭证审核

任务描述

31日，会计刘兆福告知财务主管张勇，近期的业务已经制单完毕，张勇为了核查其业务的正确性，在总账系统中对未审核的业务进行审核。

相关知识

审核凭证是指由具有审核权限的操作员按照会计制度规定，对制单员填制的记账凭证进行检查核对。其主要检查记账凭证是否与原始凭证相符、会计分录是否正确等。经审核发现凭证错误或有异议，标错并交予填制人员修改后，再审核。

虽然在会计信息系统中，对会计数据的正确性的校验可以部分由计算机来承担，如由计算机对账户自动进行平衡性校验，但相当多的情况仍离不开会计人员的职业判断，如借贷方金额同时输错且金额相等的情况。因此，记账凭证输入后，必须要由专门的审核人员对其进行合法性检验。凭证审核的目的是检查记账凭证的真实性、正确性和合规性，确保登记到账簿的每一笔经济业务的准确性和可靠性。记账凭证必须通过审核才能记账。凭证一经审核，就不能被修改、删除，只有被取消审核签字后才可以进行修改或删除。

审核工作由具有审核权限的操作人员来执行。为了保持财务上的内部控制关系，审核人和制单人不能是同一个人，取消审核只能由审核人进行。

审核方法有屏幕审核、静态审核(即打印记账凭证然后进行审核)、二次录入效验等。

屏幕审核时，可直接根据原始凭证，对屏幕上显示的记账凭证进行审核，对正确的记账凭证，发出签字指令，计算机在凭证上填入审核人名字。

总账系统中为实现凭证审核提供了凭证审核的功能，通过该功能，既可审核凭证，还可对已审核凭证取消审核。审核时，首先输入审核凭证的条件，然后进行确认、签章。

任务实施

(1) 以审核人身份进入"UFIDA U8 V10.1"窗口，执行"业务工作"|"财务会计"|"总账"命令，再执行"凭证"|"审核凭证"命令，打开"凭证审核"对话框，如图4-11所示；

图 4-11

(2) 在"审核凭证"对话框中,单击"确定"按钮,找到所有未审核的凭证,如图 4-12 所示;

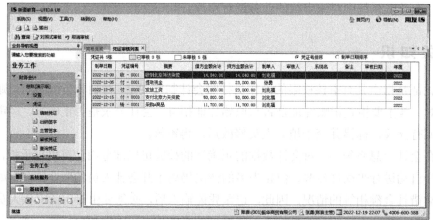

图 4-12

(3) 单击"确定"按钮,进入"审核凭证"窗口,如图 4-13 所示;

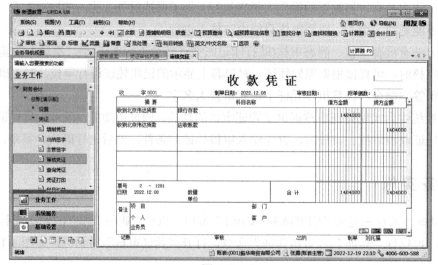

图 4-13

(4) 检查后,单击"审核"图标按钮,系统自动在审核位置签上张勇的名字;

(5) 全部凭证审核完毕后，单击"退出"图标按钮。

【说明】

如果在总账参数设置中选择了"出纳凭证必须经出纳签字"选项，则收款凭证、付款凭证的审核除了审核人签字以外，同时还必须由出纳签字。

4.1.5 凭证输出

 任 务 描 述

由出纳员马丽分别对未复核、未记账的凭证，已复核、未记账的凭证，以及已记账的凭证进行打印输出。

 相 关 知 识

凭证输出是凭证管理的重要内容，输出包括查询和打印工作。财务人员可以将未记账或已记账的凭证均按标准格式输出到屏幕或打印机。打印输出的正式记账凭证可作为重要会计档案保存。

企业可以根据需要按照制单人、审核人、记账人、凭证类别、凭证号、日期、金额等条件或组合条件输出相应的记账凭证。

如果直接输入原始凭证，并根据系统内的原始凭证生成记账凭证，可以由计算机打印输出记账凭证，经录入、审核和会计主管人员签章，视为有效凭证保存；如果手工事先编好记账凭证，向计算机录入记账凭证，然后进行处理，则保存手工记账凭证或计算机打印的记账凭证皆可。

任务 4.2　记账处理

记账即登记账簿，也称登账或过账，它是以会计凭证为依据，将经济业务全面、系统、连续地记录到具有账户基本结构的账簿中的一种方法，是会计核算的主要方法之一。

通用财务软件提供根据审核通过的机内记账凭证自动登记账簿的功能。

4.2.1 记账操作一般步骤

 任 务 描 述

由财务主管张勇将 12 月份审核后的记账凭证，进行记账处理。

相关知识

在手工方式下,登记账簿是由会计人员根据已审核的记账凭证及所附的原始凭证,逐笔或汇总后登记有关的总账和明细账。在计算机方式下,登记账簿是由有记账权限的操作员发出记账指令,由计算机按照预先设计的记账程序自动进行合法性检验、科目汇总、登记账簿等操作的。

1. 设置和登记账簿的意义

账簿是由具有一定格式,按一定形式相互连接的账页组成的,以会计凭证为依据,连续、系统、全面、综合地记录和反映各项资产和权益增减变动情况和结果的簿籍。设置和登记账簿是进行会计核算的专门方法之一。

设置和登记账簿是会计核算的重要环节,对于全面反映企业和行政事业单位的资产、权益的变动状况,提供真实、准确的会计核算资料,提高经济管理水平,具有重要的意义。

(1) 通过账簿记录,全面、系统地反映企业和行政事业单位各项会计要素的变动情况,反映资产、权益的归属和结果。

通过登记账簿,使零星分散的会计资料转化为系统的、连续的、全面的资料,为加强经济核算提供系统、详细的资料信息,也便于进行各项指标的分析对比。

通过登记账簿,可以随时了解和具体掌握各项财产物资的增减变化,将有关账簿的账面结存数额与对应的财产物资实存数额进行核对,可以监督检查账实是否相符,保证财产物资的安全完整。

(2) 通过登记账簿,保证企业和行政事业单位正确地计算收入、费用、利润等指标,严格考核企业财务预算和计划的完成情况以及企业的经营成果,促使企业加强经济核算,提高经济效益。

(3) 账簿记录资料的高质量,是企业和行政事业单位及时编制财务会计报告和财务会计报告正确、真实的基本保证。企业、行政事业单位的财务会计报告包括了各方面的情况,其中大部分项目、指标的数据来源于各种账簿记录。因此,账簿记录是否真实准确、完整系统,直接影响企业、行政事业单位财务会计报告的质量。

2. 记账处理的流程

记账处理一般流程如图 4-14 所示。

图 4-14 记账处理流程

记账处理过程一般是选择记账凭证范围后执行记账功能,由系统自动完成。

选择要记账的凭证范围主要包括月份、类别、凭证号范围。记账范围可以输入数字,符号可使用"-"和",",例如,在记账范围栏输入"1-5,8,10-12",表示所记账范围为 1 至 5 号凭证,第 8 号凭证,第 10 至 12 号凭证。"15-"默认为第 15 号凭证以后的所有凭证。

在计算机方式下，记账过程处于全自动状态，不需要人工操作。

在进行记账操作时还应该注意，在记账过程中不得中断退出，如果正在记账的过程中发生意外中断，则重新启动计算机后需先调用"恢复记账前状态"功能，然后再记账。

记账属于成批数据处理，原则上记账次数不受限制，一天可以记多次账。但为了每天打印日记账，每天至少应在当天业务输入完后记一次账。

记账过程一旦由于断电或其他原因造成中断后，系统将自动调用"恢复记账前状态"功能恢复数据，然后再重新记账。

记账完成后如果出现记账错误，有的软件提供有"恢复记账前状态"的功能，通过这个功能可以使记账后的数据恢复到记账以前的状态。

任务实施

(1) 执行"凭证"|"记账"命令，打开"记账"对话框，如图 4-15 所示；

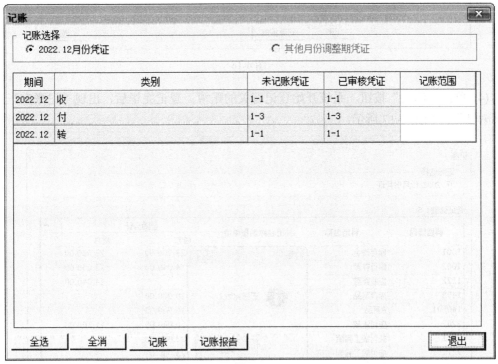

图 4-15

(2) 单击"全选"按钮；

(3) 单击"记账"按钮，打开"期初试算平衡表"对话框，如图 4-16 所示；

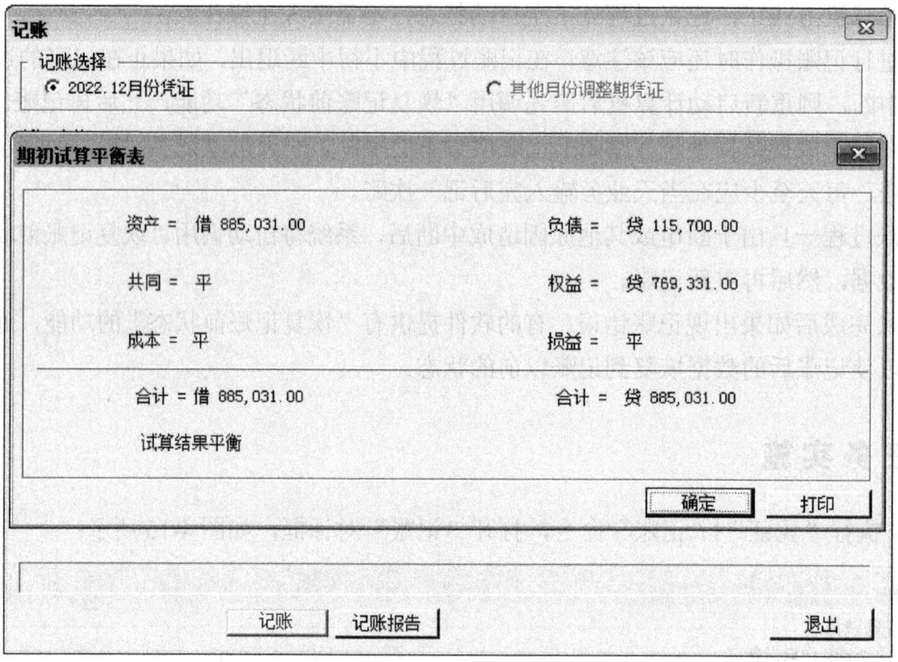

图 4-16

（4）单击"确定"按钮，系统开始登记有关的账簿。登记完毕后，出现"记账完毕！"提示对话框，如图 4-17 所示；

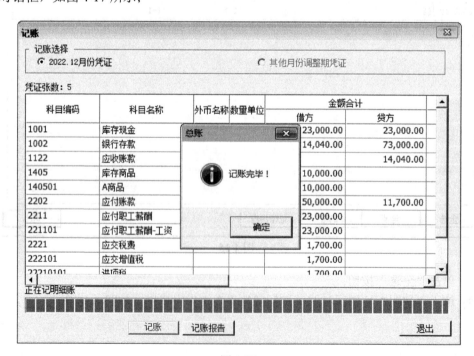

图 4-17

(5) 单击"确定"按钮,记账完毕。

提示:
- 未审核凭证不能记账,记账范围应小于等于已审核范围。
- 记账后的凭证将不能修改。

4.2.2 计算机内部处理过程

记账时,系统根据临时凭证文件更新科目发生额和余额汇总表文件、记账凭证(流水账)文件和有关的辅助账数据库文件。记账数据处理流程如图4-18所示。

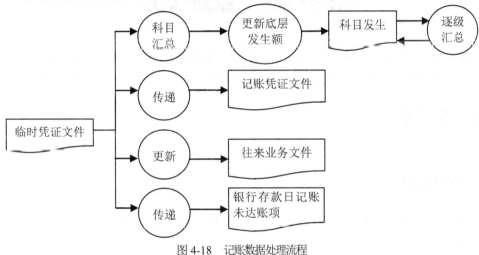

图 4-18 记账数据处理流程

在进行记账的过程中,计算机内部一般要经过如下处理流程。

1. 记账前检验

- 检验上月是否结账,上月未结账时,本月不能记账。
- 检验是否通过审核,有未通过审核的凭证时,不能记账。
- 检验凭证是否平衡,如果有不平衡凭证,则不能记账。

在第一次记账时,若期初余额试算不平衡,系统将不允许记账。所选范围内的凭证如有不平衡凭证,系统将列出错误凭证,并重选记账范围。

2. 保护记账前状态

记账前,系统将首先自动进行硬盘备份,保存记账前的数据,以防记账中途计算机发生故障。

3. 数据加工及传递

计算机内部记账处理主要过程如下。

(1) 更新科目汇总表文件。对记账凭证按科目进行汇总，更新"科目汇总表文件"中相应科目发生额，并计算余额。

(2) 更新有关辅助账数据库文件。

(3) 更新记账凭证文件。取"临时凭证文件"中正在记账的凭证记录，将其追加到当期的"记账凭证文件"中，并做记账标志。

4. 检查

对记账结果进行检查。如果记账正确，则将已记账的凭证从"临时记账凭证"文件中删除，以防重复记账，否则计算机自动恢复到记账前状态。

任务 4.3　账簿输出

账簿输出是总账系统的最终目标之一。通用财务软件提供账簿查询和账簿打印及管理等功能，以方便使用者及时获取相关会计信息和打印会计账簿、会计报表等以书面形式保存。

4.3.1　账簿查询

任务描述

(1) 财务主管张勇审核报表时发现问题，于是查询了 12 月份总账科目中已记账凭证的发生额及余额。

(2) 会计刘兆福在进行 A 商品成本结转时存在疑问，于是查询了 12 月份明细科目"140501"的发生额及余额。

(3) 财务主管张勇想了解现金本期发生额及余额情况，要求出纳员马丽提供相关数据，于是马丽查询了 12 月份"1001"科目的日记账。

相关知识

根据"记账凭证文件"和"科目汇总表文件"，按各种账簿的格式和要求，经筛选、排序和计算随时生成所需的账簿，在屏幕上显示、在打印机上打印输出或形成磁盘文件。账簿输出数据流如图 4-19 所示。

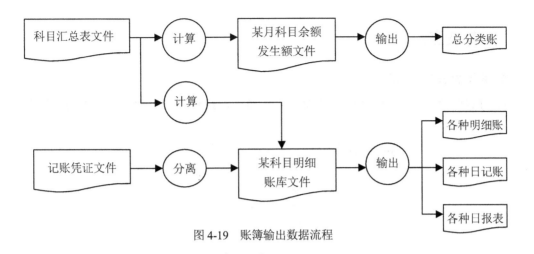

图 4-19 账簿输出数据流程

1. 按条件查询

查询是指按照给定的条件查找满足条件的账簿,并在屏幕上显示出来。可查询机内本期和以前各期的总分类账和明细分类账簿,查询出来的机内数据如果已经结账,屏幕显示给予提示。

输入的条件有日期、类别、凭证号、科目、摘要、结算号、发生额等所有的凭证中的业务项目。

当查到某笔特殊的账项时,还可以联查,在账簿的查询界面直接查到相应的记账凭证。

现行制度规定:"在机内总分类账和明细分类账的直接登账依据完全相同的情况下,总分类账可以用总分类账户本期发生额对照表替代。"

2. 查询日记账和日报表

- 日记账:能够生成日记账的科目必须是在初始化时已设有"日记账类"的科目,三栏式日记账与明细账基本相同,差别主要是日记账必须有当日小计。未记账的凭证,在日记账中不能查询。
- 日报表:反映当天的全部记账情况。

根据查询条件,可以查询某个科目某日的日记账和日报表;可以查询某个科目本月各天的日记账和日报表。

3. 查询明细账

可以查询某个科目某月份的三栏式明细账,还可以查询多栏明细账,如增值税多栏明细账、管理费用多栏明细账等。利用查询功能还可以查询数量金额式明细账和自定义综合多栏账。

4. 查询序时账及联查

可以通过输入组合条件,查询特殊的序时账,财务软件的这个功能是非常实用的,给内部稽核及税务部门和审计部门查账带来了很大的方便。

组合条件有:类别、日期、凭证号、科目、摘要、结算号、发生额等。

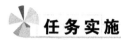

1. 查询总账及余额表

(1) 执行"账表"|"科目账"|"余额表"命令，打开"发生额及余额查询条件"对话框，如图 4-20 所示；

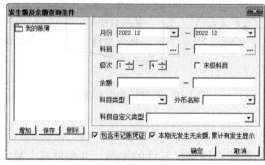

图 4-20

(2) 在"月份"下拉列表框中，输入"2022.12"—"2022.12"，科目范围为空；

(3) 将"级次"微调按钮设置为"1"—"4"；

(4) 选中"包含未记账凭证"复选框；

(5) 单击"确定"按钮，进入"发生额及余额表"窗口，如图 4-21 所示；

(6) 单击"累计"图标按钮，系统自动显示借贷方累计发生额，如图 4-22 所示；

(7) 选择要查询的科目，单击"专项"图标按钮，可查到相应科目的辅助账和余额表，如图 4-23 所示。

图 4-21

第4单元 总账系统日常处理

图 4-22

图 4-23

2. 查询明细账(140501 库存商品科目)

(1) 执行"账表"|"科目账"|"明细账"命令,打开"明细账查询条件"对话框,如图 4-24 所示;

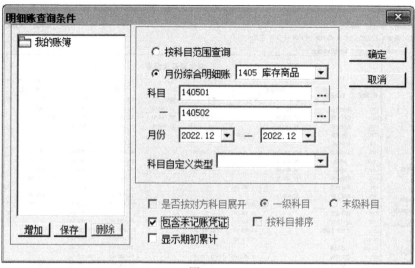

图 4-24

(2) 在"明细账查询条件"对话框中的"科目"文本框中输入"140501";

(3) 单击选中"包含未记账凭证"复选框;

(4) 单击"确定"按钮,打开"明细账"窗口,显示"140501"科目的发生额及余额,如图 4-25 所示;

图 4-25

(5) 在窗口右上角的账页格式下拉列表框中,选择"数量金额式"选项,明细账显示如图 4-26 所示。

3. 查询日记账和日报表(1001 现金)

(1) 执行"出纳"|"现金日记账"命令,打开"现金日记账查询条件"对话框,如图 4-27 所示;

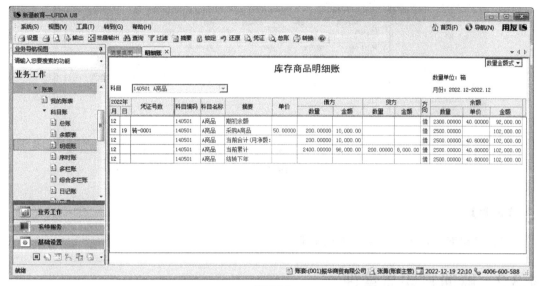

图 4-26

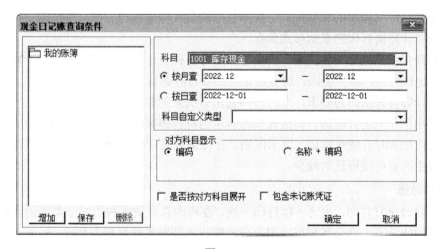

图 4-27

(2) 在"现金日记账查询条件"对话框的"科目"下拉列表框中,选择"1001 库存现金"选项,其余条件不变;

(3) 单击"确定"按钮,进入"现金日记账"窗口,如图 4-28 所示。

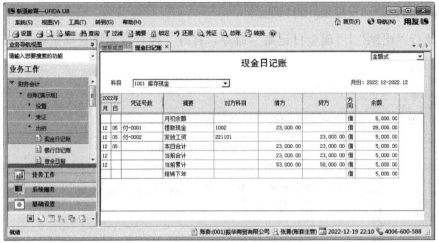

图 4-28

【说明】

银行日记账查询方法与现金日记账类似。

4.3.2 账簿打印与管理

打印账簿是账簿输出的重要形式。按照目前的会计档案管理办法,单位的会计账簿、会计报表均应以计算机打印的书面形式保存。

打印账簿包括三栏账、多栏账、数量金额账等各种会计账簿的打印输出。计算机替代手工记账后,记账凭证、总分类账、现金日记账和银行存款日记账仍需要打印输出,此外还要按税务、审计等管理部门的要求,及时打印输出有关账簿和报表。

打印输出的正式会计账簿,其格式和内容应当符合国家统一会计制度的规定。如果已结账,打印会计账簿时有特殊标记,以示区别。在保证账簿清晰的条件下,计算机打印输出的凭证和账簿中的表格线可适当减少。

1. 打印总账

总账可随时重复打印,也可一年打印一次。在机内总分类账和明细分类账的直接登账依据完全相同的情况下,总分类账可以用总分类账户本期发生额对照表替代。

2. 打印明细账

作为正式会计账簿保存,一般在月末或季末打印本月或本季的所有明细账,在年底打印输出全年的明细账。

3. 打印日记账

现金日记账和银行存款日记账,需要每天登记,做到日清月结。如果业务较多要每天打印输出,如果每天业务较少也可按旬打印输出。

定期采用计算机打印输出的活页账页需要装订成册。

单元总结

本单元主要内容的思维导图，如图 4-29 所示，各项任务的电子演示文稿见思维导图中二维码的内容。

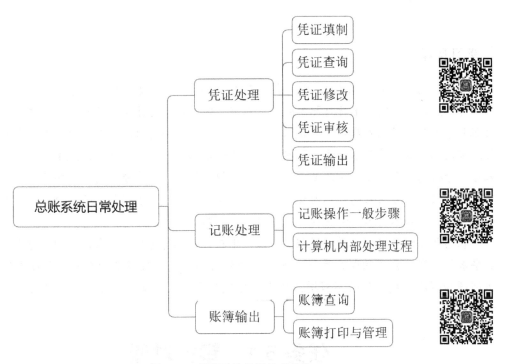

图 4-29　总账系统日常处理总结

思考训练

1. 总账中记账凭证的来源有哪几种？
2. 记账凭证的输入内容主要有什么要求？
3. 记账凭证的修改有哪几种方式？
4. 记账的一般步骤包括哪些？
5. 记账凭证输入时，输入的辅助账信息和初始设置定义的辅助账有什么关系？
6. 根据本单元的任务安排及给出的资料，完成相应的上机训练。

第 5 单元　总账系统辅助核算

学习目标

了解银行对账的处理流程；熟悉银行对账期初录入的基本内容和要求，学会银行账期初的操作；熟练掌握输入银行对账单的基本内容，学会输入对账单的基本操作；熟悉银行自动对账和手工对账的基本原理，学会银行对账的操作；学会输出银行存款余额调节表的基本操作；掌握往来查询的基本方法，了解往来两清的基本内容，了解往来催款单的意义，熟悉往来账龄分析的作用，学会往来查询、两清、打印催款单、账龄分析的基本操作；熟悉部门管理中的部门收支分析表的基本内容，学会部门收支分析的基本操作；了解项目管理中的项目统计分析表的基本内容，学会项目统计分析表的基本操作。

在总账系统辅助核算学习过程中，让学生在进行银行对账、往来核查的工作中，要坚持实事求是、客观公正的职业素质，养成一切从实际出发，按照事物本来的面目去观察、分析问题和解决问题，从而不断增强解决新时代改革开放和社会主义现代化建设的实际问题的能力。

任务 5.1　银行对账

银行对账是企业货币资金管理的最基本工作之一。企业的结算业务大部分要通过银行进行结算，但由于银行存款日常的收付业务频繁，开户银行和本单位在办理结算手续和凭证传递、入账的时间不同，造成了账面余额不一致，即本单位"银行存款日记账"上与开户银行的"对账单"上存在"未达账项"。为了能够准确掌握银行存款的实际余额，了解实际可以动用的货币资金数额，同时防止企业记账发生差错，企业必须定期将银行存款日记账与银行出具的对账单进行核对，并编制银行存款余额调节表。

5.1.1　银行对账处理流程

银行对账处理首先需输入银行对账单，系统自动生成对账单文件并与银行存款日记账进行核对，经自动对账和手工对账后，计算机自动整理汇总未达账和已达账，生成银行存款余额调节表。

银行对账处理流程如图 5-1 所示。

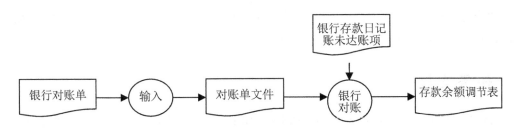

图 5-1　银行对账处理流程

应该注意的是，在计算机总账系统中，银行对账的科目必须是在建立会计科目时已经定义为"银行账"辅助账类的科目。

5.1.2　银行对账期初录入

根据以下资料输入银行账的期初数据。

振华公司银行账的启用日期为 2022-12-01，银行存款余额为 217 320.00 元，银行对账单余额为 217 320.00 元，期初无未达账项。

为了保证银行对账的正确性，在使用"银行对账"功能进行对账之前，必须在开始对账的月初先将日记账、银行对账单未达项录入系统中。

录入银行对账期初时，应录入该银行账户的启用日期、单位日记账及银行对账单的调整前余额、银行对账单及单位日记账期初未达项。系统将根据调整前余额及期初未达项，自动计算出银行对账单与单位日记账的调整后余额。

单位日记账与银行对账单的"调整前余额"应分别为启用日期时该银行科目的科目余额及银行存款余额；"期初未达项"分别为上次手工勾对截止日期到启用日期前的未达账项。在录入单位日记账、银行对账单期初未达项后，一般不要随意调整启用日期，以免造成对账错误。

"调整后余额"分别为上次手工勾对截止日期的该银行科目的科目余额及银行存款余额。若录入正确，则单位日记账与银行对账单的调整后余额应平衡。在执行对账功能之前，应保证"调整后余额"平衡(即单位日记账的调整后余额=银行对账单的调整后余额)，否则，在对账后编制"银行存款余额调节表"时，会造成银行存款与单位银行账的账面余额不平。

录入的银行对账单、单位日记账的期初未达项的发生日期不能大于或等于此银行科目的启用日期。

"银行对账期初"功能是用于第一次使用银行对账模块前录入日记账及对账单未达项的,在开始使用银行对账之后一般不再使用。

任务实施

(1) 以会计刘兆福身份进入"UFIDA U8 V10.1"窗口,执行"业务工作"|"财务会计"|"总账"命令,再执行"出纳"|"银行对账"|"银行对账期初录入"命令,进入"银行对账期初"窗口,如图5-2所示;

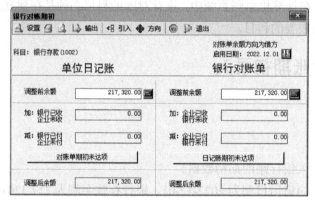

图5-2

(2) 确定"启用日期"为"2022-12-01"后,在单位日记账的"调整前余额"文本框中输入"217 320.00",在银行对账单的"调整前余额"文本框中输入"217 320.00";

(3) 输入完毕后,单击"退出"图标按钮。

【说明】

在期初未达账项输入完毕后,不要随意调整启用日期,尤其是向前调,这样容易造成启用日期后的期初数无法参与对账。

5.1.3 输入银行对账单

任务描述

银行向企业提供了本月企业的银行对账单,如表5-1所示。

表5-1 银行对账单

日 期	摘 要	结算方式及结算号	收 入	支 出	结 余
2022-12-01	上月结存				217 320.00
2022-12-05	提取现金,备发工资	11-1201		23 000.00	194 320.00

(续表)

日　期	摘　要	结算方式及结算号	收　入	支　出	结　余
2022-12-07	收到北京伟达货款	2-1281	14 040.00		208 360.00
2022-12-18	归还北京力天货款	11-1202		50 000.00	158 360.00
2022-12-21	结算年底利息收入		270.00		158 630.00
2022-12-31	本月合计		14 310.00	73 000.00	158 630.00

根据以上资料，由会计刘兆福在总账系统输入银行对账单。

相关知识

银行对账单，即银行记账时复写的账页或储存在计算机系统中收、付账款业务的复制单据。银行对账单的功能主要用于单位平时录入开户银行提供的对账单。当需要进行银行对账时，选择银行账户，输入银行对账单。

要实现计算机自动进行银行对账，必须在每月月末对账前，将银行开出的银行对账单输入计算机，存入"对账单文件"。若企业在多家银行开户，输入的对账单应与所设置的会计科目一致。银行对账单输入的内容主要包括日期、摘要、结算方式、结算号、收支金额等。

除了于工录入银行对账单以外，单位在按照银行的要求定义好格式以后，也可以通过磁盘或网络方式导入银行对账单。

任务实施

以会计刘兆福身份进入"UFIDA U8 V10.1"窗口，执行"业务工作"|"财务会计"|"总账"命令，再执行"出纳"|"银行对账"|"银行对账单"命令，调出"银行科目选择"对话框，如图 5-3 所示；

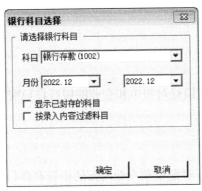

图 5-3

(2) 在"银行科目选择"对话框中，在"月份"下拉列表框中选择"2022.12"，单击"确定"按钮，进入"银行对账单"窗口，如图5-4所示；

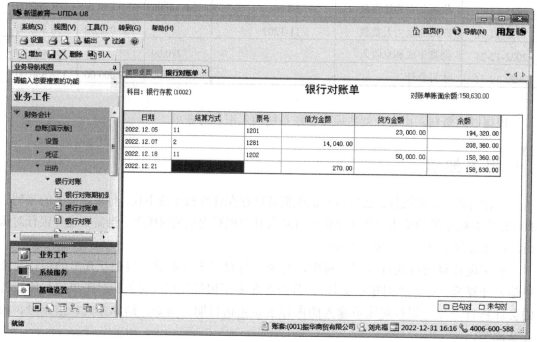

图5-4

(3) 单击"增加"按钮，根据资料完成"银行对账单"的输入；
(4) 输入完毕后，单击"保存"图标按钮，完成银行对账单录入，右击，选择"关闭"选项。

【说明】
若企业在多家银行开户，对账单应与其对应账号所对应的银行存款下的末级科目一致。

5.1.4 对账处理

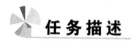

期末，由会计刘兆福根据银行对账单和企业的银行日记账进行12月份的银行对账处理。

银行对账工作主要是银行对账单和企业内部的银行存款日记账的核对。在输入完银行对账单并且保证本月所有的银行账都已经记账的前提下，就可以进行银行对账处理了。对账处理可采用自动对账与手工对账相结合的方式。

1. 自动对账

自动对账即由计算机进行银行对账，计算机将银行日记账未达账项与银行对账单按规定的"对账依据"进行自动核对、勾销。对于已核对上的银行业务，系统将自动在银行存款日记账和银行对账单双方写上两清标志，并视为已达账项；对于在两清栏未写上两清符号的记录，系统则视其为未达账项。当对账单中一条业务记录和银行日记账未达账项中一条记录相同时，计算机才能实现自动核销已达账项。

对账依据通常是"结算方式＋票号＋方向＋金额"或"方向＋金额"。

2. 手工对账

手工对账是自动对账的补充。由于系统中的银行未达账项是通过凭证处理自动形成的，其中的人工输入过程可能存在不规范输入的情况，造成一些特殊的已达账项尚未被勾对出来而被视作未达账项。如果出现这种情况，则需要在自动对账后通过手工对账进行勾销。

对于已核对上的银行业务，系统将自动在银行存款日记账和银行对账单双方写上两清标志，并视为已达账项；对于在两清栏未写上两清符号的记录，系统则视其为未达账项。下列 3 种已达账情况属于特殊的已达账项，均需人工帮助挑选相应的业务，用强制的方式核销。

(1) 对账单中一条业务记录和银行日记账未达账项文件中多条业务记录相同。

(2) 对账单中多条业务记录和银行日记账未达账项文件中一条业务记录相同。

(3) 对账单中多条业务记录和银行日记账未达账项文件中多条业务记录相同。

任务实施

(1) 以会计刘兆福身份进入"UFIDA U8 V10.1"窗口，执行"业务工作"|"财务会计"|"总账"命令，再执行"出纳"|"银行对账"|"银行对账"命令，调出"银行科目选择"对话框，如图5-5所示；

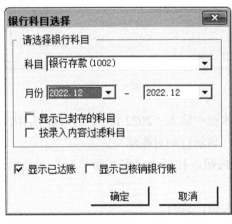

图 5-5

(2) 在"银行科目选择"对话框中，在"月份"下拉列表框中选择"2022.12"；

(3) 选中"显示已达账"复选框,单击"确定"按钮,进入"银行对账"窗口,如图 5-6 所示;

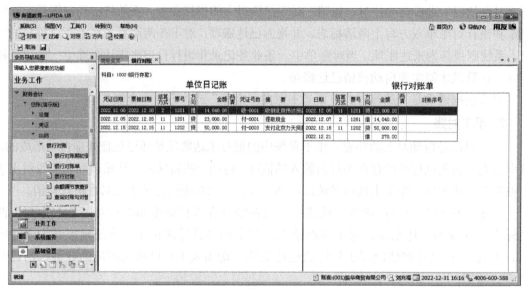

图 5-6

(4) 单击"对账"图标按钮,打开"自动对账"对话框,如图 5-7 所示;

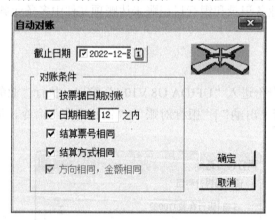

图 5-7

(5) 在"截止日期"文本框中输入"2022.12.31",同时默认系统提供的对账条件;

(6) 单击"确定"按钮,显示自动对账结果;

(7) 单击"检查"图标按钮,打开"对账平衡检查"对话框,检查结果是否平衡,如图 5-8 所示;

(8) 单击"退出"图标按钮,返回。

第5单元　总账系统辅助核算

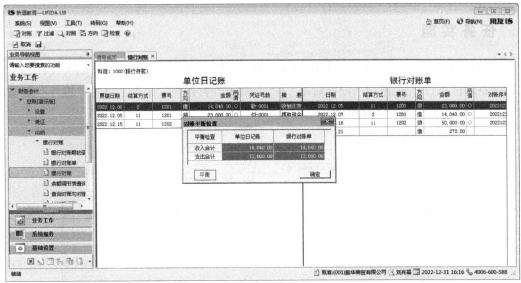

图 5-8

【说明】

- 由于是出纳完成了企业银行账的登记，所以按照内部控制的要求，银行对账单录入和银行对账不能再由出纳来做，在本案例中，为了让会计和出纳人员形成牵制关系，设计由会计完成银行对账及余额调节表的制作。
- 自动银行对账的准确程度取决于银行账日常核算的基础工作的好坏。如果日常银行账核算时输入详细的银行账信息，则期末对账的精确程度将大大提高。否则有可能会出现大量的虚假未达账。

5.1.5　输出银行存款余额调节表

任务描述

由会计刘兆福根据对账结果输出 12 月份的余额调节表。

相关知识

对账完成后，计算机自动整理汇总未达账和已达账，生成银行存款余额调节表，调节表上显示对账后的银行存款余额。总账系统中，由于企业银行日记账的已达账项数据和银行对账单数据是出纳管理的辅助数据，正确对账后，已达账项数据已无保留价值，因此，通过对银行存款余额调节表和对账明细情况的查询，确信对账正确后，可删除企业的银行日记账已达账项和银行对账单已达账项。

任务实施

(1) 以会计刘兆福身份进入"UFIDA U8 V10.1"窗口,执行"业务工作"|"财务会计"|"总账"命令,再执行"出纳"|"银行对账"|"余额调节表查询"命令,打开"银行存款余额调节表"查询窗口,如图5-9所示;

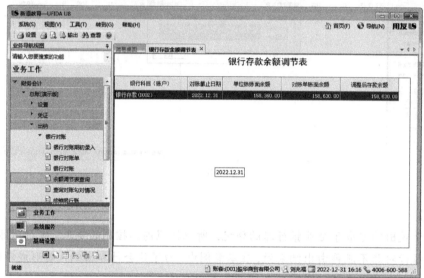

图 5-9

(2) 单击"查看"图标按钮,打开"银行存款余额调节表"窗口,如图5-10所示;
(3) 单击"打印"或"输出"按钮,完成银行余额调节表的打印或输出。

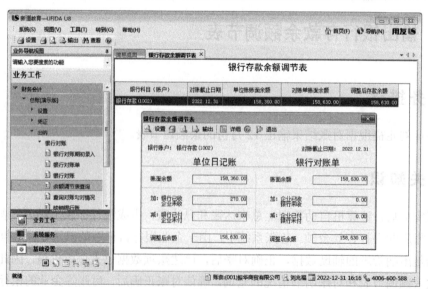

图 5-10

任务 5.2　往来管理

往来辅助核算包括客户往来、供应商往来和个人往来管理。在进行往来日常核算并执行完记账处理后，就可以进行相应的往来管理工作了。

5.2.1　往来查询

任务描述

账套主管张勇为了查询和了解客户资料的发生和回收情况，在总账系统中查询客户往来明细账。

相关知识

往来查询是往来管理的重要内容，管理人员可以通过各种方式，从不同侧面查询并了解往来业务的发生、核销情况，为加强企业的往来管理提供依据。

1. **客户往来余额表**

客户往来余额表用于反映客户往来科目(如应收账款)的每个客户交易余额的总体增减变动情况。可输出往来科目的所有客户的余额表，也可输出某个往来客户的余额表。

主要项目有期初余额、本期借方发生额合计、本期贷方发生额合计、期末余额。

2. **往来明细账**

往来明细账反映客户往来科目下指定客户的每一笔应收账款的形成及收回结算情况。

任务实施

(1) 以账套主管张勇身份进入"UFIDA U8 V10.1"窗口，执行"业务工作"|"财务会计"|"总账"命令，再执行"账表"|"客户往来辅助账"|"客户往来明细账"|"客户科目明细账"命令，弹出"查询条件选择"对话框，如图 5-11 所示；

(2) 在"客户科目明细账"对话框中，单击"确定"按钮，进入"客户科目明细账"窗口，如图 5-12 所示；

(3) 单击"退出"按钮，返回。

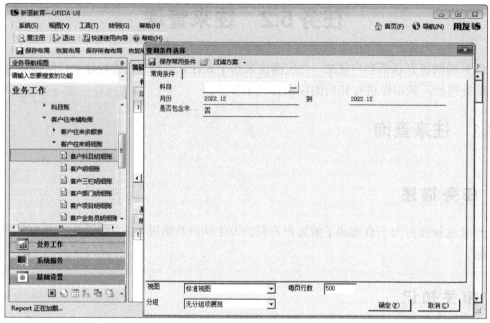

图 5-11

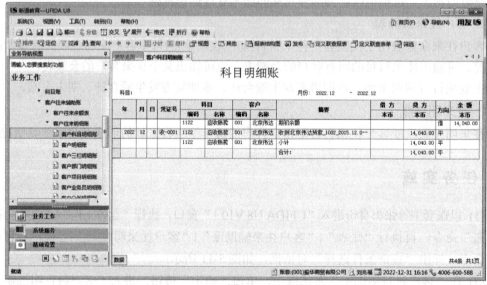

图 5-12

5.2.2 往来两清

任务描述

账套主管张勇在总账系统中对往来账进行勾对,以便实时了解未还款的客户信息。

相关知识

往来两清处理是往来管理的重要内容。往来款项结清时，可以在两清功能处进行往来款项的清理勾对工作，以便及时了解往来账款的结算情况以及未达账情况，系统提供自动与手工勾对两种方式清理客户欠款。

1. 自动核对

计算机自动将所有已结清的往来业务打上"标记"。自动核对一般是按逐笔、按全额等方式进行的。

按逐笔方式核对就是只要两笔一借一贷金额相同，而且往来单位相同时，系统将这一借一贷业务打上"标记"。

按全额方式核对就是只要贷方某笔或几笔发生额之和同借方几笔或某笔发生额之和相等，而且往来单位相同时，系统将这几笔业务都打上"标记"。

2. 手工核对

如果某些款项不能自动判断，可以通过手工辅助核对，即按指定键对已达账项打上"标记"。

对于债权、债务已结清的往来业务可以做删除处理，为便于统计、分析和评价，平常不必进行删除，当确认信息已无保留价值时再进行删除处理。

系统还可以自动核对往来明细账与往来总账是否相符、科目总账与往来总账是否相符，并将核对检查的结果显示输出。

 任务实施

(1) 以账套主管张勇身份进入"UFIDA U8 V10.1"窗口，执行"业务工作"|"财务会计"|"总账"命令，执行"账表"|"客户往来辅助账"|"客户往来两清"命令，打开"客户往来两清"对话框，如图 5-13 所示；

(2) 单击"科目"下拉列表框的下三角按钮，在下拉列表中选择"1122 应收账款"选项，单击"客户"框的参照按钮，选择"北京伟达"，选择截止月份为"2022.12"，选中"显示已两清"复选框；

(3) 单击"确定"按钮，进入"客户往来两清"窗口，如图 5-14 所示；

(4) 单击"自动"图标按钮，打开"客户往来勾对结果"对话框，系统自动进行对账；

(5) 单击"平衡"图标按钮，弹出"往来两清检查平衡"提示信息，单击"确定"按钮，系统自动进行对账成功。

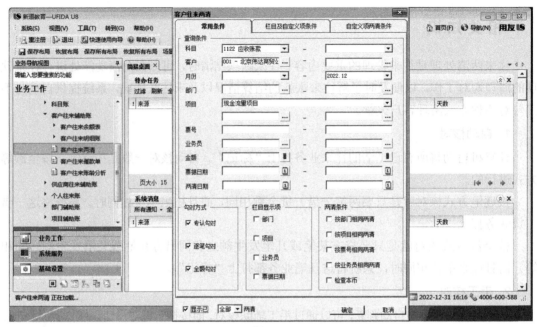

图 5-13

图 5-14

5.2.3 往来账龄分析

任务描述

为了了解每笔应收账款的账龄情况,以便加强对往来账款的管理,制订回款计划,账套主管张勇对 12 月份往来账龄进行分析。

相关知识

账龄分析是往来账款分析的重要内容,企业往往需要将客户按照账龄进行分类,这有利于企业对客户的欠款情况、信用透支情况随时了解和掌握,以便针对不同的客户进行不同的往来管理,实施不同的信用政策。账龄分析表反映应收账款科目下各个账龄期间内各往来客户应收账款的分布情况,计算出各种账龄应收账款占总应收账款的比例。

通过账龄分析表可评价客户的信用情况,了解企业销售人员收款工作的效率,以便正确制定企业的销售策略。

任务实施

(1) 以账套主管张勇身份进入"UFIDA U8 V10.1"窗口,执行"业务工作"|"财务会计"|"总账"命令,执行"账表"|"客户往来辅助账"|"客户往来账龄分析"命令,打开"客户往来账龄"对话框,如图 5-15 所示;

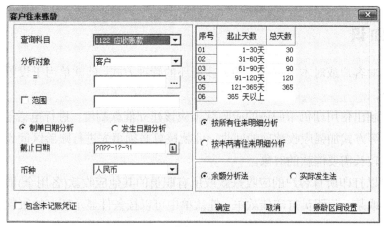

图 5-15

(2) 根据实际情况输入查询条件后,单击"确定"按钮,进入"往来账龄分析"窗口,如图 5-16 所示;

(3) 单击"详细"图标按钮,可以查询各个客户账龄的详细情况。

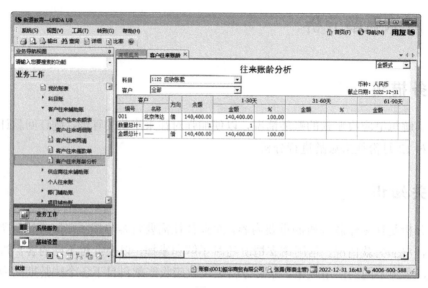

图 5-16

5.2.4 往来催款单

 任务描述

为了加快客户货款的回收，账套主管张勇根据本期未两清的客户往来资料，整理出催款单，以便向欠款客户发函催款。

 相关知识

催款单是对客户或对本单位职工的欠款催还的管理方式。催款单用于设置有辅助核算的应收款项科目。

对于客户超出信用期仍未归还的应收款项应该建立催款制度，进行电话催收、邮寄或者E-mail 催款单等方式加强应收款项的回收。催款核算必须事先进行账龄区间设置，以便企业确定欠款时间较长需要催款的对象。

催款单可以打印所有客户的应收账款或所有职员的其他应收款(备用金)情况，也可以选择某一个客户或某一位职员打印催款单，催款单中可以按条件显示所有的账款和未核销的账款金额。

 任务实施

(1) 以账套主管张勇身份进入"UFIDA U8 V10.1"窗口，执行"业务工作"|"财务会计"|

"总账"命令，再执行"账表"|"客户往来辅助账"|"客户往来催款"命令，打开"客户往来催款"对话框，如图 5-17 所示；

图 5-17

(2) 单击"客户"框右侧的参照按钮，选择"北京伟达"；
(3) 在截止日期一栏，选择"2022-12-31"；
(4) 单击"确定"按钮，进入"客户往来催款单"窗口，如图 5-18 所示；

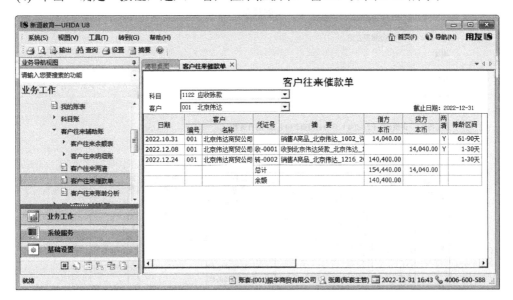

图 5-18

(5) 在"客户往来催款单"窗口中，单击"设置"图标按钮，弹出"客户催款单设置"对话框，如图 5-19 所示；
(6) 在"函证信息"列表框中，输入"请贵公司于 2022 年 12 月 31 日前到我财务部门进行清款。"的催款单；
(7) 单击"确定"按钮，返回；
(8) 单击"预览"图标按钮，显示"客户往来催款单"，如图 5-20 所示；

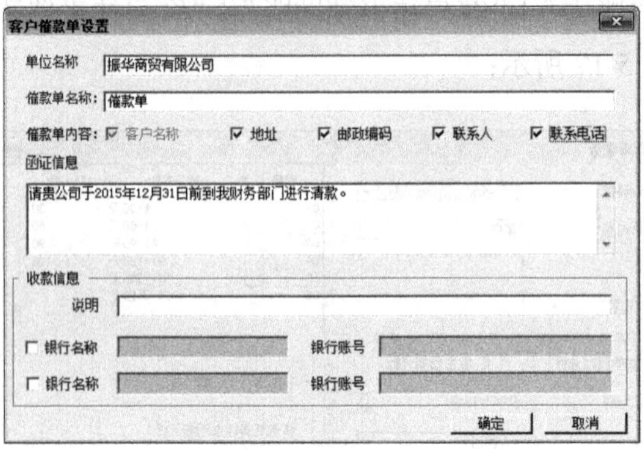

图 5-19

振华商贸有限公司

振华商贸有限公司
催款单

客户名称： 北京伟达贸易公司

地址：

邮政编码：

联系人：

日期： 2022-12-31

函证内容： 请贵公司于2022年12月31日前到我财务部门进行清款。

日期	凭证号	摘要	借方本币	贷方本币	两清	账龄区间
2022.11.30	0001	销售A商品_北京伟达_1002_2022.11.30_许志强	14,040.00		Y	31-60天
2022.12.08	收-0002	收到北京伟达公司还款_北京伟达_1002_2022.12.08_许志强		14,040.00	Y	1-30天
2022.12.24	转-0002	销售A商品_北京伟达_1216_2022.12.24_许志强	140,400.00			1-30天
	总计		154,440.00	14,040.00		
	余额		140,400.00			

图 5-20

(9) 单击"退出"按钮，返回。

任务 5.3　部门管理

部门信息经过记账处理后，可以通过屏幕显示或打印输出部门核算账，主要有部门总账和部门明细账。可检查核对部门核算总账和部门核算明细账是否相符、部门核算总账和总账是否相符等，并输出核对结果。通过部门核算产生的数据，可为财务部门深入核算单位内部收入和费用开支情况提供方便，并为企业及部门提供关于业务管理和费用控制的信息。关于部门管理我们仅以部门收支分析表为例进行说明。

任务描述

单位负责人针对行政部近来费用支出较大的问题，通知财务主管张勇上报其收支情况，于是张勇进行 12 月份的行政部部门收支分析查询。

相关知识

为了加强对各部门收支情况的管理，系统提供"部门收支分析"功能，可对所有部门核算科目的发生额及余额按部门进行分析。

部门收支分析表即是对各部门或部分部门指定期间内的收入情况和费用开支情况汇总分析的报告。统计分析的数据可以是发生额、余额或发生额和余额。

任务实施

(1) 以账套主管张勇身份进入"UFIDA U8 V10.1"窗口，执行"业务工作"|"财务会计"|"总账"命令，再执行"账表"|"部门辅助账"|"部门收支分析"命令，打开"部门收支分析条件"对话框，如图 5-21 所示；

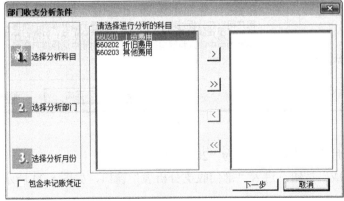

图 5-21

(2) 单击 » 按钮，选择所有的部门核算科目；

(3) 单击"下一步"按钮，打开"部门收支分析条件—选择分析部门"对话框，如图 5-22 所示；

(4) 单击 » 按钮，选择所有的部门；

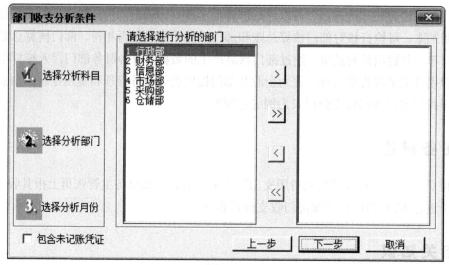

图 5-22

(5) 单击"下一步"按钮，打开"部门收支分析条件—选择分析月份"对话框，如图 5-23 所示；

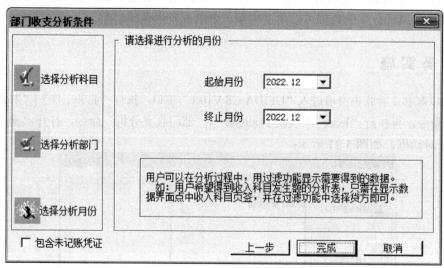

图 5-23

(6) 输入起始月份和终止月份均为"2022.12"；

(7) 单击"完成"按钮，进入"部门收支分析表"窗口，如图 5-24 所示。

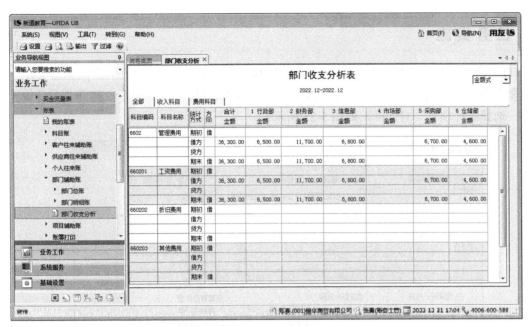

图 5-24

任务 5.4 项目管理

项目信息经过记账处理后，可以形成并输出(通过屏幕显示或打印输出)项目总账、项目明细账、科目项目明细账等项目账。系统还提供项目账自动对账功能，可检查核对项目账之间是否相符、项目明细账和总账是否相符等，并输出核对结果。项目相关账簿为某项业务的分项管理提供管理信息。项目管理是核算型财务软件向管理型财务软件过渡的典型功能。该功能主要通过项目统计分析来实现。

 任务描述

单位负责人需要了解公司借款项目情况，告知财务主管张勇将其项目统计表上报。

 相关知识

项目统计表是反映各项目在各对应科目下的期初余额、借贷方发生额及期末余额情况的汇总表。该表可为管理者提供各项目的进展情况及各项目的开支情况，以便于对项目进行管理和控制。该功能还可统计所有项目在所有对应科目下的余额和发生情况，也可根据用户需要输出部分项目在其对应的部分项目核算科目下的余额和发生情况。

任务实施

(1) 以账套主管张勇身份进入"UFIDA U8 V10.1"窗口,执行"业务工作"|"财务会计"|"总账"命令,再执行"账表"|"项目辅助账"|"项目统计分析"命令,打开"项目统计条件—选择统计项目"对话框,如图 5-25 所示;

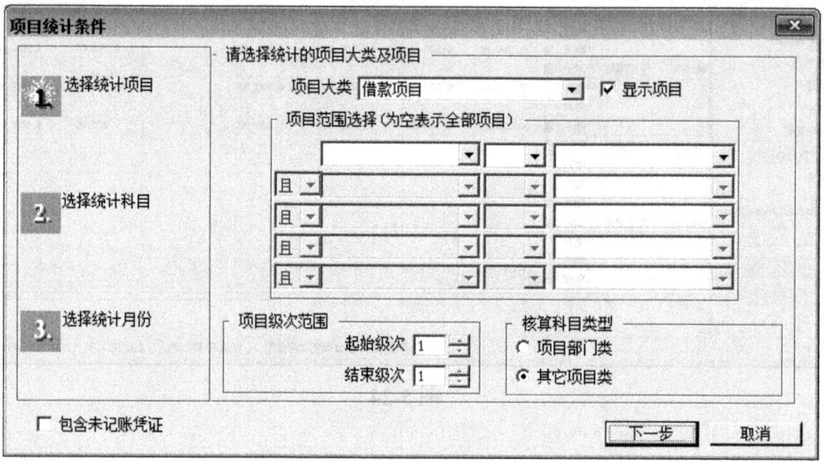

图 5-25

(2) 单击"项目大类"的三角下拉列表按钮,选择"借款项目"项目;

(3) 单击"下一步"按钮,打开"项目统计条件—选择统计科目"对话框,如图 5-26 所示;

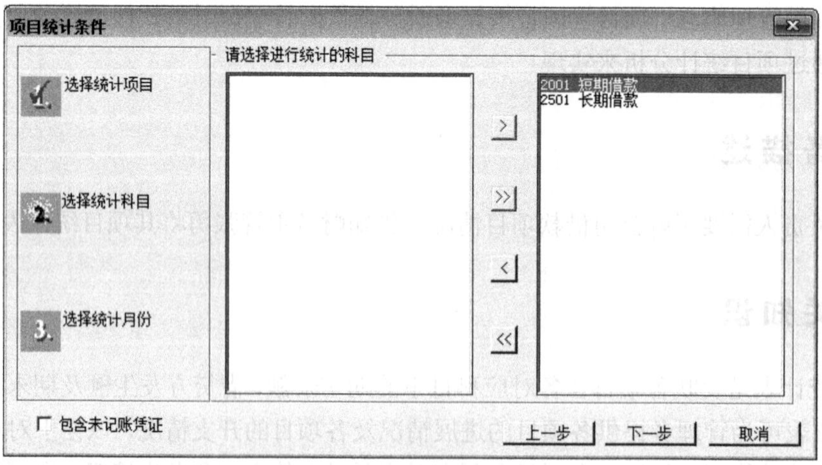

图 5-26

(4) 单击 >> 按钮,选择所有的科目;

(5) 单击"下一步"按钮,打开"项目统计条件—选择统计月份"对话框,如图 5-27 所示;

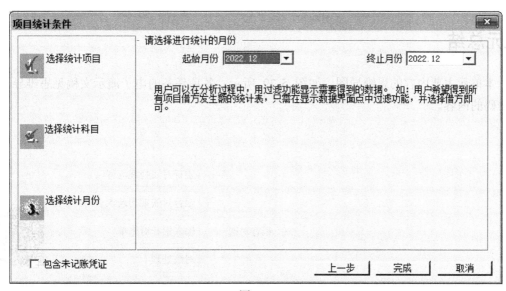

图 5-27

(6) 输入起始月份和终止月份均为"2022.12";
(7) 单击"完成"按钮,进入"项目统计表"窗口,如图 5-28 所示。

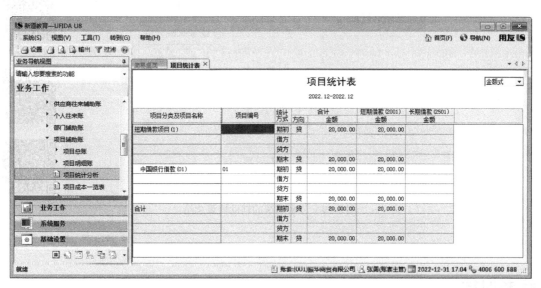

图 5-28

单元总结

本单元主要内容的思维导图，如图 5-29 所示，各项任务的电子演示文稿见思维导图中二维码的内容。

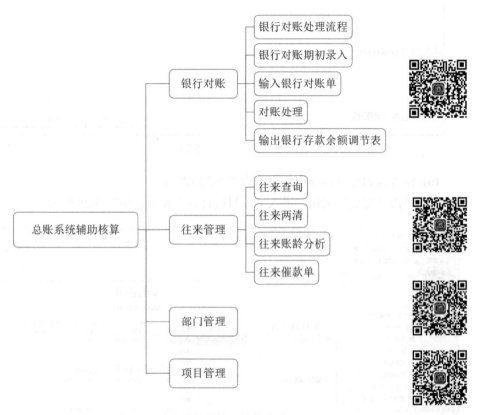

图 5-29 总账系统的辅助核算总结

思考训练

1. 简述银行对账的工作过程及作用。
2. 往来两清有哪几种方法？有什么意义？
3. 要提高银行自动对账的准确性和对账的效率需要加强和完善哪些方面的工作？
4. 部门管理在会计管理上的意义和作用有什么？
5. 项目管理在会计管理上的意义和作用有什么？
6. 根据本单元的任务安排及给出的资料，完成相应的上机训练。

第 6 单元　职工薪酬管理与核算

学习目标

了解薪资管理系统的任务、数据处理流程，熟悉基本功能结构；了解薪资账套建立的用途，会进行建立薪资账套的基本操作；掌握定义职工薪资基本档案的基本内容，能够进行定义薪资基本档案的操作；掌握薪资项目定义的主要内容计和算公式，能够进行薪资项目定义、薪资计算公式定义的操作；掌握薪资日常处理的基本内容等，熟悉进行固定数据编辑、变动数据编辑、扣缴所得税、工资计算与汇总、银行代发、薪资数据输出等口常业务的基本操作；熟悉薪资月末处理的工资分摊、工资制单处理、月末结转等基本知识，能够进行相关操作。

通过职工薪酬管理与核算的学习，让学生在进行劳动报酬管理操作的同时，领悟我国社会主义分配制度的优越性，要求学生遵守我国社会保险制度、个人所得税制度，树立劳动光荣、劳动崇高的观念，树立公民依法纳税的法律意识。

任务 6.1　薪资管理系统认知

6.1.1　薪资管理系统的任务

薪资管理是每个单位财会部门最基本的业务之一，是一项重要的经常性工作，它关系到每个职工的切身利益。在手工方式下，为了搞好薪资管理，财务人员花费了大量的精力和时间，并且还容易出错。而采用计算机处理，保证了薪资管理的准确性和及时性。

薪资管理系统的任务是以职工个人的工资原始数据为基础，计算应发工资、扣款小计和实发工资等；按机构层次和统计口径进行汇总；打印工资发放表、各种汇总表及个人工资条，提供多种方式的查询，并实现自动转账处理。

通用薪资管理系统，可灵活设置工资项目和工资表格，具有实用、方便、灵活、功能强和处理效率高等特点，适用于各类企事业单位的工资管理。

6.1.2　数据处理流程

1. 手工方式的工资核算过程

手工方式下工资核算过程，如图 6-1 所示。

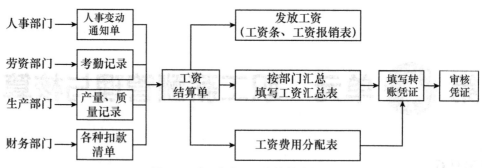

图 6-1 手工方式下工资核算流程

2. 计算机方式下工资核算数据处理流程

薪资管理系统原始数据量大，涉及的部门较多，为提高原始数据输入的效率，可对输入数据进行分类，一般按工资数据变动频率的不同，将其分为基本不变数据和变动数据两类，系统根据这两类数据流计算工资结算单，经进一步处理得到工资结算汇总表、工资转账凭证等。薪资管理数据处理流程，如图 6-2 所示。

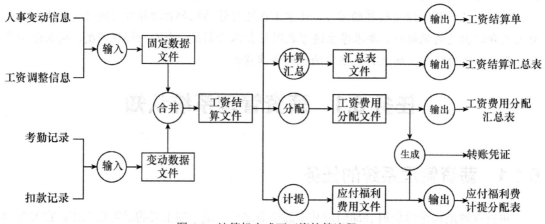

图 6-2 计算机方式下工资核算流程

3. 两种处理方式对比

计算机薪资管理系统是以手工核算系统为基础建立起来的，两者在处理流程、汇总方式及报表格式等方面都是极其相似的，但是两者在下面几个主要方面又不尽相同。

(1) 在原始数据输入方面。在手工核算系统中，每月不论数据是否与上月相同，都必须填写所有的原始数据。而在计算机处理中，本月职工工资的原始数据是在上月基础上修改的，因此姓名、部门、基本工资等固定或稳定程度高的数据不必每月输入，只是修改每月变化的不同数据，如出勤天数、扣款数等。

(2) 计算机汇总方面。手工方式下必须对每个人的工资数据逐个计算，然后按部门汇总，非常烦琐。在电算化方式下，可以对满足各种条件的职工工资数据进行统一处理，速度快而且差错率低。在进行汇总时，计算机可以自动根据部门设置进行逐级汇总，产生的数据既全面又可靠。

(3) 工资报表方面。虽然手工方式下工资报表的格式、内容与计算机电算化方式基本相同，但是在处理方式上是有本质区别的。手工方式下工资报表是以纸质为媒介存储，每产生一张报表都伴随大量的数据计算，即报表数据填写与报表产生同时进行。而在电算化方式下，工资报表的存储主要以磁介质为主，磁盘上的数据可以反复利用，灵活地产生各种条件下的汇总表，这是在手工方式下几乎不可能实现的。

(4) 在凭证处理方面。薪资管理系统中的凭证处理主要是工资费用的计提及分配，因此每月产生的凭证除了金额外都是相同的。这样电算化薪资管理系统的凭证处理可以做一次凭证初始化后，每月根据汇总表自动生成转账凭证；而在手工核算中，每月必须重新填制转账凭证。

6.1.3 基本功能结构

工资核算的基本功能结构，如图 6-3 所示。

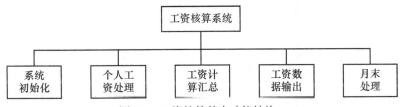

图 6-3　工资核算基本功能结构

1. 系统初始化

该功能主要包括建立工资账套、设置机构、设置职工类别、设置工资项目、定义运算关系等功能。系统初始化功能是整个工资核算的核心，系统初始化工作的好坏直接影响工资核算其他模块的正常使用，因此操作者应给予充分的重视。

2. 个人工资处理

该功能是指对职工的调入、调出及工资数据的变化而引起的工资数据增、减、修改的操作。

3. 工资计算与汇总

该功能是指对工资数据计算项目的计算，按部门级别进行工资汇总和费用的计提等。

4. 工资数据输出

工资数据的输出一般是指查询和打印。输出的内容包括工资结算表、工资结算汇总表、工资分配汇总表和转账凭证等。

5. 月末处理

月末处理主要是进行月末结转，是将当月数据经过处理后结转至下月。其中包括保存当月工资数据，固定数据结转至下月。每月工资数据处理完毕后均可进行月末结转。

6.1.4 基本操作过程

应用薪资管理系统进行工资核算的基本操作过程一般可分为系统初始化、个人工资编辑、计算与汇总、查询与打印和自动转账处理，如图 6-4 所示。

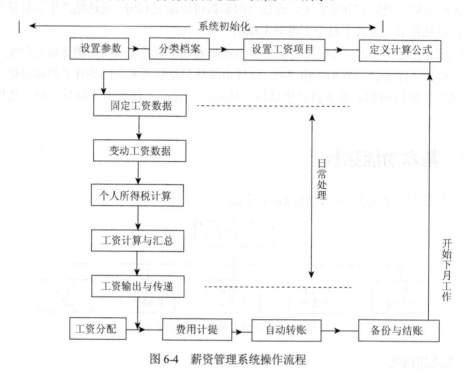

图 6-4 薪资管理系统操作流程

任务 6.2 薪资管理系统初始化

一般企业使用的薪资管理系统是商品化通用软件，这种软件能适合不同企业的具体业务，但由于不同企业的性质不同，管理方式也不同，因此工资系统核算和管理的方式也会有所区别，为了满足企业对工资核算的个性化需求，需要对薪资管理系统进行初始设置。工资系统初始设置的主要内容包括建立薪资管理账套、定义工资基本档案、定义工资项目、定义工资计算公式等。

6.2.1 建立薪资管理账套

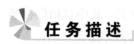
任务描述

2022 年 12 月 1 日，财务主管张勇根据本公司工资项目内容及业务特点，整理出为适应系统要求的如下主要账务参数。

设置单个工资类别；核算币种为人民币；不核算计件工资；人员编码长度为3位；启用月份为2022年12月1日；从工资中扣除个人所得税，但不进行扣零处理。

相关知识

通用薪资管理系统一般可以处理多套不相关或相对独立的多个单位和部门的工资业务，每一个单位或部门对应一个薪资管理账套。建账工作是整个薪资管理正确运行的基础。建立一个完整的账套，是系统正常运行的根本保证。我们可以通过系统提供的建账向导，逐步完成整套工资的建账工作。

一般情况下，系统提供的建账向导共分为如下四步。

1. 参数设置

建立薪资管理账套时需要事先设置账套参数，这些参数以后可以查询，但在账套使用后一般不能修改。

选择本账套处理的工资类别个数为"单个"或"多个"。如单位按周或月发放多次工资，或者是单位中有多种不同类别(部门)的人员，工资发放项目不尽相同，计算公式亦不相同，但需进行统一工资核算管理，应选择"多个"工资类别。

如果单位中所有人员的工资统一管理，而人员的工资项目、工资计算公式全部相同，则选择"单个"工资类别，可提高系统的运行效率。

如果企业的某一工资类别采用人民币，就可以选择人民币币种；如果企业的某一工资类别采用外币，则需要选择相应的外币币种。

如果有的企业采用计件工资计算职工的工资，则还需要选择核算计件工资参数，这样系统才能显示计件工资的相关信息。

2. 扣税设置

一般企业要从工资中计算个人所得税，则需选择"是否从工资中代扣个人所得税"项目，如果选择此项，进行工资核算时系统会根据输入的税率自动计算个人所得税额。

3. 扣零设置

扣零即扣零处理，系统在计算工资时将依据扣零类型进行扣零计算。扣零至元，即工资发放时不发10元以下的元、角、分，包括5元、2元、1元。扣零至角，即工资发放时不发1元以下的角、分，包括5角、2角、1角。

设置工资参数时需要事先确定是否进行扣零处理。若选择进行扣零处理，系统在计算工资时将依据所选择的扣零类型将零头扣下，并在积累成整数时补上。扣零的计算公式将由系统自动定义，无须设置。

4. 人员编码设置

设置人员的编码长度，最长不能超过一定的位数。人员的编码长度主要是根据企业职工的人数决定。人员编码长度设置以后，决定了工资账套中职工代码的长度。

建账完成后，如果发现错误可以在选项中进行修改，但应该注意，由于账套参数对业务流程的重要影响，一般只有账套主管才能进行修改。另外，如果账套已经启用，为了防止数据出现紊乱，一般软件会控制不允许再随意进行修改。

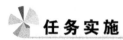

1. 薪资管理基础设置

(1) 以002刘兆福身份进入"UFIDA U8 V10.1"窗口，如图6-5所示；

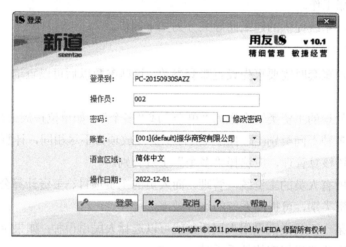

图 6-5

(2) 执行"业务工作"|"人力资源"命令，双击"薪资管理"，系统自动打开"建立工资套—参数设置"对话框，如图6-6所示；

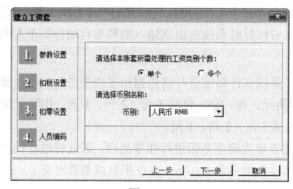

图 6-6

(3) 选择工资类别个数选区中的"单个"单选按钮，选择"币别"为"人民币 RMB"；

(4) 单击"下一步"按钮，进入"建立工资套—扣税设置"对话框，如图6-7所示；

第6单元　职工薪酬管理与核算

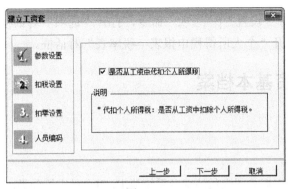

图 6-7

(5) 选中"是否从工资中代扣个人所得税"复选框；
(6) 单击"下一步"按钮，进入"建立工资套—扣零设置"对话框，如图 6-8 所示；

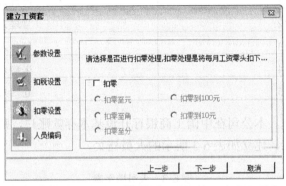

图 6-8

(7) 不选中"扣零"复选框，表示不进行扣零处理；
(8) 单击"下一步"按钮，进入"建立工资套—人员编码"对话框，如图 6-9 所示；

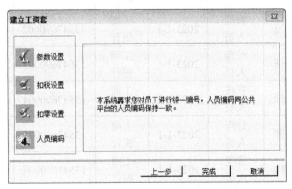

图 6-9

(9) 单击"完成"按钮，完成建立工资套的操作。

2. 个人所得税设置

以 002 刘兆福身份进入"UFIDA U8 V10.1"窗口，执行"业务工作"|"人力资源"|"薪

143

资管理"命令,再执行"设置"|"选项"命令,打开"选项"对话框,单击"扣税设置"|"税率设置"选项,打开"个人所得税申报表—税率表"对话框。

6.2.2 定义工资基本档案

 任务描述

(1) 财务主管张勇根据公司人员情况及系统要求,对人员进行分类,分类情况如表6-2所示。

表6-2 人员类别

人员编号	类别
1011	经理人员
1012	管理人员
1013	销售人员
1014	采购人员
1015	仓管人员

(2) 设置银行名称。本公司在中国工商银行开设基本存款账户,账号长度为11。
(3) 设置人员档案。建立如表6-3所示的人员档案。

表6-3 人员档案表

编号	职员姓名	所属部门	人员类别	进入日期	代发银行	账号	是否从工资中扣税	职务
101	张志勇	办公室	经理人员	2023-1-1	工商银行	13547690001	是	办公室主任
102	刘晓倩	办公室	管理人员	2023-1-1	工商银行	13547690002	是	秘书
201	张 勇	财务部	经理人员	2023-1-1	工商银行	13547690003	是	财务经理
202	刘兆福	财务部	管理人员	2023-1-1	工商银行	13547690004	是	会计
203	马 丽	财务部	管理人员	2023-1-1	工商银行	13547690005	是	出纳
204	赵 燕	财务部	管理人员	2023-1-1	工商银行	13547690006	是	会计
301	周建国	信息部	经理人员	2023-1-1	工商银行	13547690007	是	信息总监
302	李海波	信息部	管理人员	2023-1-1	工商银行	13547690008	是	网络管理

(续表)

编号	职员姓名	所属部门	人员类别	进入日期	代发银行	账号	是否从工资中扣税	职务
401	黄宇翔	市场部	经理人员	2023-1-1	工商银行	13547690009	是	销售总监
402	许志强	市场部	销售人员	2023-1-1	工商银行	13547690010	是	销售业务员
501	叶淑贤	采购部	经理人员	2023-1-1	工商银行	13547690011	是	采购经理
502	谢志刚	采购部	管理人员	2023-1-1	工商银行	13547690012	是	采购业务员
601	王自立	仓储部	管理人员	2023-1-1	工商银行	13547690013	是	仓库经理
602	徐大力	仓储部	临时人员	2023-1-1				搬运工人

注：进入日期为人员调入单位的日期，因工资系统在 2023-01-01 启动，以前的工作人员的进入日期都统一设置为 2023-01-01。

相关知识

工资基本档案主要需要定义人员附加信息设置、人员类别设置、银行名称设置、部门档案设置、人员档案设置、计件工资标准及方案的设置等内容。

1. 人员附加信息设置

人员档案包含一些通用的基本项目，如部门名称、人员编号、姓名、人员类别等，这些基本项目是工资业务处理中需要明确的主要属性，对工资的计算有直接影响。此外，在进行工资数据管理和查询的时候，往往需要比较丰富的查询和计算参数，如人员的性别、民族、婚否、技术职称等。为了对人员进行更有效的管理，这时可以通过人员附加信息设置，增加人员信息，丰富人员档案的内容。软件提供了详细的人员附加信息设置功能，便于企业对人员进行更加全面有效的管理及核算。例如，我们要对所有的女性、少数民族职员发放 50 元补助，就可以通过附加信息的设置来实现。在这里定义过附加信息项目以后，在后面定义人员档案资料时，就可以输入相关附加信息的内容了。应该注意的是，已使用过的人员附加信息不可删除，但可以修改。

2. 人员类别设置

人员类别的设置，主要是便于按人员类别进行工资的汇总和计算，以及便于按人员类别进行工资费用的分摊。工资费用的分摊一般是和部门有关的，如管理部门的工资计入管理费用、销售部门的工资计入营业费用；但有些部门的工资仅仅根据部门是无法确定其分配的去向的，如同属于车间部门，车间管理人员的工资计入制造费用，而车间制造人员的工资计入生产成本中。为了解决诸如此类的问题，企业可以根据具体需要设置若干人员类别，例如可以将人员类别定义为企业管理人员、车间管理人员、销售人员、后勤人员、合同工、临时工等。不同的人员类别一方面能方便进行工资的计算，如为不同人员类别设置奖金金额；一方面也为工资费用分摊提供依据。人员类别设置完毕以后，在输入人员的信息时，可以为每位人员选择输入相应的人员类别。人员类别在使用以后将不能删除，人员类别只剩一个时也不允许删除。

3. 银行名称设置

如果企业委托银行代发工资，就需要进行银行名称的设置。银行名称设置中，可设置多个发放工资的银行，以满足企业不同的需要，例如，同一工资类别中的人员有可能在不同的工作地点，需要在不同的银行发放工资，或者可能不同的工资类别由不同的银行代发工资。

设置时往往需要输入银行名称、确定银行账号长度及是否为定长，定义录入时需自动带出的账号长度。

银行名称和银行账号长度不得为空。银行账号定长是指此银行要求所有人员的账号长度必须相同。设置"自动带出账号长度"，则在录入人员档案的银行账号时，从第二个人开始，系统根据用户在此定义的长度自动带出银行账号的前 N 位，提高用户录入速度。

银行名称设置完成以后，就可以在人员档案设置时选择该员工的代发银行，并录入该员工相应的银行账号。

4. 部门档案设置

设置部门档案是设置人员工资信息的基础，以便按部门核算各类人员工资，提供部门核算资料。设置部门档案目录不仅可以按部门或班组汇总、统计、领取、分发职工工资，而且可以按部门记入账簿，最终达到分部门考核经营业绩的目的。

部门指某使用单位下辖的具有分别进行财务核算或业务管理要求的单元体，不一定是实际的部门机构，按照已经定义好的部门编码级次原则输入部门编号及其信息。

必须输入的项目有部门编号、部门名称等部门基本信息，然后根据需要输入部门辅助信息，如负责人、部门属性、电话、地址、备注、信用额度、信用等级等。部门属性是指输入部门是车间、采购部门、销售部门等部门分类属性。信用信息主要包括信用额度、信用等级、信用天数，指该部门对客户的信用权限。部门信息在开设总账的条件下是和总账的部门数据共享的，如果总账系统已经定义部门档案资料，则在薪资管理系统中不需重复定义。

输入部门时应该注意，部门编号必须唯一；已被使用的部门不能增加下级部门；已使用的部门不能删除。

5. 人员档案设置

人员档案，又叫职工档案，是薪资管理的最重要的基础数据之一。工资业务的处理与每位职工的信息紧密相关，人员档案是工资计算的载体。人员档案用于登记工资发放人员的姓名、职工编号、所在部门、人员类别等信息，处理员工的增减变动等。人员档案需要设置的主要信息如下。

（1）人员的"基本信息"。其主要包含人员编号、人员姓名、所属部门编号和名称及人员所属类别等。这里的人员编号不可重复，且必须与人员姓名一一对应；只有末级部门才能设置人员，人员类别必须选择。

（2）人员的属性。例如，选择是否"计税"；计税人员是否为"中方人员"；该人员是否核算计件工资；是否停发工资。

（3）如果通过银行代发工资，则还需选择代发工资银行的名称和银行账号。

（4）选择输入人员进入本单位的"进入日期"，人员的调入日期不应大于当前的系统注册日期。

（5）人员的附加信息。附加信息的输入项目由前面介绍的人员附加信息设置决定，这里输入具体的内容。

6. 计件工资标准及方案的设置

在工业企业中，生产工人的工资可以包含计件工资项目，这样可以在日常的生产经营活动中，输入生产工人的计件统计资料，核算计件工资。为了满足企业核算计件工资的需要，必须在薪资管理系统中设置计件工资标准及方案。

计件工资标准是指计件数据的统计标准和口径，即企业用什么标准作为统计计件工资的依据。计件工资标准可以来自成本核算系统，如产品结构和工序；也可以自定义其他计件工资的标准，如工种、工艺。来源于成本管理系统的计件工资标准，不可在工资系统中修改或删除。

定义计件工资标准后，可以设置计件工资标准档案。如我们将工种设置为计件工资标准，在工种中定义工资标准档案为车工、钳工。只有在账套参数中选择核算计件工资，才能进行计件工资标准的设置。

计件工资标准设置后，可以设置计件工资方案。表6-1中为某企业的计件工资方案。

表6-1 某企业计件工资方案

方案编号	方案名称	产品结构	工序	工种	工艺	计件单价
001	A1	M123半成品		车工	锻压	10.00
002	A2	M123半成品		钳工	机加	15.00

限于篇幅，这里仅就设置人员类别、银行名称、人员档案进行操作讲解，其他操作略。

1. 设置人员类别

（1）以002刘兆福身份进入"UFIDA U8 V10.1"窗口，执行"基础设置"|"基础档案"命令，执行"机构人员"|"人员类别"命令，打开"人员类别"窗口；

（2）在"人员类别"窗口中，单击"增加"按钮，打开"增加档案项"对话框，如图6-10

所示;

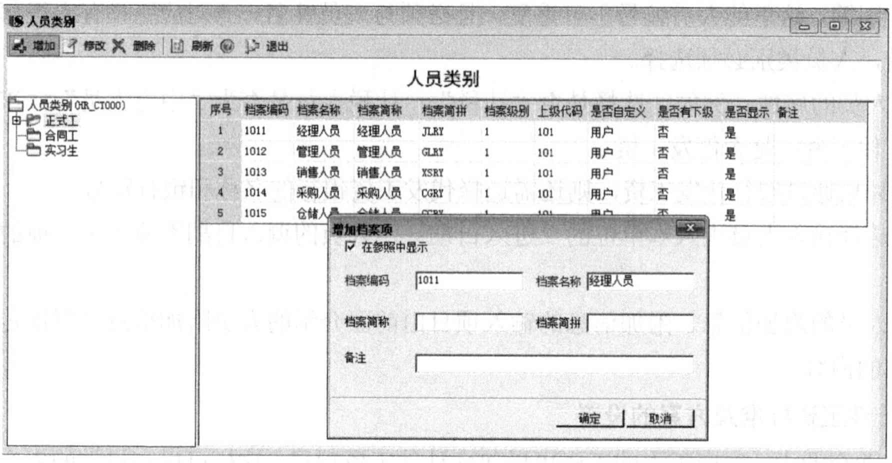

图 6-10

(3) 在打开的对话框中输入"1011""经理人员";

(4) 重复步骤(2)和(3),继续输入其他人员类别,输入完毕后单击"返回"按钮退出。

【说明】

- 设置人员类别后,可以按不同人员类别分配工资费用,进行会计处理。
- 已经使用的人员类别不允许删除。

2. 设置银行名称

(1) 以 002 刘兆福身份进入 UFIDA U8 V10.1,执行"基础设置"|"基础档案"命令,执行"收付结算"|"银行档案"命令,打开"修改银行档案"对话框,如图 6-11 所示;

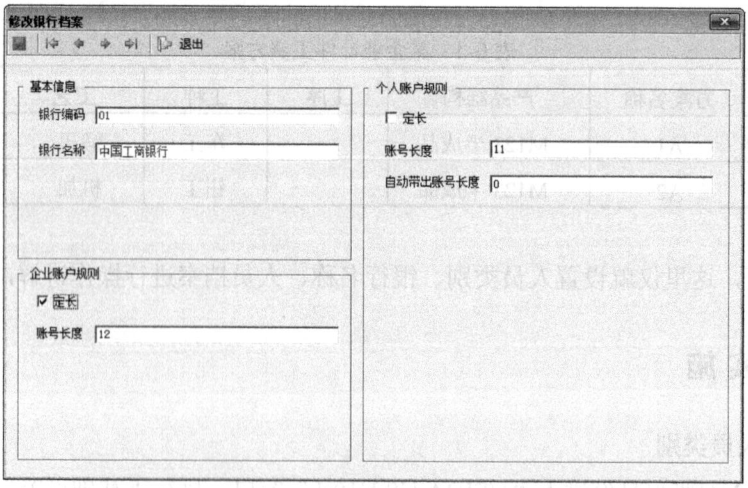

图 6-11

(2) 在"修改银行档案"对话框中,双击"中国工商银行"按钮;

(3) 在"个人账户规则"中,选中"定长"复选框,将账号长度修改为"11"位,单击

"保存"按钮。

3. 设置人员档案

(1) 执行"薪资管理"|"设置"|"人员档案"命令,进入"人员档案"窗口;

(2) 单击"增加"图标按钮,打开"人员档案明细"对话框,如图6-12所示;

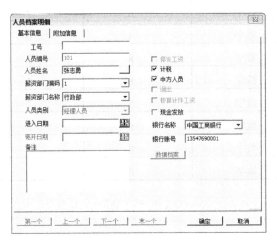

图 6-12

(3) 在"人员编号"文本框中输入编号"101",参照选择出姓名"张志勇",系统自动列出同总账中相同的部门名称、部门编码,参照选择出"人员类别"为"101 经理人员";

(4) 单击"银行名称"下拉列表框的下三角按钮,在下拉列表中选择"中国工商银行"选项;

(5) 在"银行账号"文本框中,输入职工的银行账号"13547690001",单击"保存"按钮,完成第一条人员的记录输入;

(6) 重复步骤(2)~(5),继续输入其他人员的档案。

提示:

为了减少数据录入量,可以利用导入功能将人员信息从其他系统中引入。

6.2.3 定义工资项目

任务描述

财务主管张勇根据公司工资项目内容及系统要求,整理出如表6-4所示的工资项目。

表 6-4　工资项目一览表

项目名称	类型	长度	小数位数	工资增减项
基本工资	数字	10	2	增项
岗位工资	数字	10	2	增项
奖金	数字	8	2	增项
缺勤天数	数字	4	0	其他
缺勤扣款	数字	8	2	减项
应发合计	数字	8	2	增项
代扣税	数字	8	2	减项
保险费	数字	8	2	减项
扣款合计	数字	8	2	减项
实发合计	数字	8	2	增项

相关知识

工资项目是指单位职工工资的构成项目，企业应该根据工资制度规定和核算需要，定义工资项目的名称、类型、宽度。在工资项目中，有的是计算工资必须设置的项目，为必备项目，如应发工资、实发工资等；有的项目则各个企业不尽相同，如基本工资、岗位工资、职务补贴等。为此在软件中往往预置一些必备的工资项目，如应发工资、扣款合计、实发工资等，这些项目一般不允许修改，而其他项目可根据需要自行增加和修改，以适应单位的具体需要。

另外，在工资的项目中，有些项目的数据长期不变，我们称其为工资的固定项目；有的可能每月都有变动，则称为变动项目。因此，在定义工资项目时应包括两个方面的内容：手工核算时工资结算单上所列的各个项目，与计算这些项目有关的原始项目和中间过渡项目。在工资项目划分上可具体表现为工资中的固定项目、变动项目和计算项目。

- 固定项目：数据长期不变的项目，如等级工资。
- 变动项目：数据每月均变动的项目，如奖金、请假天数。
- 计算项目：借助其他固定项目数据和变动项目数据，确定计算公式后取得数据的项目，如应发合计、扣款合计。

在定义工资项目时，一般需要定义工资项目名称、类型、长度、小数位数和工资增减项。项目名称一般为汉字，必须唯一。项目类型可以选择为字符型、数字型和其他；若工资项目类型为字符型，则小数位不可用，增减项显示为其他；所有参与计算的工资项目必须设置为数字型。项目的长度应该以可能出现的最大宽度的字符或数字为依据，以免因为长度过窄而造成数据溢出。工资增项直接计入应发合计，减项直接计入扣款合计。工资项目一经使用，数据类型不允许修改。

任务实施

(1) 执行"薪资管理"|"设置"|"工资项目设置"命令,打开"工资项目设置"对话框,如图6-13所示;

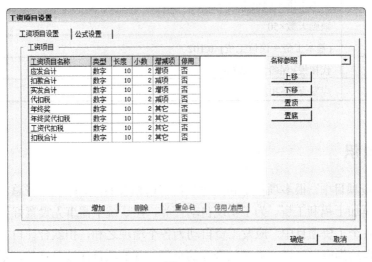

图 6-13

(2) 单击"增加"按钮,增加一个工资项目;

(3) 单击"名称参照"下拉列表框的下三角按钮,在下拉列表中选择"基本工资"选项;

(4) 双击"类型"栏所在单元,弹出下三角按钮,在下拉列表中选择"数字"选项;

(5) 在"长度"栏所在单元选择"10"选项;在"小数"栏所在单元选择"2"选项;

(6) 双击"增减项"栏所在单元,弹出下三角按钮,在下拉列表中选择"增项",完成对"基本工资"项目的设置;

(7) 重复步骤(2)~(6),继续其他工资项目的建立;

(8) 单击"确定"按钮,完成工资项目的设置。

【说明】

- 如果工资项目类型为字符型,则小数位不可用。如果增减项选择为"其他"项,则不直接参与应发合计与扣款合计。
- 缺勤天数的"增减项"应设置为"其他"。

6.2.4 定义工资计算公式

任务描述

根据已设置的工资项目,由财务主管张勇定义工资计算公式,如表6-5所示。

表 6-5 工资计算公式表

工资项目	定义公式
岗位工资	经理人员的岗位工资 800.00 元，管理人员的岗位工资 600.00 元，其他人员岗位工资 500.00 元且人员类别不等于临时人员
应发合计	基本工资＋岗位工资＋奖金
缺勤扣款	缺勤天数×50
社会保险费	(基本工资＋岗位工资)×0.102
扣款合计	代扣税+保险费+缺勤扣款
实发合计	应发合计-扣款合计

相关知识

在各种工资项目中，很多项目是和其他项目密切相关的，如应发工资总额等于基本工资加上效益工资再加上福利工资。为了实现自动计算，在系统中需事先设置好各工资项目间的运算公式。在各个工资项目中，应发工资自动为各个增项之和，扣款合计自动为各个减项之和，实发工资自动为应发工资减去扣款合计的金额。其他项目如涉及计算，则需要定义相关工资计算公式。设置计算公式可以直观表达工资项目的实际运算过程，灵活地进行工资计算处理。

计算公式由工资项目、运算符、函数和常数组成。

公式定义时，可以选择在公式定义区域录入工资计算公式，也可以通过软件的"函数公式向导输入"功能引导录入。在定义公式时应该注意以下事项。

- 应发合计、扣款合计、实发合计项目公式由系统自动设置，计算时自动生成数据。
- 定义工资项目计算公式要符合逻辑，系统将对公式进行合法性检查。
- 定义公式时要注意先后顺序，先得到的数应先设置公式。应发合计、扣款合计和实发合计项目公式应是公式定义框的最后三个公式，且实发合计项目公式要在应发合计和扣款合计公式之后。

任务实施

(1) 执行"设置"|"工资项目设置"命令，打开"工资项目设置"对话框；
(2) 单击打开"公式设置"选项卡，如图 6-14 所示；
(3) 在"工资项目"选项区域，单击"增加"按钮，增加一个空白选项；
(4) 单击空白选项栏下三角按钮，在下拉列表框中选择"保险费"选项；
(5) 将光标移动到"保险费公式定义"文本框；
(6) 输入公式"(基本工资+岗位工资)×0.102"，其中"基本工资""岗位工资"是通过"公式输入参照"选项区域的"工资项目"框中双击选择生成的；

(7) 单击"公式确认"按钮，完成"保险费"项目的公式定义；

(8) 重复步骤(3)~(7)，继续定义其他项目公式；

(9) 单击"确定"按钮，保存公式设置。

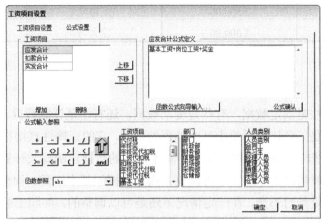

图 6-14

【说明】
- 在列表框中的公式顺序体现了执行计算时的顺序，公式设置要注意公式的逻辑顺序。
- 岗位工资的公式为 "iff(人员类别="经理人员",800,iff(人员类别="管理人员",600,iff(人员类别="营销人员",500,0)))"。

任务 6.3　工资业务日常处理

在正确的初始化的前提下，就可以展开日常业务了。工资业务日常处理是指在建立工资核算账套的基础上，每月对个人工资数据的变动情况进行相应调整和计算的工作。其主要包括固定工资数据输入、变动工资数据编辑、个人所得税计算、工资计算与汇总、工资数据的输出。

6.3.1　固定工资数据

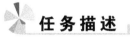任务描述

由会计赵燕将"基本工资"设置为固定数据，录入 1 月份员工的基本工资情况，如表 6-6 所示。

表 6-6　1 月份员工的基本工资情况

职员姓名	基本工资	职员姓名	基本工资
张志勇	3 000.00	李海波	2 600.00
刘晓倩	2 300.00	黄宇翔	3 000.00

张 勇	3 000.00	许志强	2 500.00
刘兆福	2 500.00	叶淑贤	3 000.00
马 丽	2 300.00	谢志刚	2 500.00
赵 燕	2 500.00	王自立	3 000.00
周建国	3 000.00	徐大力	2 000.00

相关知识

工资项目中有些是固定数据，有些是变动数据，还有些是计算数据。

工资固定数据是工资核算系统中基本的原始数据，它的正确性直接影响以后数据的计算结果。初次使用系统时，应先将职工工资中基本固定的数据正确输入计算机，在以后的使用中，固定数据在一般情况下，基本不再调整。固定数据如基本工资、岗位工资等。

固定数据并不是绝对不变，在一定情况下还是可以调整的，如职工的基本工资往往要不断上浮。固定数据的调整，可以采用工资数据替换的功能，设置相应的条件按照某个规则进行替换，以提高操作效率。

任务实施

（1）以会计赵燕身份进入系统，执行"人力资源"|"薪资管理"|"业务处理"|"工资变动"命令，进入"工资变动"窗口；

（2）在"工资变动"窗口中，单击左上角"过滤器"下拉列表框的下三角按钮，在下拉列表项中选择"过滤设置"选项，打开"项目过滤"对话框，如图6-15所示；

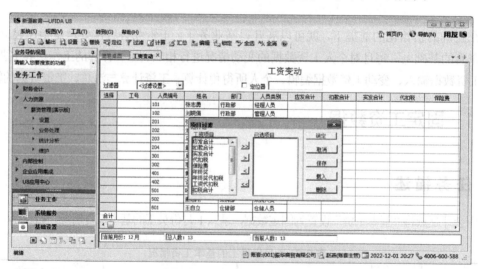

图6-15

（3）在"工资项目"列表框中选中"基本工资"选项，单击"选择"按钮；

(4) 单击"确定"按钮，可过滤出"基本工资"项目，如图6-16所示；

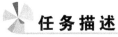

图 6-16

(5) 输入相关人员的基本工资数据；
(6) 输入完毕后，单击"取消"按钮，返回。

6.3.2 变动工资数据编辑

 任务描述

会计赵燕根据行政部报来的工资情况通知单，编辑个人出勤情况如下：李海波缺勤2天，谢志刚缺勤4天，其余均全勤，缺勤扣款50元/天。

去年因公司超额完成销售任务，经批准决定对销售部门进行奖励，会计赵燕据此计算出发放奖金标准如下：市场部经理2 800.00元；销售人员2 000.00元；其他部门，经理级1 800.00元，一般管理人员1 000.00元。

相关知识

工资项目中的变动数据是指除基本工资及一些固定发放的岗位津贴等固定数据以外的项目，如水电费扣发、缺勤天数、病事假天数、奖金等。这些项目每月必须根据当月实际情况进行输入，由于职工情况各异，一般需要逐个录入。这些变动数据往往是计算项目的数据源。

任务实施

1. 修改缺勤天数

(1) 执行"业务处理"|"工资变动"命令,进入"工资变动"窗口;

(2) 在"工资变动"窗口中,单击左上角"过滤器"下拉列表框的下三角按钮,在下拉列表项中选择"过滤设置"选项,打开"项目过滤"对话框,如图6-17所示;

(3) 在"工资项目"列表框中选中"缺勤天数"选项,单击"选择" 按钮,如图6-18所示;

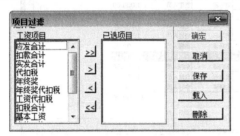

图 6-17

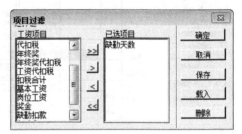

图 6-18

(4) 单击"确定"按钮,可过滤出"缺勤天数"项目,如图6-19所示;

(5) 修改"李海波""谢志刚"两人的"缺勤天数"项目数据。

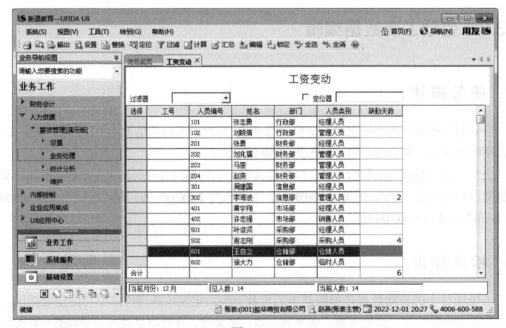

图 6-19

2. 工资数据替换

(1) 执行"业务处理"|"工资变动"命令,进入"工资变动"窗口;

(2) 单击"替换"图标按钮,打开"工资项数据替换"对话框,如图6-20所示;

图 6-20

(3) 单击"将工资项目"下拉列表框中的下三角按钮,在下拉列表中选中"奖金"选项;

(4) 在"替换成"文本框中输入"2800";

(5) 在替换条件选项区中,确定替换条件为"人员类别"="经理人员"且"部门"="市场部";

(6) 单击"确定"按钮,完成替换;

(7) 重复步骤(3)~(6),继续替换其他条件。

6.3.3 扣缴个人所得税

 任务描述

会计赵燕根据本期工资变动情况通过系统进行数据录入,同时填报个人所得税扣缴申报表,如表6-7所示。

表 6-7 个人所得税扣缴申报表

姓名	所得期间	所得项目	收入额合计	减费用额	应纳税所得额	税率	速算扣除数	扣缴所得税额
张志勇	1	工资	5365.40	5 000.00	365.40	3%	0	10.96
刘晓倩	1	工资	3757.20	5 000.00	0.00	0	0	0.00
张 勇	1	工资	5365.40	5 000.00	365.40	3%	0	10.96
刘兆福	1	工资	3936.80	5 000.00	0.00	0	0	0.00
马 丽	1	工资	3757.20	5 000.00	0.00	0	0	0.00
赵 燕	1	工资	3936.80	5 000.00	0.00	0	0	0.00
周建国	1	工资	5365.40	5 000.00	365.40	3%	0	10.96
李海波	1	工资	3926.60	5 000.00	0.00	0	0	0.00
黄宇翔	1	工资	6365.40	5 000.00	1 365.40	3%	0	40.96
许志强	1	工资	4847.00	5 000.00	0.00	0	0	0.00
叶淑贤	1	工资	5365.40	5 000.00	365.40	3%	0	10.96

谢志刚	1	工资	3736.80	5 000.00	0.00	0	0	0.00
王自立	1	工资	5365.40	5 000.00	365.40	3%	0	10.96
徐大力	1	工资	1949.00	5 000.00	0.00	0	0	0.00
合计			63 039.80	70 000.00	3 192.40			95.76

 相关知识

按照我国税法的规定，对于工资薪金必须要缴纳个人所得税，许多企事业单位计算职工工资薪金所得税的工作量较大，而且还容易出现错误。工资系统提供了个人所得税自动计算功能，用户只需自定义所得税率，系统将自动计算个人所得税，既减轻了用户的工作负担，又提高了工作效率，极大地体现了计算机的优越性。

个人所得税的计算关键是定义好税率表、收入额和扣减费用额，然后由系统自动计算每一名职工的应纳税额。

通常系统内已经设置了税率表，税率表定义界面的初始设置为国家颁布的工资、薪金所得所适用的七级超额累进税率，税率为3%～45%，级数为7级，费用基数为5 000.00元。使用时可以根据企业适用的具体情况，将税率、计税扣除额按照税务机关的有关规定进行调整。用户可根据单位需要调整费用基数和附加费用以及税率，可增加级数也可删除级数。

设置完税率表以后，系统就可以根据设置的扣除费用、税率和对应的收入合计，自动计算出每位职工的应纳税所得额和应缴纳的个人所得税，编制生成个人所得税申报表。

任务实施

(1) 执行"业务处理"|"扣缴所得税"命令，打开"个人所得税申报模板"对话框，如图6-21所示；

图6-21

(2) 双击"扣缴个人所得税报表"；

(3) 单击"确认"按钮，可查看"系统扣缴个人所得税报表"，如图6-22所示。

第6单元 职工薪酬管理与核算

系统扣缴个人所得税报表
2022年12月 — 2022年12月

总人数：14

序号	纳税义务...	身份证照...	身份证号码	国家与地区	职业编码	所得项目	所得期间	收入额	免税收入额	允许扣除...	费用扣除...	准予扣除...	应纳税所...	税率	应扣税额	已扣税额	备注
1	张志勇	身份证					12	5365.40			5000.00		365.40	3	10.96	10.96	
2	刘晓倩	身份证					12	3757.20			5000.00		0.00	0	0.00	0.00	
3	张勇	身份证					12	5365.40			5000.00		365.40	3	10.96	10.96	
4	刘兆福	身份证					12	3936.80			5000.00		0.00	0	0.00	0.00	
5	马丽	身份证					12	3757.20			5000.00		0.00	0	0.00	0.00	
6	赵燕	身份证					12	3936.80			5000.00		0.00	0	0.00	0.00	
7	周建国	身份证					12	5365.40			5000.00		365.40	3	10.96	10.96	
8	李海波	身份证					12	3926.80			5000.00		0.00	0	0.00	0.00	
9	黄宇翔	身份证					12	6365.40			5000.00		1365.40	3	40.96	40.96	
10	许志强	身份证					12	4847.00			5000.00		0.00	0	0.00	0.00	
11	叶淑贤	身份证					12	5365.40			5000.00		365.40	3	10.96	10.96	
12	谢志刚	身份证					12	3736.80			5000.00		0.00	0	0.00	0.00	
13	王自立	身份证					12	5365.40			5000.00		365.40	3	10.96	10.96	
14	徐大力	身份证					12	1949.00			5000.00		0.00	0	0.00	0.00	
合计								63039.80			70000.00		3192.40		95.76	95.76	

图 6-22

【说明】
在个人所得税扣缴申请表中，单击"税率"按钮可以调整基数。

6.3.4 工资计算与汇总

任务描述

会计赵燕对 1 月份已修改后的数据进行工资计算和汇总，如表 6-8 所示。

表 6-8 工资清单

人员编号	姓名	部门	人员类别	基本工资	岗位工资	奖金	应发合计	缺勤天数	缺勤扣款	社会保险费	扣款合计	代扣税	实发合计
101	张志勇	办公室	经理人员	3,000.00	800.00	1,800.00	5,600.00	0.00	0.00	387.60	387.60	10.96	5,201.44
102	刘晓倩	办公室	管理人员	2,300.00	600.00	1,000.00	3,900.00	0.00	0.00	295.80	295.80		3,604.20
201	李勇	财务部	经理人员	3,000.00	800.00	1,800.00	5,600.00	0.00	0.00	387.60	387.60	10.96	5,201.44
202	刘兆福	财务部	管理人员	2,500.00	600.00	1,000.00	4,100.00	0.00	0.00	316.20	316.20		3,783.80
203	马丽	财务部	管理人员	2,300.00	600.00	1,000.00	3,900.00	0.00	0.00	295.80	295.80		3,604.20
204	赵燕	财务部	管理人员	2,500.00	600.00	1,000.00	4,100.00	0.00	0.00	316.20	316.20		3,783.80
301	周建国	信息部	经理人员	3,000.00	800.00	1,800.00	5,600.00	0.00	0.00	387.60	387.60	10.96	5,201.44
302	李洛波	信息部	管理人员	2,600.00	600.00	1,000.00	4,200.00	2.00	100.00	326.40	426.40		3,773.60
401	黄宇翔	市场部	经理人员	3,000.00	800.00	2,800.00	6,600.00	0.00	0.00	387.60	387.60	40.96	6,171.44
402	许志强	市场部	营销人员	2,500.00	500.00	2,000.00	5,000.00	0.00	0.00	306.00	306.00		4,694.00
501	叶淑贤	采购部	经理人员	3,000.00	800.00	1,800.00	5,600.00	0.00	0.00	387.60	387.60	10.96	5,201.44
502	谢志刚	采购部	管理人员	2,500.00	600.00	1,000.00	4,100.00	4.00	200.00	316.20	516.20		3,583.80
601	王自立	仓储部	经理人员	3,000.00	800.00	1,800.00	5,600.00	0.00	0.00	387.60	387.60	10.96	5,201.44
602	徐大力	仓储部	临时人员	2,000.00	0.00	0.00	2,000.00	0.00	0.00	204.00	204.00		1,796.00
合计数				37,200.00	8,900.00	19,800.00	65,900.00		300.00	4,702.20	5,002.20	95.76	60,802.04

相关知识

工资项目和公式定义完并且录入相应的固定数据和变动数据以后，需要进行工资计算，系统才能根据公式进行工资数据的计算，并将计算结果保存在计算项目中。通常工资的计算项目如实发工资、应发工资等是不会自动计算或汇总的，如果修改了某些数据，重新设置了计算公式，进行了数据替换或在个人所得税中执行了自动扣税等操作，需要重新执行计算功能才能生成新的工资数据，否则系统将保留修改个人所得税前的数据状态。

 任务实施

(1) 执行"业务处理"|"工资变动"命令，进入"工资变动"窗口；
(2) 单击"计算"图标按钮，系统自动根据定义的公式重新进行计算，如图 6-23 所示；
(3) 单击"汇总"图标按钮，完成分类汇总操作；
(4) 单击"退出"按钮，返回。

图 6-23

6.3.5 银行代发

 任务描述

列出财务部将由银行代发的工资数据清单。

相关知识

银行代发业务处理，即企业为每位职工在代发工资的开户行开设工资储蓄账户，每月企业把计算得到的所有职工的工资数据转给开户行，银行根据企业提供的数据从企业的有关账户中把钱划转至每位职工的工资储蓄账户中。每月末，单位应向银行提供银行给定文件格式的工资数据，由银行根据单位给定的数据进行转账发放工资。这种做法既减轻了财务部门发放工资工作的繁重，有效地避免了财务部门到银行提取大笔款项所承担的风险，又提高了对员工个人工资的保密程度。

企业如果由银行发放工资，可以在设置了银行账号以后，由系统根据工资变动文件中员工的实发工资金额编制银行代发一览表，列出所有采用银行代发的人员编号、账号和金额等信息。银行代发一览表的文件格式可以根据代发银行的要求设置，文件格式主要包含栏目名称、数据类型、总长度、小数位数、数据来源等。企业按照银行提供的标准格式生成银行代发文件以后，通过网络、磁盘等方式传输给银行，银行根据代发文件进行工资的代发。

任务实施

（1）执行"业务处理"|"银行代发"命令，进入"银行代发"窗口，如图6-24所示；

图6-24

(2) 单击"格式"图标按钮，设置输出文件格式为".DAT 不定长格式"；
(3) 单击"传输"图标按钮，进行文件输出。

6.3.6 工资数据输出

任务描述

输出工资发放签名表。

相关知识

机内的工资数据，可按3种途径输出：屏幕显示、打印机输出、通过磁盘或以联网方式与银行进行数据传递。所输出的工资数据，按其内容大体可分为统计报表和工资分析类报表。

统计报表依据日常业务数据按各种条件进行筛选后输出，如工资表、部门工资汇总表、部门条件汇总表、工资变动汇总表、工资发放签名表、工资发放条、工资卡、人员类别汇总表等。

工资分析类报表是以各种工资数据为基础，对相关数据进行分析和比较，产生各种分析表，供决策人员使用。如工资项目分析表，职工工资汇总表，工资增长情况表，按月份、部门、项目的分类统计表。

另外，为了满足企业个性化的管理需要，还可以进行自定义工资报表，为用户提供内部管理分析报表工具。自定义报表是一种可以设置报表标题、表头、表体格式，定义报表数据来源，灵活定义过滤条件和显示、打印方式的自定义查询报表工具。

任务实施

(1) 执行"统计分析"|"账表"|"工资表"命令，打开"工资表"对话框，如图6-25所示；

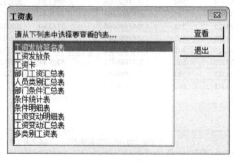

图6-25

(2) 双击"工资表"对话框中的"工资发放签名表"选项，打开"工资发放签名表"对话框；

(3) 分别选中部门名称前的复选框，出现"√"符号，表示选择该部门；

(4) 单击"确认"按钮，即进入"工资发放签名表"窗口。

任务 6.4　工资月末处理

每个月的月末都应该进行月末处理，工资系统的月末处理主要包括工资分摊和工资制单处理。月末处理后，系统将自动计算工资费用，生成相应的记账凭证并传递给总账。

6.4.1　工资分摊

任务描述

会计赵燕根据应分配工资总额等于工资构成项目内容，整理出工资分配与计提一览表，如表 6-9 所示。

表 6-9　工资分配与计提一览表

项目	方向	部门 办公室		财务部		信息部		采购部		仓储部		销售部	
		经理人员	管理人员	经理人员	管理人员	经理人员	管理人员	经理人员	管理人员	经理人员	管理人员	经理人员	营销人员
工资总额	借方	660201 (管理费用—工资费用)										660101 (营业费用)	
	贷方	221101(应付职工薪酬—工资)											
福利费	借方	660201(管理费用—工资费用)										660101 (营业费用)	
	贷方	221102(应付职工薪酬—福利费)											

(1) 应分配工资总额等于工资项目"应付职工薪酬—工资"。

(2) 定义工资费用分配的转账分录(见表 6-9)。

相关知识

月末，财会部门根据工资费用分配表，将工资费用根据部门、工资类别和用途进行分配。工资分摊包括工资总额分摊和福利费分摊等费用的分摊。按照目前会计制度规定，生产部门的生产工人的工资和福利费计入生产成本，生产部门的管理人员的工资和福利费计入制造费用,管理部门人员的工资计入管理费用,销售部门人员的工资计入销售费用。

工资分摊时,应该将人员工资按部门和人员类别分别指定不同的借方科目和贷方科目,系统会自动将工资按部门和人员类别进行工资分摊,并根据设置,为不同部门的人员类别指定借方科目和贷方科目,以便工资制单使用。

任务实施

(1) 执行"业务处理"|"工资分摊"命令,打开"工资分摊"对话框;

(2) 在"工资分摊"对话框中,单击"工资分摊设置"图标按钮,打开"分摊类型设置"对话框;

(3) 在"分摊类型设置"对话框中,单击"增加"按钮,打开"分摊计提比例设置"对话框,如图6-26所示;

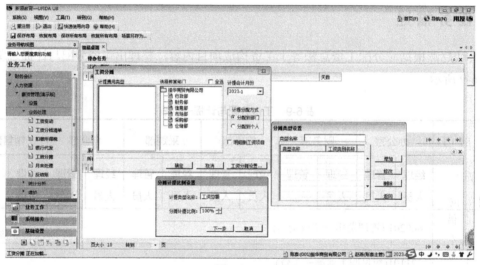

图 6-26

(4) 在"计提类型名称"文本框中输入"工资总额";在"分摊计提比例"文本框中选择"100%";

(5) 单击"下一步"按钮,打开"分摊构成设置"对话框,如图6-27所示;

部门名称	人员类别	工资项目	借方科目	借方项目大类	借方项目	贷方科目	贷方项目大类
市场部	经理人员	应发合计	660101			221101	
行政部,财务部,...	经理人员	应发合计	660201			221101	
行政部,财务部,...	管理人员	应发合计	660201			221101	
市场部	销售人员	应发合计	660101			221101	

图 6-27

(6) 在"分摊构成设置"对话框中，分别设置部门名称、人员类别、工资项目、借方科目和贷方科目；

(7) 单击"完成"按钮，返回"分摊类型设置"对话框；

(8) 重复步骤(3)~(7)，继续设置"福利费"计提项目。

6.4.2 工资制单处理

会计刘兆福按分配到部门的计提方式，分配本期工资，完成如下凭证编制。

借：营业费用——工资费用(660101)　　11 600.00
　　管理费用——工资费用(660201)　　54 300.00
　　贷：应付职工薪酬(2151)　　　　　　　65 900.00

系统将工资按照部门和人员类别进行工资分摊处理后，就可以进行工资制单处理了。工资制单是根据工资分摊的结果生成记账凭证并传递给总账系统的工作，是实现工资系统和总账系统联系的纽带。

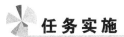

(1) 以会计刘兆福身份进入系统，执行"业务处理"|"工资分摊"命令，打开"工资分摊"对话框，如图6-28所示；

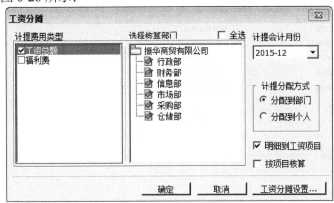

图6-28

(2) 在"计提费用类型"栏目中，选中"工资总额"复选框；在"选择核算部门"栏目中，选中所有的部门；

(3) 单击"计提分配方式"中的"分配到部门"单选按钮；
(4) 选择"明细到工资项目"复选框；
(5) 单击"确定"按钮，进入"工资分摊明细"窗口，如图6-29所示；

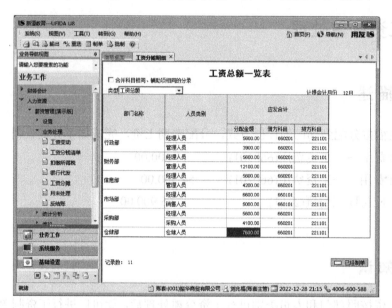

图6-29

(6) 单击"制单"图标按钮，系统生成相关的费用分摊转账凭证，如图6-30所示；
(7) 单击"退出"按钮，返回。

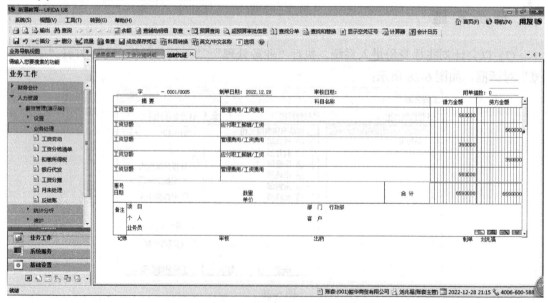

图6-30

6.4.3 月末处理

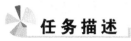

完成月末处理。

月末处理即月末结转，是将当月数据经过处理后结转至下月。每月工资数据处理完毕后均可进行月末结转。由于在工资项目中，有的项目是变动的，即每月的数据均不相同，因此在每月工资处理时，均需将其数据清零，而后输入当月的数据，此类项目即为清零项目。

进行月末处理后，系统自动生成下月的工资明细账。处理后，当月数据将不再允许变动。

任务实施

(1) 执行"业务处理"|"月末处理"命令，打开"月末处理"对话框，如图 6-31 所示；
(2) 单击"确定"按钮，弹出提示信息对话框；
(3) 单击"是"按钮，打开"选择清零项目"对话框，如图 6-32 所示；
(4) 选择清零项目后，单击"确定"按钮，完成月末处理。

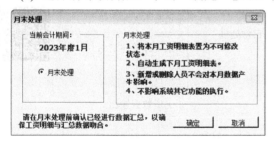
图 6-31

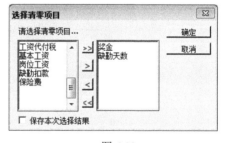
图 6-32

提示：
- 月末处理后不能恢复，月末处理前一定要做好备份。
- 月末结转只有在当月工资处理完毕后才可进行。

单元总结

本单元主要内容的思维导图，如图 6-33 所示，各项任务的电子演示文稿见思维导图中二维码的内容。

图 6-33　职工薪酬管理与核算总结

思考训练

1. 简述薪资管理系统的工作任务。
2. 简述薪资管理系统的处理流程。

3. 工资项目主要有哪些？
4. 思考工资计算公式如何定义？
5. 简述工资分摊和制单的作用及处理过程。
6. 薪资管理子系统和其他子系统的数据联系有哪些？提供传递的数据示例。
7. 根据本单元的任务安排及给出的资料，完成相应的上机训练。

第 7 单元　固定资产管理与核算

学习目标

了解固定资产核算系统的任务、数据处理流程；熟悉基本功能结构；掌握固定资产核算处理的基本操作过程；了解账套初始及设置账套参数的含义，了解定义基本核算规则的作用，能够进行账套参数设置、基本核算规则设置的操作；熟悉录入期初原始卡片的作用，会录入期初原始卡片操作；熟悉固定资产增减、变动、折旧处理的基本知识，能熟练进行日常处理操作；熟悉固定资产系统月末转账、月末结账的基本含义，会进行相关月末处理操作。

在固定资产管理与核算学习过程中，让学生在领悟提高固定资产的使用效能、保障固定资产安全的同时，引导学生树立科学管理资产的意识，消除安全隐患、防范资产流失，要增强忧患意识、做到居安思危。

任务 7.1　固定资产核算系统认知

固定资产是企业经营不可缺少的物资条件，是发展经济的物质基础。在会计信息系统中，固定资产核算系统的数据量最大，而同时又是数据变动最少的一个子系统。

7.1.1　固定资产核算系统的任务

固定资产核算的主要任务：反映和监督固定资产的收入、调出、保管、使用以及清理报废等情况，并定期进行盘点，以保证其安全、完整；正确计算固定资产折旧，促使企业做好固定资产的维护修理工作，保持固定资产的正常生产能力；分析固定资产利用效果，节约设备投资，提高固定资产投资的经济效益。

合理有效地进行固定资产核算，对于保证其安全与完整、充分发挥其效益，有极其重要的意义；加强固定资产管理工作，是增加产品产量、提高产品质量、降低产品成本、提高经济效益的重要手段。

7.1.2　数据处理流程

固定资产核算数据处理流程如图 7-1 所示。

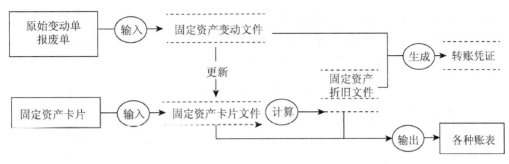

图 7-1　固定资产核算数据处理流程

7.1.3　基本功能结构

一般的固定资产核算功能结构如图 7-2 所示。

图 7-2　固定资产核算功能结构

(1) 系统初始化。设置固定资产项目、屏幕输入格式、报表打印格式、固定资产分类、部门分类、计算公式、检验关系及自动转账项目等。

(2) 卡片管理。设置固定资产卡片格式，对固定资产卡片进行存储和管理，使用者能灵活地进行增加、删除、修改、查询，按月、按部门分类别汇总固定资产数据、打印卡片汇总表等。

(3) 变动处理。输入固定资产增加、减少及变动记录；根据固定资产投资转入、购建、清理、报废等凭证自动进行固定资产增减变动的核算；自动更新固定资产卡片，登记固定资产明细账，按月汇总出分部门、分类别、分增减变动种类的汇总数据，并可生成增减变动汇总表和增减变动明细表。

(4) 折旧处理。按照系统初始设置的运算关系进行运算，自动计算固定资产折旧、固定资产净值、生成计提折旧分配表等，并逐级汇总得到相应的固定资产报表等。

(5) 月末处理。按照在系统初始化中设置的自动转账的方式，利用汇总运算所得到的分类汇总数据，自动编制转账凭证，并转到总账系统的临时记账凭证文件中。

7.1.4　基本操作过程

固定资产核算的基本操作过程从初始化开始，经过日常处理，最后进行月末处理。

(1) 初始设置：定义各种核算的参数，如折旧计算方法，固定资产增加、减少以及折旧计提的对应科目等，同时对手工结转的固定资产卡片进行录入。

(2) 日常处理：包括固定资产增加、减少的卡片录入，固定资产折旧的计提处理等。

(3) 月末处理：包括固定资产核算凭证的生成并结转、固定资产核算系统的结账等。

固定资产核算的基本工作过程，如图 7-3 所示。

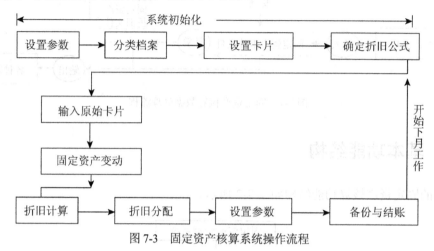

图 7-3　固定资产核算系统操作流程

任务 7.2　固定资产核算系统初始化

固定资产管理子系统初始化是根据单位的具体情况，建立一个适合本单位具体业务特点和核算规则的固定资产系统的过程。这是使用固定资产管理子系统进行资产管理和核算的基础。固定资产系统的初始设置包括建立固定资产账套、设置账套参数、定义核算规则、输入期初基础资料等。初始设置的好坏对于系统能否高效率地使用具有举足轻重的作用，为日常业务打下良好的基础。

7.2.1　账套初始及设置账套参数

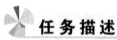　任务描述

财务主管李勇根据以下的业务处理控制参数，建立振华商贸有限公司的固定资产账套。

(1) 启用月份为 2022.12。

(2) 固定资产类别编码方式为 2-1-1-2，固定资产编码方式按"类别编码+序号"自动编码，已注销的卡片 5 年后删除，当"月初已计提月份=可使用月份-1"时，要求将剩余折旧全部提足。

(3) 用平均年限法按月计提折旧。

(4) 卡片序号长度为 3。

(5) 要求与总账系统进行对账，固定资产对账科目为"1601 固定资产"；累计折旧对账科目为"1502 累计折旧"。

(6) 对账不平衡的情况下不允许月末结账。

 相关知识

固定资产核算的初始设置的首要任务是建立固定资产账套及设置账套参数，这是使用固定资产系统管理资产的前提，是根据单位的具体情况，建立一个适合需要的固定资产子账套的过程。设置的内容主要包括约定及说明、启用月份、折旧信息、编码方式、账务接口等几部分。这些设置内容为固定资产的日常核算建立基本的框架。

1. 约定及说明

该部分主要是注明固定资产账套的基本信息，如账套号、账套名称、使用单位、本位币等，以及固定资产管理的基本原则。企业在账套初始之前应认真阅读条款内容，确认核算的主体和相关信息的正确性，保证固定资产核算的合法、合规。

2. 启用月份

查看本账套固定资产开始使用的年份和会计期间，启用日期只能查看不可修改。要录入系统的期初资料一般指截止该期间期初的资料。应该注意的是，固定资产账套的开始使用期间不得早于系统管理中的该套账的建账期间。

3. 折旧信息

首先，要选择本账套是否计提折旧。如果是行政事业单位应用方案，则按照会计制度规定所有固定资产不计提折旧，本账套不提折旧。一旦确定本账套不提折旧，账套内与折旧有关的功能不能操作。如果选用企业单位应用方案，则根据制度规定资产需要计提折旧，请在该判断框内打勾。由于该判断在保存初始化设置后不能修改，所以在选择前一定要慎重。

其次，要定义主要的折旧方法，选择本系统最常用的折旧方法，以便在资产类别新增设置时系统自动带出主要折旧方法以提高录入速度。系统提供常用的五种方法为：平均年限法(一)、平均年限法(二)、工作量法、年数总和法、双倍余额递减法。

再次，定义折旧汇总分配周期。企业在实际计提折旧时，不一定每个月计提一次，可能因行业和自身情况的不同，每季度、半年或一年计提一次，折旧费用的归集也按照这样的周期进行，如保险行业每 3 个月计提和汇总分配一次折旧。固定资产系统提供该功能，以便根据所处的行业和自身实际情况确定计提折旧和将折旧归集入成本和费用的周期。

4. 编码方式

编码方式包括资产类别的编码方式和固定资产编码方式。资产类别是单位根据管理和核算的需要给固定资产所做的分类，可参照国家标准或自己的需要建立分类体系。本系统类别编码最多可设置 4 级、10 位，可以设定每一级的编码长度。系统推荐采用国家规定的 4 级 6 位(2112)方式。

固定资产编号是为了方便管理而给固定资产确定的唯一标识，有两种输入方法：可以在

输入卡片时手工输入，也可以选用自动编码的形式根据编码原则自动生成。自动编号可选择"类别编号+序号""部门编号+序号""类别编号+部门编号+序号""部门编号+类别编号+序号"，可根据单位的情况选择一种，系统根据选择的编码原则自动生成固定资产编号。

5. 账务接口

如果同时开设总账和固定资产，在这里可以选择固定资产是否和总账对账。对账的含义是将固定资产系统内所有资产的原值、累计折旧和总账系统中的固定资产科目和累计折旧科目的余额核对，看数值是否相等。可以在系统运行中的任何时候执行对账功能，如果不平，肯定在两个系统中出现了偏差，应引起注意，并予以调整。

在账务接口设置时，需要定义固定资产对账科目和累计折旧对账科目。选择总账系统中的固定资产和累计折旧总账科目，对于对账不平的情况不允许结账，严格控制系统间的平衡。

上述所有的参数定义完毕以后，系统显示相关已定义内容，如果确认无误，保存设置后退出。参数设置对固定资产系统的流程有直接影响，有些参数定义完以后不允许随意更改。

任务实施

(1) 以操作员"002 刘兆福"身份进入 UFIDA U8 V10.1，如图 7-4 所示；

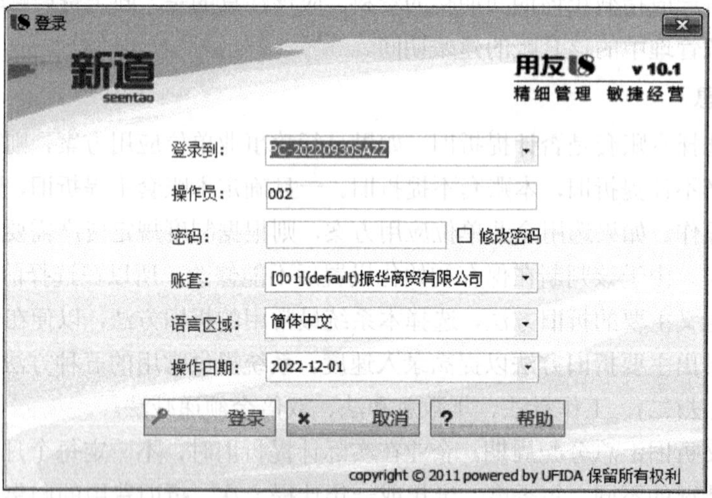

图 7-4

(2) 首次进入系统，系统弹出如图 7-5 所示的对话框；

(3) 单击"是"按钮，打开"初始化账套向导—约定及说明"对话框，如图7-6 所示；

(4) 确认约定及说明的数据无误以后，单击"下一步"按钮，打开"初始化账套向导—启用月份"对话框，如图 7-7 所示；

固定资产
这是第一次打开此账套,还未进行过初始化,是否进行初始化?
是(Y)
否(N)

图 7-5

初始化账套向导
步骤
1. 约定及说明
2. 启用月份
3. 折旧信息
4. 编码方式
5. 账务接口
6. 完成
请您在进行初始化之前认真阅读如下条款:
您将要初始化的固定资产账套的基本信息如下:
账套号:002
账套名称:振华商贸有限公司
使用单位:振华商贸有限公司
本位币:人民币
资产管理的基本原则:
本系统资产管理采用严格的序时管理，序时到日。
我同意
我不同意
上一步
下一步
退出

图 7-6

初始化账套向导
步骤
1. 约定及说明
2. 启用月份
3. 折旧信息
4. 编码方式
5. 账务接口
6. 完成
账套启用月份
2022. 12
说明
在正式使用本系统前，必须将截至到该日期前的所有固定资产资料录入本系统，否则系统将不能正确进行固定资产的各项管理及核算工作。
上一步
下一步
退出

图 7-7

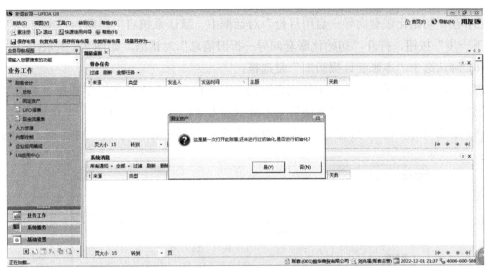

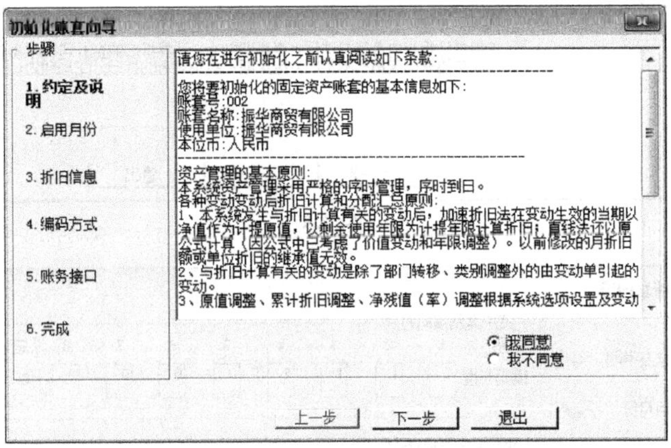

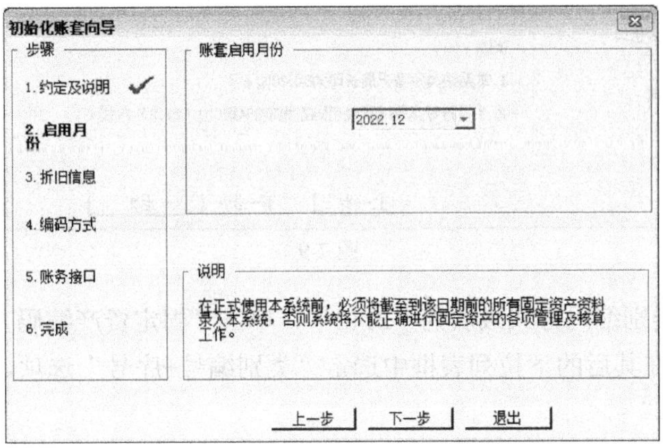

(5) 在"初始化账套向导—启用月份"对话框中,默认系统启用日期为"2022.12"。单击"下一步"按钮,打开"初始化账套向导—折旧信息"对话框,如图 7-8 所示;

(6) 确认选中"本账套计提折旧"复选框;

(7) 单击"主要折旧方法"下拉列表框的下三角按钮,在下拉列表中选择"平均年限法(一)"选项,在"折旧汇总分配周期"文本框中输入"1";

(8) 单击"下一步"按钮,打开"初始化账套向导—编码方式"对话框,如图 7-9 所示;

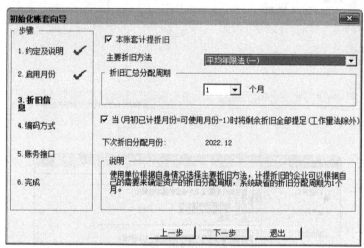

图 7-8

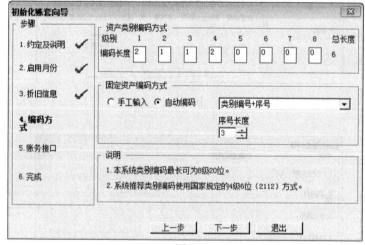

图 7-9

(9) 确定资产类别编码方式级次为"2112",单击"固定资产编码方式"栏中的"自动编码"单选按钮,在其后的下拉列表框中选定"类别编号+序号"选项,单击"序号长度"微调按钮,选择"3";

(10) 单击"下一步"按钮,打开"初始化账套向导—账务接口"对话框,如图 7-10 所示;

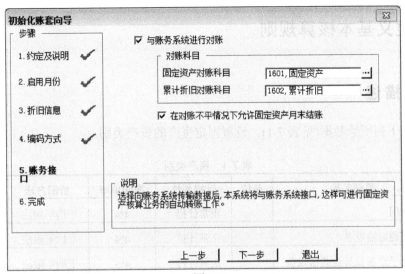

图 7-10

(11) 选中"与账务系统进行对账"复选框；

(12) 在"固定资产对账科目"框中输入"1601，固定资产"，在"累计折旧对账科目"框中输入"1602，累计折旧"；

(13) 单击"下一步"按钮，打开"初始化账套向导—完成"对话框，如图 7-11 所示；

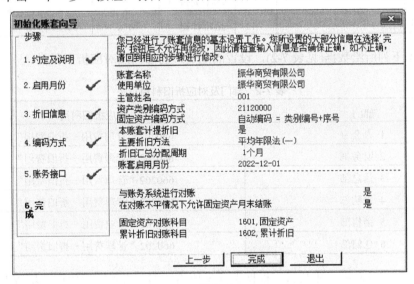

图 7-11

(14) 单击"完成"按钮，完成固定资产账套的初始化设置。

【说明】

如果发现上述设置有误，可以以主管身份执行"设置"|"选项"命令进行修改。

7.2.2 定义基本核算规则

任务描述

(1) 根据下列所给数据(见表 7-1),设置固定资产的资产类别。

表 7-1 资产类别

编码	类别名称	单位	计提属性	净残值率	折旧方法	卡片式样
01	经营用		正常计提	4%	平均年限法	通用
011	交通运输设备		正常计提	4%	平均年限法	通用
012	电子设备及其他通信设备		正常计提	4%	平均年限法	通用
013	房屋及建筑		总提折旧	4%	平均年限法	通用
02	非经营用		正常计提	4%	平均年限法	通用
03	不需用		正常计提	4%	平均年限法	通用
04	未使用		正常计提	4%	平均年限法	通用
05	土地		总不提折旧		/	通用
06	融资租入		正常计提	4%	平均年限法	通用

(2) 根据下列所给数据(见表 7-2),设置固定资产的部门及对应折旧科目。

表 7-2 部门及对应折旧科目

部门	对应折旧科目
1 办公室	660202 "管理费用—折旧费用"
2 财务部	660202 "管理费用—折旧费用"
3 信息部	660202 "管理费用—折旧费用"
4 采购部	660202 "管理费用—折旧费用"
5 销售部	660102 "营业费用—折旧费用"
6 仓储部	660202 "管理费用—折旧费用"

(3) 增减方式及对应入账科目。根据表 7-3 所给数据,设置固定资产的增减方式及对应入账科目。

表 7-3 增减方式及对应入账科目

编号	增减方式名称	对应入账科目
1	增加方式	
101	直接购入	1002,银行存款
103	捐赠	630101,营业外收入—捐赠利得

(续表)

编号	增减方式名称	对应入账科目
104	盘盈	190102，待处理固定资产损溢
105	在建工程转入	160401，在建工程—全自动封边机
2	减少方式	
201	出售	1606，固定资产清理
202	盘亏	190102，待处理固定资产损溢
205	报废	1606，固定资产清理
206	毁损	1606，固定资产清理

(4) 设置折旧公式。默认系统的折旧公式。

 相关知识

设置账套参数以后就需要定义单位基本核算规则了，基本核算规则主要包括部门对应折旧科目、资产类别、增减方式、使用状况、折旧方法定义等。

1. 部门对应折旧科目

按照制度相关规定，固定资产计提折旧后必须把折旧归入成本或费用，并根据不同使用者的具体情况按部门或按类别归集。当按部门归集折旧费用时，某一部门所属的固定资产折旧费用将归集到一个比较固定的科目，所以部门对应折旧科目设置就是为部门选择一个折旧科目，录入卡片时，该科目将自动显示在卡片中，不必逐个输入，大大提高了工作效率。然后在生成部门折旧分配表时，每一部门按折旧科目汇总，生成记账凭证。

注意在使用本功能前，必须事先已建立好部门档案，部门档案可以在固定资产系统中设置，也可以在其他有关子系统中设置。

2. 资产类别

固定资产的种类繁多，规格不一，要强化固定资产管理，及时准确做好固定资产核算，必须建立科学的固定资产分类体系，为核算和统计管理提供依据。企业可根据自身的特点和管理要求，确定一个较为合理的资产分类方法。

3. 增减方式

增减方式包括增加方式和减少方式两类。增加的方式主要有：直接购入、投资者投入、捐赠、盘盈、在建工程转入、融资租入。减少的方式主要有：出售、盘亏、投资转出、捐赠转出、报废、毁损、融资租出等。

4. 使用状况

从固定资产核算和管理的角度，需要明确资产的使用状况，一方面可以正确地计算和计提折旧，另一方面便于统计固定资产的使用情况，提高资产的利用效率。固定资产系统预置的使用状况有：使用中(在用、季节性停用、经营性出租、大修理停用)，未使用，不需用。

5. 折旧方法定义

折旧方法设置是系统自动计算折旧的基础。系统预置常用的 5 种方法有：不提折旧、平均年限法(一)、平均年限法(二)、工作量法、年数总和法、双倍余额递减法。这几种方法是系统设置的折旧方法，只能选用，不能删除和修改。另外，如果这几种方法不能满足企业的使用需要，系统还提供了折旧方法的自定义功能，用户可以定义自己合适的折旧方法的名称和计算公式。

 任务实施

1. 资产类别

(1) 执行"设置"|"资产类别"命令，进入"资产类别"窗口，单击"增加"按钮，如图 7-12 所示；

(2) 输入固定资产类别名称"经营用"，输入净残值率"4%"；

(3) 在"计提属性"下拉列表中选择"正常计提"选项，在折旧方法下拉列表中选择"平均年限法(一)"选项，在卡片样式下拉列表中选择"通用样式(二)"选项；

(4) 单击"保存"图标按钮；

(5) 重复步骤(1)~(4)，完成其他资产类别的设置。

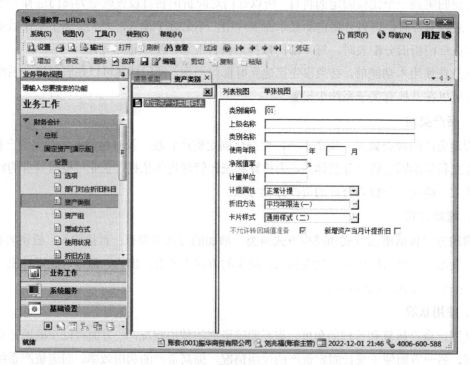

图 7-12

2. 部门对应科目

(1) 执行"设置"|"部门对应折旧科目"命令,进入"部门对应折旧科目"窗口;

(2) 在左边列表框中选择部门"1 行政部"选项,单击"修改"按钮,如图 7-13 所示;

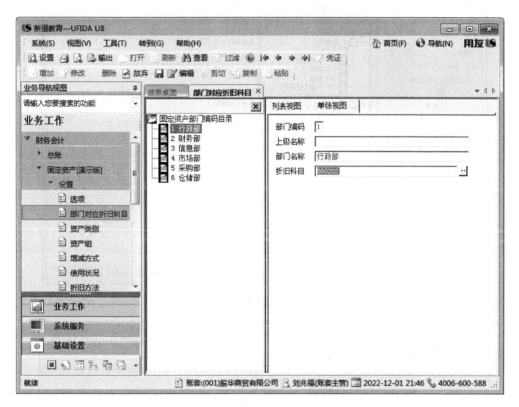

图 7-13

(3) 单击"折旧科目"框右侧的参照按钮,在科目参照对话框中选择"660202 管理费用—折旧费用"选项;

(4) 单击"保存"图标按钮;

(5) 重复步骤(2)~(4),完成其他部门对应折旧科目的设置。

3. 增减方式及对应入账科目

(1) 执行"设置"|"增减方式"命令,进入部门"增减方式"窗口;

(2) 在左边列表框中单击"1 增加方式"文件夹,选中"101 直接购入"子文件夹,单击"修改"图标按钮,如图 7-14 所示;

(3) 单击"对应入账科目"框右侧的参照按钮,在科目参照对话框中选择"1002 银行存款"选项;

(4) 单击"保存"图标按钮;

(5) 重复步骤(2)~(4),完成其他部门增减方式及对应入账科目的设置,如图 7-15 所示。

图 7-14

图 7-15

4. 设置折旧公式

(1) 执行"设置"|"折旧方法"命令，进入"折旧方法"窗口；

(2) 单击打开"列表视图"选项卡，查看所有折旧方法对应的折旧公式，如图 7-16 所示；

图 7-16

(3) 单击"退出"按钮，不做修改直接返回。

7.2.3　录入期初原始卡片

任务描述

财务主管李勇根据本公司固定资产台账，整理出的固定资产原始卡片资料如表 7-4 所示。

表 7-4　2022 年 12 月末原始卡片资料

固定资产编号	固定资产名称	规格型号	所在部门	增加方式	可使用年限	开始使用日期	原值	12月份止累计折旧	对应折旧科目名称	使用状况
012001	传真机	佳能	行政部	直接购入	4	2022-11-01	2 600.00	0	管理费用(660202)	在用
012002	打印机	惠普	行政部	直接购入	5	2022-11-01	2 500.00	0	管理费用(660202)	在用
012003	计算机01	联想	行政部	直接购入	4	2022-11-01	4 500.00	0	管理费用(660202)	在用
013001	办公楼		行政部	在建工程转入	20	2022-11-01	240 000.00	0	管理费用(660202)	在用
012004	计算机02	联想	财务部	直接购入	4	2022-11-01	4 500.00	0	管理费用(660202)	在用

(续表)

固定资产编号	固定资产名称	规格型号	所在部门	增加方式	可使用年限	开始使用日期	原值	12月份止累计折旧	对应折旧科目名称	使用状况
012005	投影仪	柯达	信息部	直接购入	5	2022-11-01	14 500.00	0	管理费用(660202)	在用
012006	服务器	惠普	信息部	直接购入	8	2022-11-01	28 900.00	0	管理费用(660202)	在用
012007	计算机03	联想	信息部	直接购入	4	2022-11-01	4 500.00	0	管理费用(660202)	在用
011001	小客车	金杯	销售部	直接购入	10	2022-11-01	50 500.00	0	营业费用(660102)	在用
012008	计算机04	联想	销售部	直接购入	4	2022-11-01	4 500.00	0	营业费用(660102)	在用
012009	计算机05	联想	采购部	直接购入	4	2022-11-01	4 500.00	0	管理费用(660202)	在用
013002	仓库		仓储部	在建工程转入	20	2022-11-01	150 000.00	0	管理费用(660202)	在用
合计							511 500.00	3 027.00		

相关知识

账套参数和核算规则定义后,为了保证手工数据和电算化数据的衔接,需要在系统内录入期初的固定资产数据。固定资产的期初数据主要是录入期初的固定资产原始卡片。固定资产原始卡片录入以后,系统会根据录入的原值和选定的折旧方法、使用年限、净残值等相关资料自动计算出累计折旧额。固定资产系统录入的期初数据应该和总账系统录入的期初账户余额保持一致。如果不一致,应该及时查明原因,确认系统之间数据吻合以后才能开展日常业务。

任务实施

(1) 执行"卡片"|"录入原始卡片"命令,进入"固定资产类别档案"窗口,如图7-17所示;

(2) 双击"012 电子设备及其他通信设备"选项,进入"固定资产卡片"录入窗口,如图7-18所示;

(3) 依次输入固定资产名称、部门名称、使用年限、净残值率、增加方式、使用状况、开始使用日期、原值、累计折旧等有关信息;

(4) 单击"保存"图标按钮,出现"数据成功保存"提示对话框,单击"确定"按钮,完成第一张卡片的录入;

(5) 重复步骤(2)~(4),继续录入其他原始卡片。

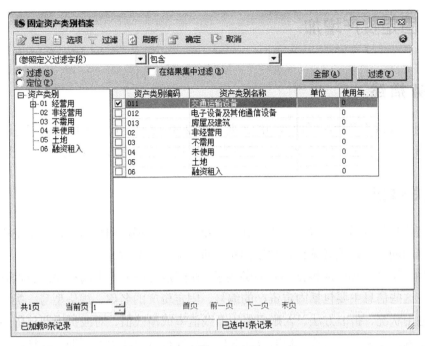

图 7-17

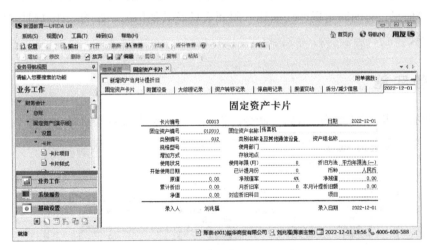

图 7-18

任务 7.3 固定资产日常处理

固定资产系统的初始设置完成并录入期初数据以后，就可以进行该系统的日常处理了。固定资产系统的日常处理主要包括处理固定资产增加、固定资产减少、固定资产变动等情况，管理固定资产卡片，计提固定资产折旧，汇总固定资产增减、变动和折旧费用等内容。

7.3.1 固定资产增加

任务描述

公司因商业谈判及参加展销活动的需要，2022年12月5日，派信息部李海波购买 IBM 笔记本电脑一台，价值 12 000.00 元，净残值率为 4%，预计使用年限为 5 年，已交付使用。

相关知识

固定资产增加的基本途径可分为购建、外单位转入、捐赠和盘盈等。固定资产增加的入账价值和选用的会计政策必须根据制度的相关规定来进行处理。

核算固定资产增加时应根据实际业务要求，在固定资产卡片中选择输入新增固定资产的相关信息。这些信息主要包括固定资产的编号、固定资产的名称、规格型号、类别名称、增加方式、适用状况、折旧方法、入账原值、净残值率或净残值、对应折旧科目等。系统自动根据输入的入账原值、净残值、折旧方法等资料计算每月应计提的折旧。新增的卡片，在第一个月不计提折旧，即折旧额为空或零。如果是旧资产还需录入累计折旧或累计工作量及已计提月份等信息。有的固定资产还需输入附属设备及其他信息，如购入计算机附属赠送的软件或光盘等。

任务实施

（1）执行"卡片"|"资产增加"命令，进入"资产类别参照"窗口，如图 7-19 所示；

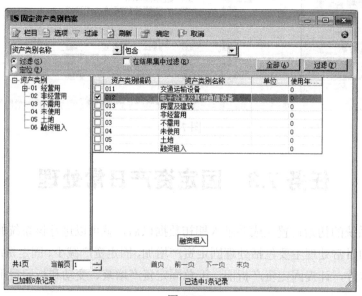

图 7-19

(2) 打开"经营用"文件夹，选择"012 电子设备及其他通信设备"选项，单击"确定"按钮，进入"固定资产卡片"录入窗口，如图 7-20 所示；

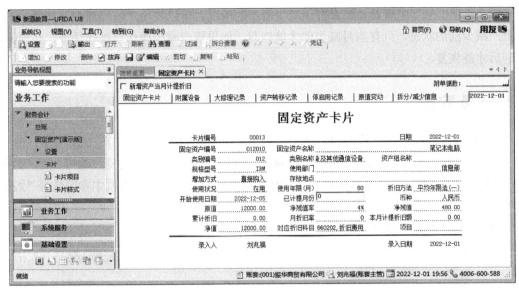

图 7-20

(3) 输入固定资产名称、使用部门、使用年限、净残值率、增加方式、使用状况、开始使用日期、原值、累计折旧等有关信息；

(4) 单击"保存"图标按钮，出现"数据成功保存"提示对话框，单击"确定"按钮，完成新增卡片的录入。

7.3.2 固定资产减少

 任务描述

2022 年 12 月 1 日，销售部许志强因操作不当，造成计算机 04 毁损，经过责任事故调查，责成许志强赔偿损失 2 000.00 元，其余转入营业外支出。

 相关知识

资产在使用过程中，往往会由于各种原因，如毁损、出售、盘亏等退出企业，对这部分业务的操作我们称为"资产减少"。

发生资产减少业务时，必须首先进行固定资产减少登记，以便系统自动进行固定资产卡片整理，并为编制记账凭证提供数据。资产减少时，必须要在资产减少界面输入减少的资产编号和卡片号，将减少的资产添加到资产减少目录里，并输入资产减少的相关信息，如"减少日期、减少方式、清理收入、清理费用、清理原因"。在进行固定资产减少登记之前，必须先计提减少资产本月折旧，然后才能进行固定资产减少操作。

所输入的资产减少的清理信息(如添加清理费用和收入等信息)可以在该资产的附属选项卡——"清理信息"中查看。如果有误减少资产的情况，可以使用"恢复减少"功能，恢复到资产减少前的状态，只有当月减少的才能恢复。如果资产减少操作已制作凭证，必须删除凭证后才能恢复。

任务实施

(1) 执行"卡片"|"资产减少"命令，进入"资产减少"窗口，如图 7-21 所示；
(2) 在"卡片编号"文本框中输入"00008"，系统自动确定相关的资产编号、资产名称；
(3) 在"清理收入"文本框中输入"2 000.00"，"减少方式"文本框中参照选择"毁损"选项；
(4) 单击"确定"按钮，完成资产减少卡片的录入。

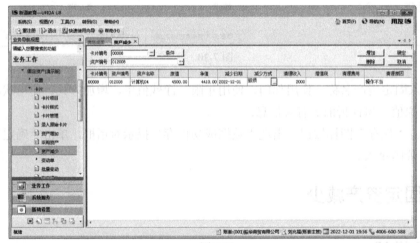

图 7-21

提示：
　　若当前账套设置了"计提折旧"，则按照目前会计制度规定，需在计提折旧后才可执行资产减少。

7.3.3　固定资产变动

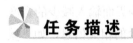任务描述

2022 年 12 月 15 日，因为财务工作需要，单位决定将原属行政部的打印机调拨给财务部使用。

相关知识

固定资产在使用过程中，可能会有一些价值和非价值项目的调整，这些调整会影响固定资产的核算，在系统中这种情况称为资产变动。对于资产的变动情况不能直接修改固定资产数据，而必须留下相应的原始单据，所以一般要求对于资产变动情况需要输入变动单，通过变动单调整固定资产相关变动信息。资产变动包括原值变动、部门转移、使用状况变动、折旧方法调整、累计折旧调整、使用年限调整、工作总量调整、净残值(率)调整、类别调整、计提减值准备、转回减值准备等。在资产变动单中可以选择上述功能菜单实现变动，如原值发生变动通过变动单的"原值变动"功能来实现。原值增加、减少与资产的增加、减少的主要区别是：后者有产权的变动，而前者产权未变，生成的凭证也完全不一样。

变动单录入后不能修改，只能在当月删除重做，因此必须仔细检查后再保存。此外，必须保证变动后的净值大于等于变动后的净残值。

在实务处理时还应该注意，资产在使用过程中，除发生下列情况外，原值不得任意变动：根据国家规定对固定资产重新估价；增加补充设备或改良设备；将固定资产的一部分拆除；根据实际价值调整原来的暂估价值；发现原记固定资产价值有误的。

任务实施

（1）执行"卡片"|"变动单"|"部门转移"命令，进入"固定资产变动单"窗口，如图 7-22 所示；

固定资产变动单

— 部门转移 —

变动单编号	00001		变动日期	2022-12-15
卡片编号	00002	资产编号 012002	开始使用日期	2022-11-01
资产名称		打印机	规格型号	惠普
变动前部门		行政部	变动后部门	财务部
存放地点			新存放地点	
变动原因	因为财务工作需要，单位决定将原属行政部的打印机调拨给财务部使用			
			经手人	刘兆福

图 7-22

（2）分别录入卡片编号、固定资产名称、变动前部门、变动后部门及变动原因等数据，完成对变动单的录入。

【说明】

由于当月录入的原始数据不能做变动操作，所以变动单在下一月录入处理。

7.3.4 固定资产折旧处理

 任务描述

2022 年 12 月 31 日，会计赵燕按月计提本月所有固定资产累计折旧。

 相关知识

自动计提折旧是固定资产核算系统的主要功能之一。系统每期计提折旧一次，根据已经输入的数据，按照所选择的折旧计算方法，系统自动计算每项资产的折旧，并将当期的折旧额自动累加到累计折旧项目，生成折旧分配表。

执行计提折旧功能，系统将自动计提各个资产当期的折旧额，并将当期的折旧额自动累加到累计折旧项目。计提折旧时应该注意：

(1) 在固定资产系统中，同一期间内可以多次计提折旧，每次计提折旧后，系统只是将计提的折旧累加到月初的累计折旧，不会重复累计计提。

(2) 如果上次计提折旧已制单并传递到总账系统，则必须删除该凭证才能重新计提折旧。

(3) 如果计提折旧后，又对账套进行了影响折旧计算或分配的操作，必须重新计提折旧，否则不能结账。

另外，根据企业会计制度规定，企业一般应按月提取折旧，当月增加的固定资产，当月不提折旧，从下月起计提折旧；当月减少的固定资产，当月照提折旧，从下月起不提折旧。

 任务实施

(1) 执行"处理" | "计提本月折旧"命令，出现"是否要查看折旧清单？"提示对话框，如图 7-23 所示；

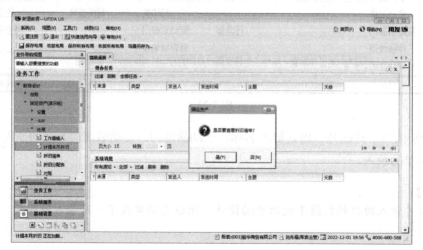

图 7-23

(2) 单击“是”按钮，进入“折旧清单”窗口，如图 7-24 所示；

卡片编号	资产编号	资产名称	原值	计提原值	月计提折旧	累计折旧	本年计提折旧	减值准备	净值	净残值	折旧率	单位折旧	本月工作量	累计工作量	规格型号
00001	012001	传真机	2,600.00	2,600.00	52.00	52.00	52.00	0.00	2,548.00	104.00	0.0200		0.000	0.000	佳能
00002	012002	打印机	2,500.00	2,500.00	40.00	40.00	40.00	0.00	2,460.00	100.00	0.0160		0.000	0.000	惠普
00003	012003	计算机01	4,500.00	4,500.00	90.00	90.00	90.00	0.00	4,410.00	180.00	0.0200		0.000	0.000	联想
00004	012004	计算机02	4,500.00	4,500.00	90.00	90.00	90.00	0.00	4,410.00	180.00	0.0200		0.000	0.000	联想
00005	012005	投影仪	14,500.00	14,500.00	232.00	232.00	232.00	0.00	14,268.00	580.00	0.0160		0.000	0.000	柯达
00006	012006	服务器	28,900.00	28,900.00	289.00	289.00	289.00	0.00	28,611.00	1,156.00	0.0100		0.000	0.000	惠普
00007	012007	计算机03	4,500.00	4,500.00	90.00	90.00	90.00	0.00	4,410.00	180.00	0.0200		0.000	0.000	联想
00008	012008	计算机04	4,500.00	4,500.00	90.00	90.00	90.00	0.00	4,410.00	180.00	0.0200		0.000	0.000	联想
00009	012009	计算机05	4,500.00	4,500.00	90.00	90.00	90.00	0.00	4,410.00	180.00	0.0200		0.000	0.000	联想
00010	013001	办公楼	240,000.00	240,000.00	960.00	960.00	960.00	0.00	239,040.00	9,600.00	0.0040		0.000	0.000	
00011	013002	仓库	150,000.00	150,000.00	600.00	600.00	600.00	0.00	149,400.00	6,000.00	0.0040		0.000	0.000	
00012	011001	小客车	50,500.00	50,500.00	404.00	404.00	404.00	0.00	50,096.00	2,020.00	0.0080		0.000	0.000	金杯
合计			511,500.00	511,500.00	3,027.00	3,027.00	3,027.00	0.00	508,473.00	20,480.00			0.000	0.000	

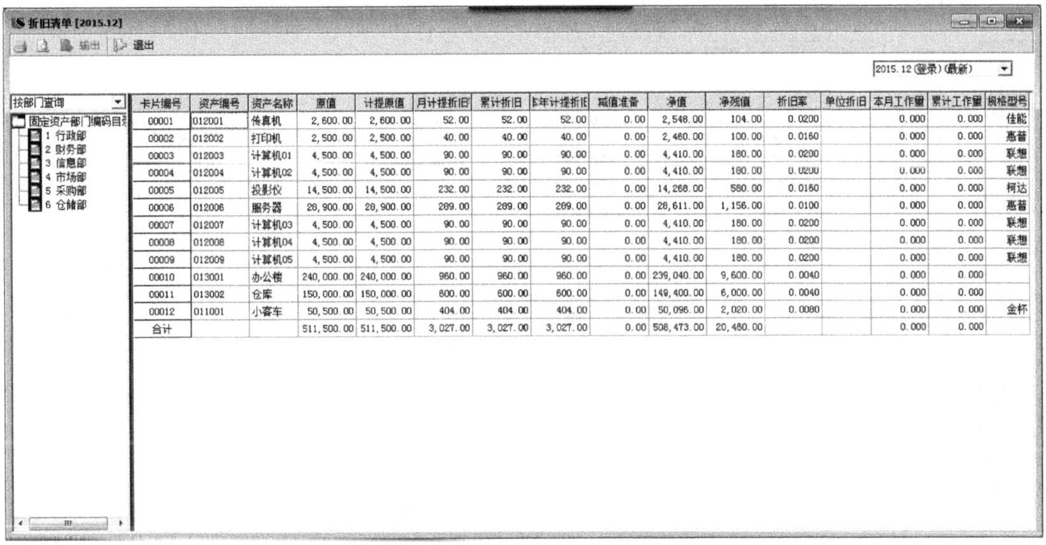

图 7-24

(3) 单击“退出”图标按钮，进入“折旧分配表”窗口，如图 7-25 所示；

部门编号	部门名称	项目编号	项目名称	科目编号	科目名称	折旧额
1	行政部			660202	折旧费用	1,102.00
2	财务部			660202	折旧费用	130.00
3	信息部			660202	折旧费用	611.00
4	市场部			660102	折旧费用	494.00
5	采购部			660202	折旧费用	90.00
6	仓储部			660202	折旧费用	600.00
合计						3,027.00

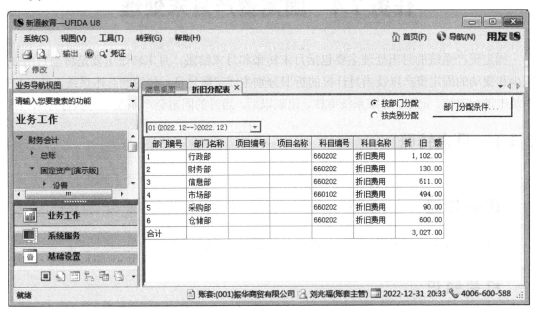

图 7-25

(4) 在“折旧分配表”窗口中，单击“凭证”图标按钮；

(5) 选择凭证类别后，单击“保存”图标按钮，将转账凭证生成，如图 7-26 所示；

(6) 单击“退出”图标按钮，返回。

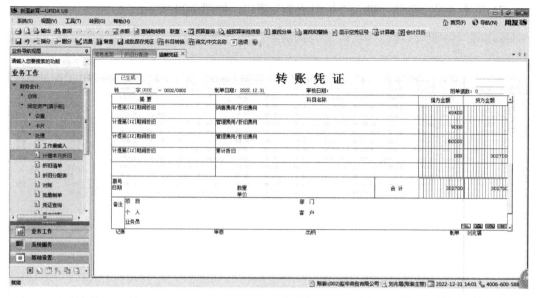

图 7-26

任务 7.4 固定资产月末处理

固定资产系统的月末处理主要包括月末转账和月末结账。月末转账主要是将当月增加、减少和变动的固定资产以及当月计提的折旧分别生成记账凭证，传输到总账系统，并在总账系统中进行审核、记账。总账系统审核、记账以后，当月的固定资产系统即可执行月末结账。

7.4.1 月末转账

 任务描述

月末，会计刘兆福根据本期发生的业务编制会计凭证。

 相关知识

月末转账主要是将当月增加、减少和变动的固定资产，以及当月计提的折旧分别生成记账凭证，并把数据传递到总账系统，以其作为总账记账的依据。

在初始设置时，固定资产的增加、减少及折旧的计提，都已经定义了对应的会计科目，在此只需执行月末转账功能，系统即可根据初始化设置的对应会计科目自动生成记账凭证，并传送到总账系统。本系统制作的凭证，必须保证借方和贷方的合计数与原始单据的数值是相等的。

固定资产进行增加、减少和变动处理后,系统可以选择立即制单,也可以以后由会计人员在期末集中批量制单。批量制单功能可同时将一批需制单业务连续制作成凭证传输到账务系统,避免了多次制单的烦琐。

任务实施

(1) 以会计刘兆福身份执行"处理"|"批量制单"命令,进入"批量制单"窗口,如图 7-27 所示;

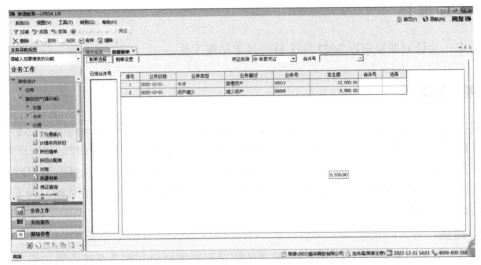

图 7-27

(2) 单击"全选"图标按钮,然后单击第 2 笔业务的记录;
(3) 单击"制单设置"标签,进入"填制凭证"窗口,如图 7-28 所示;

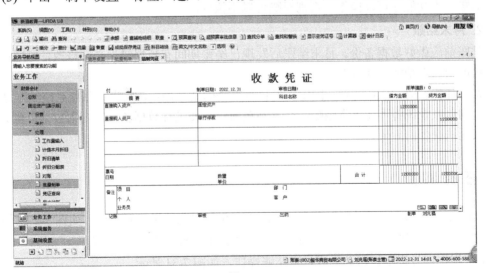

图 7-28

(4) 在"填制凭证"窗口中，选择正确的凭证类别，添加相关的分录；
(5) 单击"保存"图标按钮，系统生成凭证；
(6) 单击"退出"图标按钮；
(7) 重复步骤(2)～(6)，完成其他凭证的生成。

7.4.2 月末结账

任务描述

月末，会计刘兆福进行 2022 年 1 月份月末结账工作。

相关知识

根据制度规定，每月都需要进行月末结账。固定资产核算系统把生成的记账凭证数据传递到总账系统，并在总账系统中经过审核、记账后，当月的固定资产核算系统即可开始月末结账。

在执行月末结账的过程中，系统自动进行固定资产卡片数据整理，包括删除已减少的卡片，增加新的卡片，根据固定资产价值的增减变动情况调整固定资产原值总额，为下月计提折旧做好数据准备。

1. 对账

系统在运行过程中，应保证本系统管理的固定资产的原值和账务系统中固定资产科目的数值相等。而两个系统的资产价值是否相等，需要通过执行系统的对账功能实现，对账操作不限制执行的时间，任何时候均可进行对账。系统在执行月末结账时自动对账一次，给出对账结果，并根据初始化中的判断确定不平情况下是否允许结账。如果系统初始化时选择了与账务对账，本功能才可以操作，否则对账可以不执行。

2. 月末结账

结账前应做好数据备份。月末结账后发现已结账期间有数据错误必须修改，可通过"恢复结账前状态"功能返回修改。

在具体操作时，应该注意：固定资产核算系统的结账操作，应当在总账系统结账之前进行，否则总账系统将不能正常结账；月末结账前一定要进行数据备份，否则数据一旦丢失，将造成无法挽回的后果。

任务实施

(1) 执行"处理"|"对账"命令，弹出"与账务对账结果"对话框，如图 7-29 所示；
(2) 执行"处理"|"月末结账"命令，打开"月末结账"向导提示对话框，如图 7-30 所示；
(3) 根据向导提示，自动完成月末结账操作，如图 7-31 所示。

第7单元　固定资产管理与核算

图 7-29

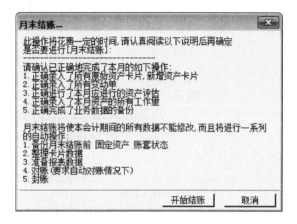

图 7-30

图 7-31

单元总结

本单元主要内容的思维导图，如图 7-32 所示，各项任务的电子演示文稿见思维导图中二维码的内容。

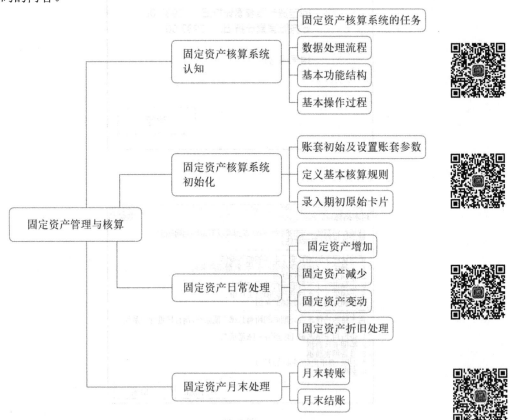

图 7-32　固定资产核算与管理总结

思考训练

1. 固定资产核算系统的任务是什么？
2. 简述固定资产核算系统的处理流程。
3. 简述固定资产核算系统的功能结构。
4. 简述固定资产核算系统的基本工作过程。
5. 固定资产核算系统的初始设置包括哪些内容？有什么作用？
6. 固定资产卡片的输入内容主要有哪些？
7. 固定资产核算子系统和其他子系统的数据联系有哪些？提供传递的数据示例。
8. 根据本单元的任务安排及给出的资料，完成相应的上机训练。

第 8 单元　总账系统期末处理

学习目标

了解自动转账的基本原理和特点，掌握设置自动转账分录的内容、分类及基本过程，学会设置自动转账的基本操作；熟悉生成机制凭证应注意的问题，学会生成机制凭证的操作；学会结转处理的基本操作；了解试算和对账的作用，能够进行试算和对账的基本操作；了解结账处理的内容、过程及含义，能够进行结账的基本操作。

通过分析总账系统期末事项的各要素及相互联系和作用，培养学生辩证思维，坚持普遍联系地而不是孤立地、永恒发展而不是静止地观察事物，分析事物内外部各种因素之间的相互联系和作用，以发展的眼光寻找事物发展变化进程中的运动规律。

任务 8.1　期末结转

期末会计业务是指会计人员在每个会计期末都需要完成的一些特定的会计工作，如期末转账业务、试算平衡、对账、结账，以及期末会计报表的编制等。期末会计业务与日常业务相比较，数量不多，但业务种类繁杂且时间紧迫。在手工会计工作中，每到会计期末，会计人员的工作非常繁忙。而在计算机处理下，由于各会计期间的许多期末业务具有较强的规律性，由计算机来处理这些有规律的业务，不但节省会计人员的工作量，也可以加强财务核算的规范性。

期末结转在会计上主要是指期末的摊提处理、期间损益及本年利润的结转等工作，在手工处理方式下，每个会计期间都需要重复进行这些工作，并要经过比较复杂的计算。在会计信息系统中，期末的这些业务可以通过自动转账的形式，由计算机进行自动化处理，对这一类业务凭证进行统一处理，将极大地提高会计业务处理的效率。

自动转账业务通常是企业在每个会计期间结账之前都要进行的固定业务。自动转账分为外部转账和内部转账。外部转账是总账系统接受其他子系统传递过来的记账凭证，如果使用了工资核算子系统、固定资产核算子系统、应收应付管理子系统、存货子系统等，可实现外部转账。内部转账是指在总账系统内部把某个或某几个会计科目中的余额或本期发生额结转到一个或多个会计科目中。本节阐述的是总账系统内部的内部转账。

自动转账可以提高会计业务的处理效率，但并不是所有会计业务都适合自动转账处理，自动转账业务一般情况下需要符合以下几个主要特点。

(1) 自动转账业务大多数都在各个会计期的期末进行。

(2) 自动转账业务大多数是会计人员自己填制的凭证，没有反映该业务的原始凭证，它的摘要、借贷方科目固定不变，金额的来源或计算方法也基本不变。

(3) 自动转账业务大多数要从账簿中提取数据。

(4) 有些自动转账业务必须依据另一些自动转账业务产生的数据，这就要求自动转账需要根据业务的特点分批、按步骤进行处理。

会计业务中，期末的摊提处理、成本结转、汇兑损益结转、期间损益及本年利润的结转等会计业务就很适合用自动转账的形式来处理。

自动转账的一般原理是，将凭证的摘要、会计科目、借贷方向、金额的计算公式预先存入计算机中，系统根据预先定义的金额来源计算方法从账簿中取数，自动产生记账凭证，并完成相应的结转任务。自动转账的处理一般需包括设置自动转账分录、生成机制凭证、自动结转等过程，其数据流程如图8-1所示。

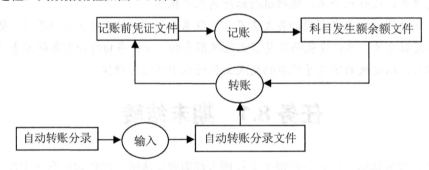

图8-1 期末结转数据流程

应该注意的是，自动转账生成的机制凭证是从记账后的会计账簿中取数的，因此在处理自动转账业务前必须先将其他相关经济业务全部登记入账；每笔转账业务每月一般只需进行一次。

8.1.1 设置自动转账分录

任务描述

由于各会计期间的许多期末业务具有较强的规律性，为提高账务处理效率和规范核算，软件公司维护员小何建议本公司采用系统的转账定义功能(由系统根据定义好的分录自动生成相应凭证)，事先把期末规律性的业务在系统中定义为自动转账分录，于是财务主管张勇根据小何的建议整理出有关自动转账所需要的资料，如表8-1、表8-2所示。

表 8-1 自动转账分录表(一)

序号	转账说明	科目	方向	金额公式
1	计提本月短期借款中国银行借款利息	6603	借	QM(2001,月,贷)*0.04/12
		2231	贷	JG()
2	结转收入类账户余额	6001	借	主营业务收入发生额净额
		4103	贷	对方科目金额
3	结转支出类账户余额	4103	借	对方科目金额
		6401	贷	主营业务成本发生额净额
		6601	贷	营业费用发生额净额
		660201	贷	工资费用发生额净额
		660202	贷	折旧费用发生额净额
		660203	贷	其他费用发生额净额
		6603	贷	财务费用发生额净额
4	计提城建税、教育费附加及地方教育附加	6403	借	JG()
		222104	贷	FS(222102,月,贷)*0.07
		222105	贷	FS(222102,月,贷)*0.03
		222106	贷	FS(222102,月,贷)*0.02
5	提取盈余公积公积金	410401	借	QM(4103,月,贷)*0.1
		410101	贷	JG()
		410403	借	QM(4103,月,贷)*0.05
		410102	贷	JG()
		410402	借	QM(4103,月,贷)*0.05
		410103	贷	JG()

表 8-2 自动转账分录表(二)

序号	转账说明	科目编码	转出或转入	科目名称	结转系数
1	进项税额转出	22210101	转出	进项税额	
		22210103	转入	转出未交增值税	1
2	销项税额转出	22210105	转出	销项税额	
		22210103	转入	转出未交增值税	1
3	应交增值税	22210103	转出	转出未交增值税	
		222102	转入	未交增值税	1
4	结转所得税费用	4103	转入	本年利润净额	1
		6801	转出	所得税费用	
5	转本年利润	4103	转出	本年利润余额	
		410404	转入	对方科目金额	1

相关知识

一般，把用于自动转账凭证中的摘要、借贷方会计科目、金额的计算公式称为自动转账分录，设置自动转账分录是将凭证的摘要、会计科目、借贷方向，以及金额计算方法存入计算机中的过程。其中，如何设计金额的计算公式是设置自动转账分录的关键。

一般，自动转账分录可分为独立自动转账分录和相关自动转账分录两类。独立自动转账分录，表示其金额的大小与本月发生的任何经济业务无关；相关自动转账分录，表示其金额的大小与本月发生的业务有关。

通用总账系统均具有自定义转账功能，有些软件还提供了对应结转和期间损益结转等功能，为定义某些特殊类型的转账业务提供了方便。

绝大多数的转账业务都可以通过自定义转账设置功能完成，自定义转账一般可用来完成"费用分配""费用分摊""税金计算""提取各项费用"以及辅助核算的结转等转账业务。设置自定义自动转账分录时，首先输入转账序号、转账说明及凭证类别，然后输入转账分录。其中，金额公式是自动生成转账凭证时其发生额的计算公式；转账序号是该张转账凭证的代号，不是凭证号，凭证号在凭证编制时自动产生。

对应转账设置功能主要用于对两个科目之间进行一一对应的结转，例如，将年末的本年利润余额结转到利润分配科目就可以利用对应结转。

期间损益结转设置功能用于在一个会计期间终了将损益类科目的余额结转到本年利润科目中，从而及时反映企业利润的盈亏情况，主要适用于管理费用、销售费用、财务费用、销售收入、营业外收支等科目结转到本年利润的经济业务。

在完成自动转账分录的设置后，每月月末只需执行"转账生成"功能即可快速生成自定义转账凭证，在此生成的自定义转账凭证将自动追加到未记账凭证中。

 任务实施

1. 自定义转账

我们以计提银行借款利息业务为例，说明自定义结转转账凭证的定义，如表 8-3 所示。

表 8-3 银行借款利息计提表

转账说明	科目	方向	金额公式
计提本月短期借款	6603	借	QM(2001,月,贷)*0.04/12
中国银行借款利息	2231	贷	JG()

（1）以账套主管张勇身份进入 UFIDA U8 V10.1，执行"业务工作"|"财务会计"|"总账"命令，进入总账系统，再执行"期末"|"转账定义"|"自定义结转"命令，进入"自定义转账设置"窗口；

（2）单击"增加"图标按钮，打开"转账目录"对话框，如图 8-2 所示；

图 8-2

(3) 依次输入转账序号、转账说明和凭证类别;

(4) 单击"确定"按钮,返回"自定义转账设置"窗口,继续定义转账凭证分录信息;

(5) 在"自定义转账设置"窗口的分录行上,依次选择相关科目编码为"6603"、方向为"借",然后转账取数,定义公式;

(6) 双击"金额公式"栏,打开"公式向导"对话框;

(7) 拖动左边滚动条,选择"期末余额 QM( )",如图 8-3 所示;

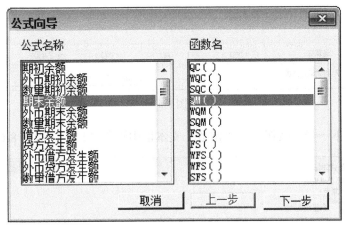

图 8-3

(8) 单击"下一步"按钮,进入"公式向导"对话框,科目选择"2001"、期间为"月"、方向为"贷",选中"继续输入公式"复选框,运算符选择"*(乘)",如图 8-4 所示;

(9) 单击"下一步"按钮,在"常数"文本框中输入"0.04",选择"继续输入公式"复选框,运算符选择"/(除)",如图 8-5 所示;

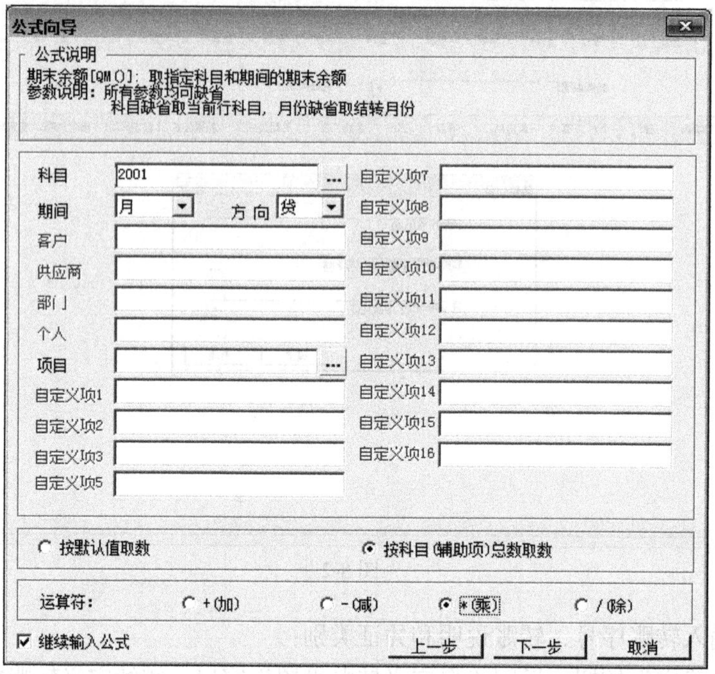

图 8-4

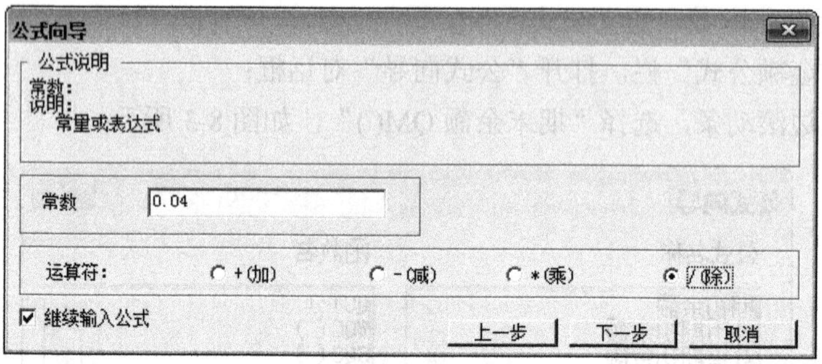

图 8-5

(10) 单击"下一步"按钮,在"常数"文本框中输入"12",如图 8-6 所示;

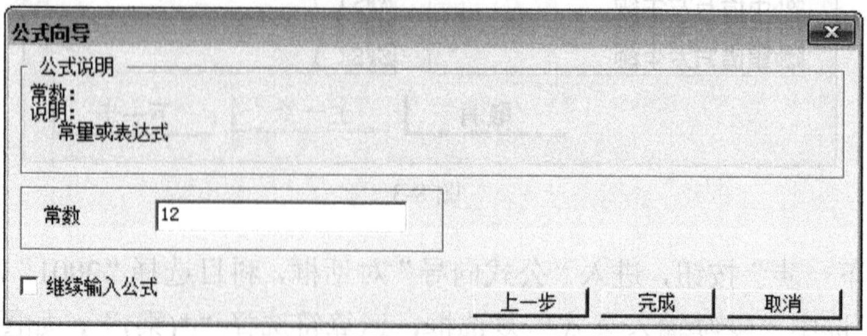

图 8-6

(11) 单击"增行"按钮,科目选择"2231",方向"贷",双击"金额公式",取对方

科目计算结果"JG()",如图8-7所示;

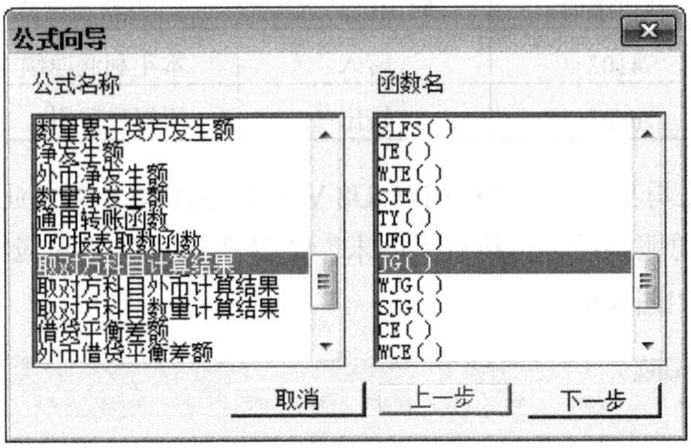

图 8-7

(12) 输入完成后,如图8-8所示;

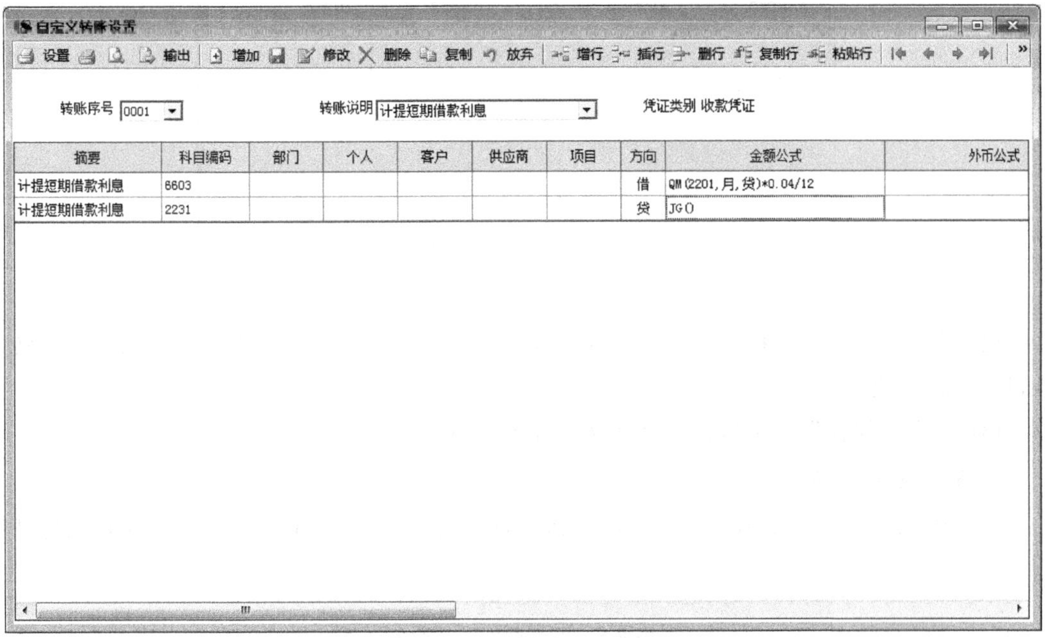

图 8-8

(13) 单击"保存"图标按钮。

【说明】

转账序号是该张转账凭证的代号,不是凭证号。转账凭证的凭证号在每月转账时自动生成。一张转账凭证对应一个转账编号,转账编号可以任意定义。

2. 对应结转

我们以结转所得税费用业务为例(见表8-4),说明对应结转转账凭证的定义。

表 8-4 结转所得税费用业务

转账说明	科目编码	转出或转入	科目名称	结转系数
结转所得税费用	4103	转入	本年利润净额	1
	6801	转出	所得税费用	

(1) 以账套主管张勇身份进入"UFIDA U8 V10.1"窗口，执行"业务工作"|"财务会计"|"总账"命令，进入总账系统，再执行"期末"|"转账定义"|"对应结转"命令，进入"对应结转设置"窗口，如图8-9所示；

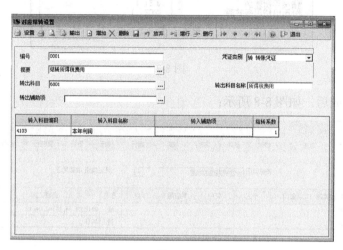

图 8-9

(2) 单击"增加"图标按钮，依次输入编号、凭证类别和摘要，再设置转出科目、转入科目及结转系数；

(3) 单击"保存"图标按钮，完成转账凭证设置。

3. 期间损益结转

我们以结转收入和支出类账户到本年利润业务为例(见表8-5)，说明对应结转转账凭证的定义。

表 8-5 期间费用结转业务

转账说明	科 目	方 向	金 额
结转收入类账户余额	6001	借	主营业务收入发生额净额
	4103	贷	对方科目金额
结转支出类账户余额	4103	借	对方科目金额
	6401	贷	主营业务成本发生额净额
	6601	贷	营业费用发生额净额
	660201	贷	工资费用发生额净额
	660202	贷	折旧费用发生额净额
	660203	贷	其他费用发生额净额
	6603	贷	财务费用发生额净额

(1) 以账套主管张勇身份进入"UFIDA U8 V10.1"窗口，执行"业务工作"|"财务会计"|"总账"命令，进入总账系统，再执行"期末"|"转账定义"|"期间损益"命令，进入"期间损益结转设置"窗口，如图8-10所示；

图 8-10

(2) 单击"凭证类别"下拉列表框的下三角按钮，在下拉列表中选择"转 转账凭证"选项；
(3) 单击"本年利润科目"框右侧的参照按钮，选择"4103"；
(4) 单击"确定"按钮，设置完毕，退出。

8.1.2 生成机制凭证

任务描述

月末，会计刘兆福根据已定义的自动转账分录，生成相关的机制凭证。财务主管张勇对生成的机制凭证进行审核，完成记账工作。

相关知识

在完成自动转账分录的设置后，每月末只需执行"转账生成"功能即可快速生成自定义转账凭证，在此生成的自定义转账凭证将自动追加到未记账凭证中。

在生成机制凭证时应注意如下几个问题。
(1) 独立自动转账分录可以在任何时候用于填制机制凭证，通常一个独立的自动转账分录每月只使用一次。

(2) 相关自动转账凭证之间，以及同本月的其他经济业务有一定的联系，相关自动转账分录只能在全部相关的经济业务入账之后按顺序使用，否则计算金额时就会发生差错。

因此，在生成转账凭证之前，必须将以前的经济业务全部登记入账，方可采用已定义的转账分录生成机制凭证，相关转账业务一般放在月底结账时进行。

例如，我们假设转账业务 2 是相对独立的，而转账业务 1 代表计提短期借款利息业务，3 代表结转本期费用，4 代表结转本期收入，5 代表结转本年利润，这几类业务的结转是有严格次序的，如图 8-11 所示。

图 8-11　生成机制凭证顺序

(3) 在产生机制凭证时，自动转账分录中的摘要、借贷标志、会计科目直接作为凭证的正文内容；同时，计算机根据金额计算公式自动计算金额并将其结果存入机制凭证的金额栏。在此生成的转账凭证将自动追加到未记账凭证库文件中，转账凭证生成后并未记账。

任务实施

(1) 以会计刘兆福身份进入"UFIDA U8 V10.1"窗口，执行"业务工作"|"财务会计"|"总账"命令，进入总账系统，再执行"期末"|"转账生成"命令，打开"转账生成"对话框，单击"自定义转账"单选按钮，如图 8-12 所示；

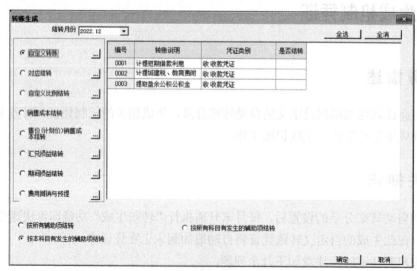

图 8-12

(2) 单击"全选"按钮,"是否结转"栏出现"Y";
(3) 单击"确定"按钮,即可生成凭证,如图 8-13 所示;

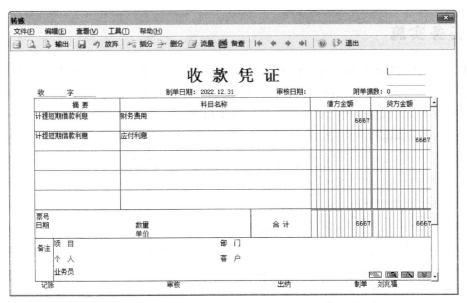

图 8-13

(4) 单击"保存"图标按钮,系统自动保存当前凭证并添加到未记账凭证文件中;
(5) 以财务主管张勇注册,完成上述机制凭证的审核和记账工作。

操作时注意转账顺序:
- 完成费用类的自定义转账,审核、记账。
- 执行期间损益结转,审核、记账。
- 执行对应结转,审核、记账。

该费用类机制凭证生成后为未审核状态,必须由具有审核和记账权限的操作员执行审核并记账。该张记账凭证审核记账以后才能进行期间损益的自动结转,否则期间损益的结转有可能出现数据错误。

8.1.3 结转处理

任务描述

将生成的机制凭证执行审核和记账处理后,完成本期期间损益和本年利润的结转处理。

相关知识

相关的费用摊提业务转账完成并执行审核和记账工作以后,就可以根据记账后的数据进行财务意义上的会计期末结转业务处理了,即结转本期所有的收入、费用科目到本年利润,结转本年利润到利润分配科目中。结转的处理过程和前面的操作相同。

任务实施

(1) 以会计刘兆福身份进入"UFIDA U8 V10.1"窗口,执行"业务工作"|"财务会计"|"总账"命令,进入总账系统,再执行"期末"|"转账生成"命令,打开"转账生成"对话框,单击"期间损益结转"单选按钮,如图 8-14 所示;

图 8-14

(2) 单击"全选"按钮,"是否结转"栏出现"Y";
(3) 单击"确定"按钮,即可生成凭证,如图 8-15 所示;

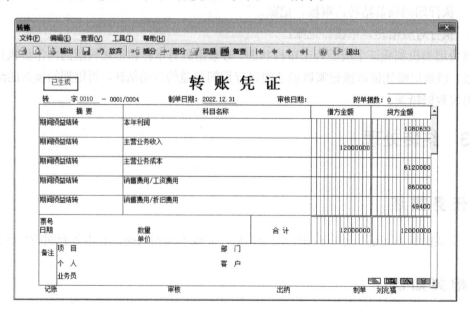

图 8-15

(4) 单击"保存"图标按钮，系统自动保存当前凭证并添加到未记账凭证文件中；

(5) 单击"退出"按钮，完成"期间损益结转"生成机制凭证。

任务 8.2　期末结账

按照会计制度规定，一个会计期间结束以后必须要进行期末结账工作。期末结账意味着本期会计业务的结束和新的会计期间的开始。在会计信息系统中，期末结账处理包括试算与对账，以及结账工作。

8.2.1　试算与对账

对 12 月份的数据进行试算和对账。

试算平衡就是将系统中所设置的所有科目的期末余额，按会计平衡公式"借方余额=贷方余额"进行平衡检验，并输出科目余额表及平衡检验信息。

在进行平衡检验前要进行对账，对各个账簿数据进行核对，主要是核对总账与明细账、总账与辅助账数据是否平衡。

账账相符、账证相符、账实相符，是会计核算完整性、真实性的要求。在会计信息系统中，由于计算机以自动记账方式对会计数据进行处理，已经实现了对会计数据处理的一致性、客观性和准确性的要求，可以保证实现账证相符和账账相符。一般来说，实行计算机记账后，只要记账凭证录入正确，计算机自动记账后各种账簿都应是正确、平衡的，但由于非法操作、计算机病毒或其他原因，有时可能会造成某些数据被破坏。为了保证会计数据的安全，防止计算机病毒和非法操作者对会计数据的破坏，在账务处理系统中，结账前为确保账证相符和账账相符，系统仍然保留了计算机自动试算平衡和自动对账的功能。对账是指系统对账簿数据进行核对，以检查记账是否正确，以及账簿的各会计科目余额是否平衡。它主要是通过核对总账与明细账、总账与辅助账数据来完成账账核对，此项操作一般可在月末结账前进行。

(1) 以会计主管张勇身份进入"UFIDA U8 V10.1"窗口，执行"业务工作"｜"财务会计"｜"总账"命令，进入总账系统，执行"期末"｜"对账"命令，进入"对账"窗口，如图 8-16 所示；

(2) 将光标移动到要进行对账的月份"2022.12"，双击选择；

(3) 单击"对账"图标按钮，开始自动对账，并显示对账结果，如图 8-17 所示；

图 8-16

图 8-17

(4) 单击"试算"图标按钮，系统自动进行各科目余额试算平衡，如图 8-18 所示；

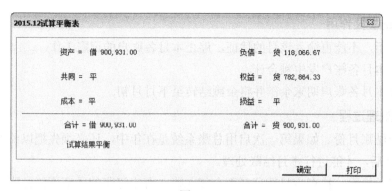

图 8-18

(5) 单击"确定"按钮，返回；
(6) 单击"退出"图标按钮，完成对账工作。

8.2.2 结账处理

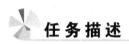

在确认本期经济业务已经发生并处理完毕后，由财务主管张勇对 12 月份的会计业务进行结账。

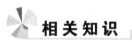

1. 结账的内容和程序

结账是指会计期末(月末、季末、年末)在将本期应记的经济业务全部登记入账的基础上，结算、登记各种账簿的本期发生额和期末余额的工作。结账工作的内容和程序主要包括以下内容。

(1) 检查本期内日常发生的经济业务是否已全部登记入账，若发现漏账、借账，应及时补记、更正。

(2) 在实行权责发生制的单位，应按照权责发生制的要求，进行账项调整的账务处理，以计算确定本期的成本、费用、收入和财务成果。

(3) 在本期全部经济业务登记入账的基础上，结算出所有账户的本期发生额和期末的余额。计算登记各种账簿的本期发生额和期末余额。一般按月进行，称为月结；有的账目还应按季结算，称为季结；年度终了，还应进行年度结账，称为年结。

会计信息系统中，结账工作是在人工干预下，由计算机自动进行的。结账的处理工作与手工相比更为简单，实际上就是计算和结转各账簿的本期发生额和期末余额，并终止本期的账务处理工作。

2. 结账的主要作用

(1) 结账后，不能再输入该月的凭证，停止本月各账户的记账工作。

(2) 计算本月各账户发生额合计。

(3) 计算本月各账户期末余额并将余额结转至下月月初。

3. 结账处理过程

(1) 选择结账月份。如果第一次启用总账系统是在年中，还必须先把以前各月份的空账进行结账处理后，才能进行本月结账处理。

(2) 结账前检验。检查本月凭证是否全部入账，有未记账的凭证不能结账；检查上月是否已结账，上月未结账，则本月不能结账；核对总账与明细账，如果不一致，总分类账不能结账。若符合结账要求，系统将进行结账，否则不予结账。

(3) 数据备份。以硬盘或软磁盘备份数据，保存结账前的工作状态，同时输出月度工作报告。

财政部相关文件规定"会计年度终了进行结账时，会计核算软件应当提供在数据磁带、可装卸硬磁盘或者软磁盘等存储介质的强制备份功能。"

(4) 结账。进行结账处理，做结账标志。有些软件在结年度账的同时，自动产生下年度的账簿库文件结构、结转年度余额。

进行期末结账处理时，一定要注意：结账前必须将本月所有记账凭证登记入账，否则系统拒绝结账；当结账完成后，不能再输入当月的记账凭证，该月也不能再记账；结账必须按月连续进行。

结账也是一种成批数据处理，但每月只能结账一次，结账必须按月连续进行。结账后，应打印本月的所有正式账簿。

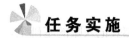

(1) 以会计主管张勇身份进入"UFIDA U8 V10.1"窗口，执行"业务工作"|"财务会计"|"总账"命令，进入总账系统，执行"期末"|"结账"命令，进入"结账—开始结账"对话框，如图8-19所示；

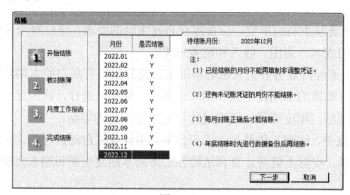

图 8-19

(2) 单击要结账月份"2022.12";

(3) 单击"下一步"按钮,进入"结账—核对账簿"对话框,如图 8-20 所示;

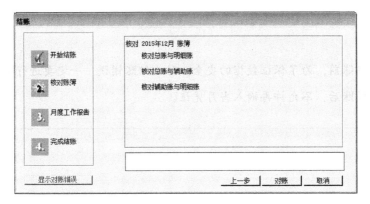

图 8-20

(4) 单击"对账"按钮,系统对要结账的月份进行账账核对,如图 8-21 所示;

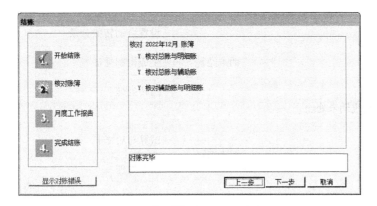

图 8-21

(5) 单击"下一步"按钮,进入"结账—月度工作报告"对话框,如图 8-22 所示;

图 8-22

(6) 查看工作报告后，单击"下一步"按钮，进入"结账—完成结账"对话框；

(7) 单击"结账"按钮，完成结账操作。

> **提示：**
> - 结账前，为了保证数据的安全，防止结账错误，一定要进行备份。
> - 结账后，不允许再输入当月凭证。

单元总结

本单元主要内容的思维导图，如图 8-23 所示，各项任务的电子演示文稿见思维导图中二维码的内容。

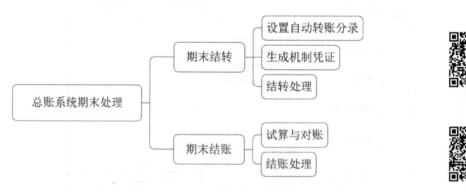

图 8-23　总账系统期末处理总结

思考训练

1. 自动转账的一般工作过程有哪些？
2. 在总账系统中常用的自动转账有哪几种类型？
3. 简述结账的一般处理过程。
4. 根据自动转账的数据流程图描述自动转账的数据处理过程。
5. 在自动转账过程中，应该注意的结转的顺序是什么？
6. 根据本单元的任务安排及给出的资料，完成相应的上机训练。

第 9 单元　会计报表编制与分析

学习目标

熟悉会计报表管理系统的任务、数据处理流程；掌握报表结构及基本概念；掌握报表的基本操作过程；了解创建新表的作用，能够进行创建新表操作；掌握设置报表格式的基本内容，熟练进行报表格式设置操作；掌握设置报表单元公式的基本内容，熟练进行报表单元公式设置的操作；了解报表审核和舍位公式的基本内容，进行报表审核和舍位公式定义的操作；熟悉报表数据生成的基本原理，熟练进行报表数据生成的操作；掌握报表输出的有关方式，会进行报表输出操作；了解财务分析基本方法，会进行财务分析操作。

通过会计报表编制与分析的学习，让学生在体验依据国家法律法规和会计准则的规定及时对外提供财务报告的同时，要求学生应坚持诚实守信、弘扬诚信文化，做社会主义法治的忠实崇尚者、自觉遵守者、坚定捍卫者。

任务 9.1　财务报表管理系统认知

会计报表是综合反映企业一定时期的财务状况、经营成果和现金流量信息的书面文件，是企业经营活动的总结。作为企业财务会计报告核心内容的会计报表，它为企业内部各管理部门及外部相关部门提供了最为重要的会计信息，有利于报表使用者进行管理和决策。

会计报表按照服务对象可分为对外报送报表和对内报送报表。我国对外会计报表体系已基本与国际接轨，主要有资产负债表、利润表和现金流量表；对内报送报表主要有成本分析表、费用明细表、销售情况表等。

9.1.1　会计报表管理系统的任务

会计核算软件应当提供符合国家统一会计制度规定的自动编制会计报表的功能。通用会计核算软件应当提供会计报表的自定义功能，包括定义会计报表的格式、项目、各项目的数据来源、表内和表间的数据运算和核对关系等。

报表管理系统是将计算机技术与会计报表的编制方法相结合而设计的，专门用于报表数据处理的系统，是会计信息系统中的一个独立的子系统。利用报表管理系统既可编制对外报表，又可编制各种内部报表。

会计报表管理系统的主要任务是设计报表格式和定义报表公式，从总账系统或其他业务系统中取得有关会计信息自动编制各种会计报表，对该报表进行审核、汇总、生成各种分析图，并按预定格式输出各种会计报表。

报表管理系统的产生改变了会计报表传统的编制程序、方法和手段，使会计报表更为及时、准确、系统和全面。

9.1.2 数据处理流程

在报表管理系统中，会计报表的数据来源一般有会计账簿、会计凭证、其他报表、其他业务子系统、人工直接输入等。

报表管理系统的数据处理流程是：利用事先定义的报表公式从账簿、凭证和其他报表等文件中采集数据，经过分析、计算，填列在表格中，再将生成的报表数据输出，如图9-1所示。

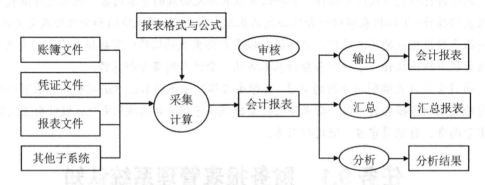

图9-1　会计报表管理系统数据处理流程

9.1.3 报表结构及基本概念

（一）报表结构

1. 报表结构的类型

报表按其结构的复杂程度可分为简单表和复合表两种。

(1) 简单表：简单表是符合一定规则的二维表，由若干行和列组成。大部分会计报表都是简单表，如资产负债表、利润表、利润分配表和现金流量表等。

(2) 复合表：复合表是简单表的某种组合，有时还可能出现表中套表的现象，如成本分析表等。

2. 报表结构的基本要素

简单表的格式一般由标题、表头、表体和表尾四个基本要素组成，如表9-1所示的资产负债表(简要格式)。不同报表之间的区别，就是上述这四个基本要素的不同。

表 9-1　资产负债表的格式

资产负债表

表头	编制单位：华兴公司			2012 年 12 月 31 日				计量单位：元	
资产	行次	年初数	期末数	权益	行次	年初数	期末数
流动资产：				流动负债：			
货币资金	1	300 000.00	201 605.00	短期借款	68		200 000.00
短期投资	2	30 000.00	42 000.00	应付票据	69	66 000.00	25 000.00
…	…	…	…	…	…	…	…
资产合计	67	300 000.00	538 862.00	权益合计	135	300 000.00	538 862.00

表尾：　审核人：　　　　　　　　　　　　　　　　　　　制表人：
　　　　补充资料：已贴现的商业承兑汇票_____ 元

(1) 标题：标题用来表示报表的名称。报表的标题可能不止一行，有时会有副标题、修饰线等内容。

(2) 表头：表头主要是用来描述报表的编制单位名称、编报日期、计量单位和报表栏目名称等内容。其中，报表的栏目名称是最重要的内容，它决定了报表的列数及每一列的宽度。有的报表表头栏目比较简单，只有一层；有的报表表头栏目却比较复杂，分为若干层次。

(3) 表体：表体是一张报表的核心，它是报表数据的主要表现区域，是报表的主体。表体在纵向上由若干行组成，这些行称为表行；在横向上，每个表行又由若干个栏目构成，这些栏目称为表列。

(4) 表尾：表尾是指在表体下面进行的辅助说明以及制表人、审核人等内容。

(二) 报表管理系统中的几个基本概念

报表管理系统虽然与手工方式处理报表数据的基本思路相同，但用报表管理系统进行报表管理时却产生了一些新的概念。

1. 报表及报表文件

(1) 报表：也叫表页或工作表，它是由若干行和若干列组成的一个二维表，具有格式相同而数据不同的每张报表称为一个表页，一般表示为第 1 页、第 2 页……报表是报表管理系统存储数据的基本单位。

(2) 报表文件：一个或多个报表以文件的形式保存在存储介质中，每个报表文件都有一个名字，如"资产负债表.XLS"等。

每个报表文件可以包含若干张报表，为了便于管理和操作，一般把经济意义相近的报表放在一个报表文件中，如各月编制的利润表就可归放在"利润表.XLS"报表文件中。由此可见，报表文件是一个三维表，如图 9-2 所示。

```
                                利润表文件
        第 3 页 ┌─────────────────────────────────────┐
      第 2 页 ┌─────────────────────────────────────┐ │
    第 1 页 ┌─────────────────────────────────────┐ │ │
           │   项  目     │  本月数   │ 本年累计数 │ │
           │ 一、主营业务收入 │ 21 000.00 │ 31 500.00  │ │
           │ 减: 主营业务成本 │ 16 000.00 │ 24 000.00  │─┘
           │ ………         │ ………      │ ………       │
           └─────────────────────────────────────┘
```

图 9-2 利润表文件

2. 单元格及其属性

单元格是由表行和表列确定的方格，一般用所在列的字母和行的数字来表示，如 H8 表示第 8 行和第 H 列对应的单元格。在报表管理系统中，它用来填制数字、文字、公式等各种数据。

单元格属性(格式)包括单元格类型、对齐方式、字体及颜色等。

其中，单元格类型一般分为数值型、字符型和表样型三种类型。数值型单元格只能存放由 0~9 组成的报表数据；字符型单元格的内容可以是汉字、字母、数字及各种符号，但其中存放的数字不能进行任何数值运算；表样型单元格是报表的格式，用于定义一个没有数据的空表所需的文字、符号和数字，如报表的标题、栏目、表尾等，其中存放的内容将对同一报表的所有表页起效。

3. 区域与组合单元

区域也叫块，是由一组相邻的单元格组成的矩形块。最大的区域是一个表页的所有单元格，最小的区域可只包含一个单元格。开始单元格(左上角单元格)与结束单元格(右下角单元格)之间由冒号":"连接起来表示一个区域，如 C3:F6。

组合单元是由相邻的两个或两个以上的单元格合并而成。组合单元的名称可以用区域名称或区域中的某一单元格的名称来表示。

4. 表样格式

将设置的报表基本结构称为表样格式。在报表管理系统中，每一个报表只能有一张表样格式，但可被反复使用。

5. 单元格公式

单元格公式是指报表单元格中的各种公式，如计算公式、审核公式等。

9.1.4 基本功能结构

报表管理系统由一系列基本功能组成，基本功能结构如图 9-3 所示。

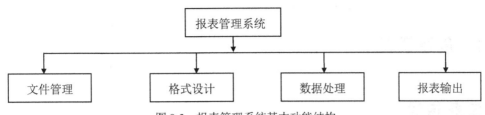

图 9-3　报表管理系统基本功能结构

(1) 文件管理：提供新建、读取、保存、备份、恢复和删除报表文件功能。

(2) 格式设计：提供报表的格式设计、公式定义等编辑功能，以满足用户对报表的不同需求。

(3) 数据处理：提供根据初始设置的报表格式和公式，从源数据中取得数据，并按规定程序自动编制、审核和汇总会计报表等处理功能，以实现编制、审核等自动化。

(4) 报表输出：提供查询、打印各种报表的功能，以供用户使用。

9.1.5　基本操作过程

应用报表管理系统完成一个会计报表的编制过程，一般要经过登记新表、设计报表、生成报表、审核报表和输出报表五个基本步骤，如图 9-4 所示。

图 9-4　报表管理系统基本操作过程

(1) 登记新表：在报表管理系统内创建报表文件即新表注册登记，用于存放相关的报表数据。

(2) 设计报表：对已登记的报表格式和公式进行定义或修改。其中格式定义包括标题、表头、表体、表尾设计，报表项目定义和打印方式定义；公式定义包括计算公式定义和审核公式定义。

(3) 生成报表：根据事先定义好的计算公式自动生成会计报表的数据。会计报表既可逐张编制，也可成批编制。

(4) 审核报表：每个报表应有自己独立的审核公式且必须根据报表内部及报表之间的钩稽关系正确定义。审核报表就是根据定义好的审核公式验证报表编制的正确性。

(5) 输出报表：显示或打印产生的各种报表。

任务 9.2　报表管理系统初始设置

首次使用通用会计报表系统时，首先应进行一系列的初始设置，将其转化成使用者专用的会计报表系统。报表管理系统初始设置一般包括创建新的会计报表、设置会计报表的格式、定义报表的计算公式、定义报表的审核公式等。

9.2.1 创建新表

 任务描述

由会计刘兆福进入 UFO 报表系统，新建"资产负债表"文件。

 相关知识

会计报表是综合反映企业一定时期的财务状况、经营成果和现金流量信息的书面文件，是企业经营活动的总结。作为企业财务会计报告核心内容的会计报表，它为企业内部各管理部门及外部相关部门提供了最为重要的会计信息，有利于报表使用者进行管理和决策。

会计报表按照服务对象可分为对外报送报表和对内报送报表。对外报送报表有资产负债表、利润表和现金流量表等；对内报送报表有商品产品成本表、费用明细表、销售情况表等。

启动报表管理系统，首先应创建一个新的会计报表文件。有些通用会计软件要求启动报表管理系统时先注册并选择账套，以建立会计报表与相应账套的数据联系。

 任务实施

（1）以会计刘兆福身份进入 UFIDA U8 V10.1，执行"业务工作"|"财务会计"|"UFO 报表"命令，打开"UFO 报表"窗口，如图 9-5 所示；

图 9-5

（2）执行"文件"|"新建"命令，即可生成一张空白表，如图 9-6 所示。

第9单元　会计报表编制与分析

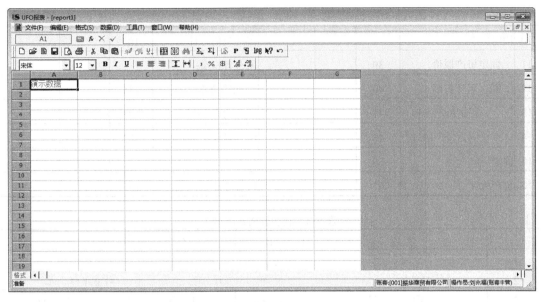

图 9-6

9.2.2　设置会计报表的格式

 任务描述

根据公司情况，会计刘兆福编制如表 9-2 所式的资产负债表，如表 9-3 所式的利润表。要求报表标题设置为"楷体、加粗、14 磅"的格式。

表 9-2　资产负债表格式(局部)

	A	B	C	D	E	F	G	H
1				资产负债表				
2	编制单位：			××××年××月			单位：元	
3	资　　产	行次	年初数	期末数	负债和股东权益	行次	年初数	期末数
4	流动资产：				流动负债：			
5	货币资金	1			短期借款	68		
6	应收账款	6			应付账款	70		
7	存货	10			应付工资	72		
8	待摊费用	11			应付福利费	73		
9	流动资产合计	31			应交税金	75		

(续表)

10	固定资产：		流动负债合计	100	
11	固定资产原价	39	所有者权益：		
12	减：累计折旧	40	实收资本	115	
13	固定资产净值	41	未分配利润	121	
14	固定资产清理	46	所有者权益合计	122	
15	固定资产合计	50			
16	资产总计	67	权益总计	135	

表9-3　利润表格式(局部)

	A	B	C	D
1		利　润　表		
2	编制单位：	年　　月		计量单位：元
3	项　　目	行　次	本月数	本年累计数
4	一、主营业务收入	1		
5	减：主营业务成本	4		
6	二、主营业务利润	8		
7	减：营业费用	11		
8	管理费用	12		
9	财务费用	13		
10	三、营业利润	16		
11	四、利润总额	24		
12	减：所得税			
13	五、净利润			
14				制表：

 相关知识

为了编制和管理会计报表，必须事先在报表管理系统中建立报表的基本格式，设置报表格式是录入和处理报表数据的基础。格式定义必须在格式状态下进行。

1. 会计报表格式的设计要求

(1) 内部会计报表。专门为企业内部经营管理者提供信息，其报表格式及其编制方法会因企业的管理内容和管理模式的不同而存在差异，应根据需要具体设计。

(2) 外部会计报表。除供内部管理使用外，更主要的是为企业外部的主管部门、财税部门、开户银行和投资者等提供会计信息。因此，必须严格按照会计制度规定的统一格式要求进行报表格式设置。报表格式及其编制方法应相对固定，一旦编报制度发生了变化，应及时调整相应报表的结构。

2. 会计报表格式的设置内容及方法

会计报表格式定义的内容主要包括定义表尺寸、行高列宽、单元属性、单元风格、组合单元、定义关键字、定义可变区等。定义的方法主要有如下两种。

(1) 样表法。

样表法是利用报表管理系统提供的各种会计报表模板来设置报表格式的一种方法，在报表模板中包含报表编制所需的格式和公式，调用某个模板生成报表格式以后，只需要按照实际情况进行细微的修改，就可以完全符合企业使用的要求了。利用样表法定义报表可使报表格式的设置极为简便。

样表法的基本操作流程如图 9-7 所示。

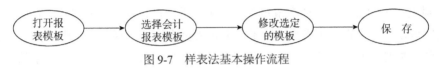

图 9-7　样表法基本操作流程

(2) 自定义法。

如果无表样或系统提供的表样与所设计的报表的格式相差较大时，可采用自定义方法设计报表的表样。自定义报表的流程不同，软件也不尽相同，处理的先后顺序也没有固定要求，其基本操作流程如图 9-8 所示。

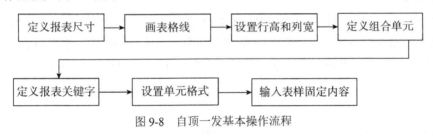

图 9-8　自顶一发基本操作流程

① 定义表尺寸：设定报表的行数和列数。表尺寸的大小应符合报表标题、表头、表体和表尾所占行列数的需要。

② 画表格线：设置报表的尺寸后，在报表打印输出时，该报表是不带任何表格线的，因此，为了满足打印输出视觉美观的需要，还需要在适当的位置上画表格线，在画线时可设计表格的线型结构和粗细程度，如粗线、细线、虚线等。

③ 设置行高和列宽：行高应与本行字符的大小相匹配；列宽应满足本列数据存放的需要，行高和列宽不当可能会导致报表数据溢出、数据无法正常显示或影响报表美观。

④ 定义组合单元：根据报表格式的需要，将几个单元格组合成一个单元格来使用。如报表的标题行往往需要占用整行的单元，就可以将该行的单元格组合成一个组合单元。

⑤ 定义报表关键字：报表关键字是报表管理系统区别于同类报表不同表页的唯一标识，因此，各表页上的关键字的值不应完全相同，以便报表的处理和管理。一个表页既可有一个关键字，又可存在多个关键字。使用者既可使用报表管理系统提供的关键字，也可根据需要来自行定义。

⑥ 设置单元属性：设置报表单元的类型、数字格式和边框线。单元类型有数值型、字符型、表样型三种。一般可以将固定内容的单元如"项目""行次""期初数""期末数"等定义为表样单元；把需要输入数字的单元定义为数值单元；把需要输入字符的单元定义为字符单元。

⑦ 设置单元风格：设置单元的字形、字体、字号、颜色、图案、折行显示、对齐方式等。通过单元风格设置可以使报表的外观更符合人们的视觉和美观要求。

⑧ 设置可变区：即确定可变区在表页上的位置和大小。

⑨ 输入表样固定内容：录入标题、表头、表体和表尾中固定的文字内容。在报表管理系统中就确定了一张报表的基本格式。

会计报表常用的关键字主要有编报单位、年、季、月、日、单位编号、表页号、制表人等。关键字可以唯一标识一个表页，用于在大量表页中快速选择表页。由于报表关键字的值与表页中的数据是相互关联的，所以每页数据报表上都应录入所设置的关键字的值，如关键字定义为编报单位、年、月。

 任务实施

1. 设置表尺寸

(1) 以会计主管张勇身份进入"UFIDA U8 V10.1"窗口，执行"业务工作"|"财务会计"|"UFO报表"命令，再执行"文件"|"新建"命令，系统自动生成一张空白表；

(2) 执行"格式"|"表尺寸"命令，打开"表尺寸"对话框，如图9-9所示；

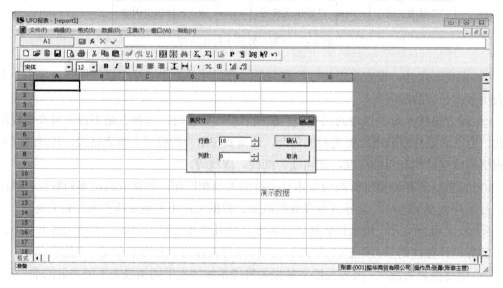

图9-9

(3) 在"行数"文本框中输入"18"，在"列数"文本框中输入"8"；

(4) 单击"确认"按钮，可得到如图9-10所示的表格。

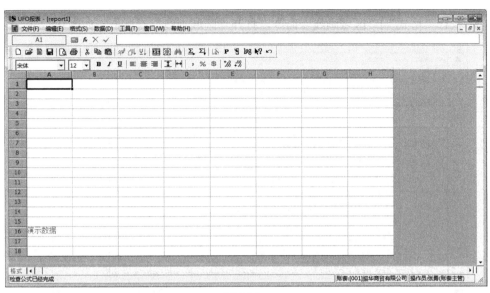

图 9-10

2. 定义行高和列宽

(1) 选定需要调整的单元所在行，如 A1:H1；

(2) 执行"格式"|"行高"命令，打开"行高"对话框，如图 9-11 所示；

图 9-11

(3) 在"行高"文本框中输入需要的行高"7"；

(4) 单击"确认"按钮。

3. 画表格线

(1) 选定需要画线的区域，如 A3:H18；

(2) 执行"格式"|"区域画线"命令，打开"区域画线"对话框，如图 9-12 所示；

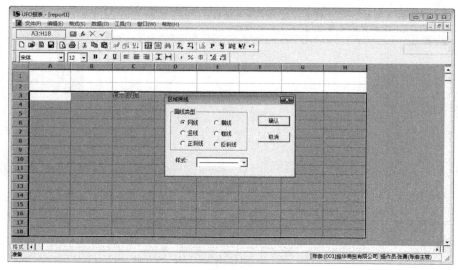

图 9-12

(3) 单击"网线"单选按钮，选择画线类型和样式为"网线"；
(4) 单击"确认"按钮。

4. 定义组合单元

(1) 选定需要合并的区域，如 A1:H1；
(2) 执行"格式"|"组合单元"命令，打开"组合单元"对话框，如图 9-13 所示；
(3) 单击"整体组合"按钮，该单元合并成一个整体。

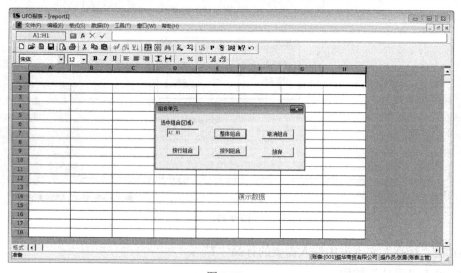

图 9-13

5. 输入项目内容

(1) 选定需要输入内容的单元或组合单元；

(2) 输入相关的文字内容，如"资产负债表"等，如图9-14所示。

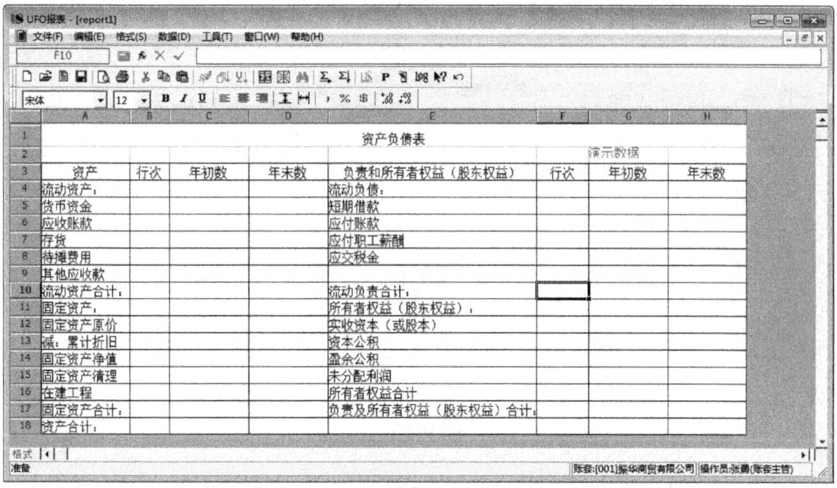

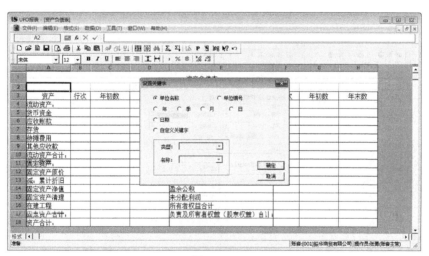

图 9-14

6. 定义关键字

(1) 选定需要输入关键字的单元，如 A2；

(2) 执行"数据"|"关键字"|"设置"命令，打开"设置关键字"对话框，如图9-15所示；

图 9-15

(3) 选中"单位名称"单选按钮；

(4) 单击"确定"按钮，单位名称关键字设置成功；

(5) 重复步骤(2)~(4)，将"年"和"月"定义为关键字；

(6) 执行"数据"|"关键字"|"偏移"命令，打开"定义关键字偏移"对话框，如图 9-16 所示；

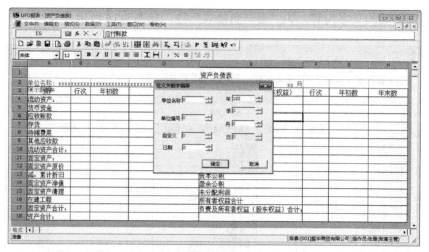

图 9-16

(7) 在需要调整位置的关键字后面输入偏移量;
(8) 单击"确定"按钮。

7. 设置单元属性

要求将"资产负债表"设置为"宋体、加粗、14 磅"的格式。

(1) 选定需要格式定义的单元,如 A1;
(2) 执行"格式"|"单元属性"命令,打开"单元格属性"对话框,如图 9-17 所示;

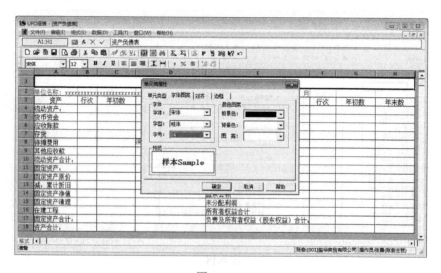

图 9-17

(3) 单击"字体图案"标签,设置字体为"宋体"、字形为"粗体"和字号为"14";
(4) 单击"确定"按钮,即可将标题设置为"宋体、加粗、14 磅"的格式。

【说明】

报表的关键字可以起到定位报表表页的作用,所以一般情况下对于年月日的定义不要定义为报表项目，而将其定义为关键字，因为区分表页的重要标志就是日期因素，将日期定义为关键字以后就可以利用日期进行报表的定位和报表数据的取数了。

9.2.3 定义报表的单元公式

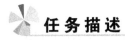

以资产负债表为例，完成取数公式的定义。

报表公式是指报表或报表数据单元格的计算规则，主要包括单元格公式、审核公式和舍位平衡公式等。

单元格公式是指为报表数据单元格进行赋值的公式，单元格公式是报表初始设置的最关键的内容，它直接决定报表编制后形成数据的正确性。报表单元格内的数据会随编制单位和时间的不同而不同，但单元格获取数据的来源、原理和计算方法是相对稳定的，一般不会随编制单位和编制日期的不同而变化。报表管理系统依据这一特点设计了"定义计算公式"的功能，为定义报表单元格的计算公式提供了条件，从而使报表管理系统能够跨账套、跨期间编制会计报表。

1. 单元公式的取数来源和格式

报表的取数来源是非常广泛的，一般可以从总账系统取数，也可以从其他子系统取数，还可以来源于报表系统本身，也可以取固定值。从总账系统中取数，可以从账簿中取数，也可以直接从记账凭证中取数，取自于报表的数据又可以分为从本表本表页取数、本表他表页取数和从其他报表取数。这些取数来源中，从总账取数和从报表取数是最常用的。报表取数来源如图 9-18 所示。

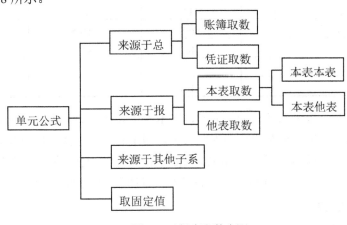

图 9-18　报表取数来源

单元格公式的作用是从账簿、凭证、本表或其他报表等处调用、运算所需要的数据，并填入相应的报表单元格中。它既可以将数据单元格赋值为数值，也可以赋值为字符。一般由目标单元格、运算符、函数和运算符序列组成。

如，D5=现金科目期末借方余额+银行存款科目期末借方余额。

- 目标单元格：是指用行号、列号表示的用于放置运算结果的单元格。
- 运算符序列：是指采集数据并进行运算处理的次序。
- 函数：报表系统提供了一整套从各种数据文件中(包括机内凭证、账簿和报表，也包括机内其他数据资源)采集数据的函数。企业可根据实际情况，合理地调用不同的相关函数。

单元格公式的函数主要包括业务函数、本表取数函数和表间取数函数。

(1) 业务函数。其是一种定义如何从业务数据库中取数的函数形式，业务数据库是指存储业务数据的数据库，业务数据是用户输入并经各子系统加工处理的数据。业务函数是依附于一定子系统的函数。业务函数主要包括账务取数函数、应收应付函数、工资函数、固定资产函数、财务分析函数、采购函数、存货函数、库存函数、销售函数、成本函数、资金管理函数等。其中最重要的函数是账务取数函数。

账务取数是会计报表数据的主要来源，账务取数函数架起了报表系统和总账等其他系统之间进行数据传递的桥梁，它是报表管理系统中使用最为频繁的函数。

账务取数函数的使用可实现报表系统从账簿、凭证中采集各种会计数据并生成报表，实现账表一体化，使会计报表的编制变得极其快捷和简单。

主要的账务取数函数如表9-4所示。

表9-4 账务取数函数

函数类型	金额式	数量式	外币式
期初额函数	QC	sQC	wQC
期末额函数	QM	sQM	wQM
发生额函数	FS	sFS	wFS
累计发生额函数	LFS	sLFS	wLFS
条件发生额函数	TFS	sTFS	wTFS
对方科目发生额函数	DFS	sDFS	wDFS
净额函数	JE	sJE	wJE
汇率函数	HL		
现金流量函数	XJLL		

(2) 本表取数函数。本表取数分为两大类，即本表单元格取数和本表区域取数。

(3) 表间取数函数。表间取数也可分为两大类，即本表他页取数和他表取数。

例如，用SELECT函数从本表他页取数，select()函数最常用在"损益表"中，求累计值。如 D=C+SELECT(D，年@=年 and 月@=月+1)，表示累计数=本月数+同年上月累计数。

2. 定义单元公式的方法

报表管理系统定义报表计算公式的方法可归纳为如下三种。

(1) 直接输入法。在熟悉会计报表编制方法及报表管理系统计算公式函数格式的前提下，直接定义报表的计算公式。这种方法要记忆函数格式，定义速度快，但易出错。

(2) 引导输入法。如果对报表公式不太熟悉，则可以使用引导输入法，整个公式输入过程是通过系统提供的"引导"功能逐步完成的。

(3) 前两种方法的结合。在直接定义公式过程中，遇到不熟悉的函数时可借助引导输入法来完成。

定义报表公式时必须注意：

- 报表公式定义应遵守国家统一的会计制度对报表项目、报表内容及报表编制方法的规定。
- 报表公式定义要按照具体会计软件所规定的函数格式设置，系统会自动对公式的语法进行正确性检查。
- 某些报表项目的公式定义并不是唯一的，可能有几种定义公式。

任务实施

1. 直接输入法

(1) 以会计刘兆福身份进入"UFIDA U8 V10.1"窗口，执行"业务工作"|"财务会计"|"UFO报表"命令，进入UFO报表系统；

(2) 选定需要定义公式的单元，如C5，即"货币资金"的年初数；

(3) 执行"数据"|"编辑公式"|"单元公式"命令，打开"定义公式"对话框，如图9-19所示；

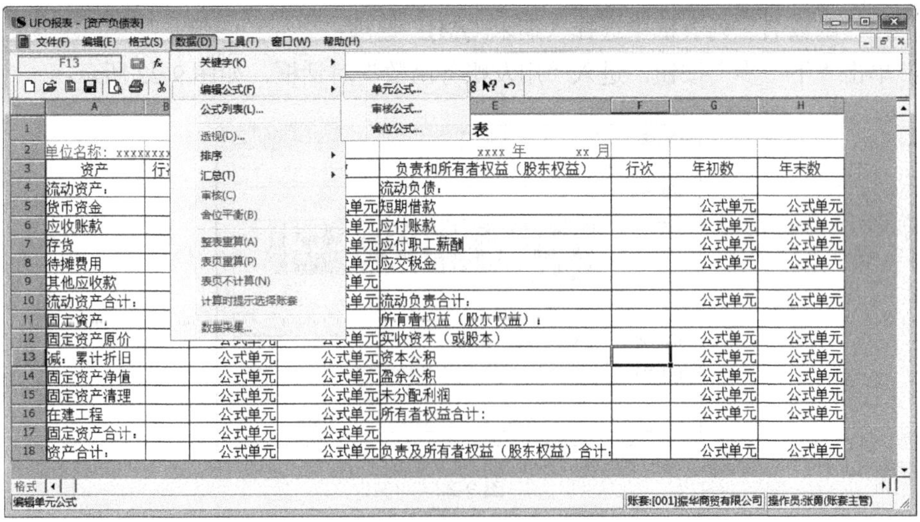

图9-19

(4) 在"定义公式"对话框中，输入取数公式，如图9-20所示；

图 9-20

(5) 单击"确认"按钮,完成对 C5 单元格取数公式的定义。

2. 引导输入法

(1) 选定需要定义公式的单元,如 D5,即"货币资金"的期末数;

(2) 执行"数据"|"编辑公式"|"单元公式"命令,打开"定义公式"对话框;

(3) 单击"函数向导"按钮,进入"函数向导"对话框,如图 9-21 所示;

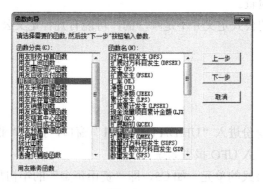

图 9-21

(4) 在"函数分类"列表框中选择"用友账务函数"选项;

(5) 在"函数名"列表框中选择"期末(QM)"选项;

(6) 单击"下一步"按钮,进入"用友账务函数"对话框,如图 9-22 所示;

图 9-22

(7) 单击"参照"按钮,进入"账务函数"对话框,如图 9-23 所示;

(8) 由于进入 UFO 系统时,已经选择了账套号为"001",使用账套日期为"2022.12",所以此处可以选择"默认"值。单击"科目"输入相关科目编码"1001",单击"确定"按

钮,如图 9-24 所示;

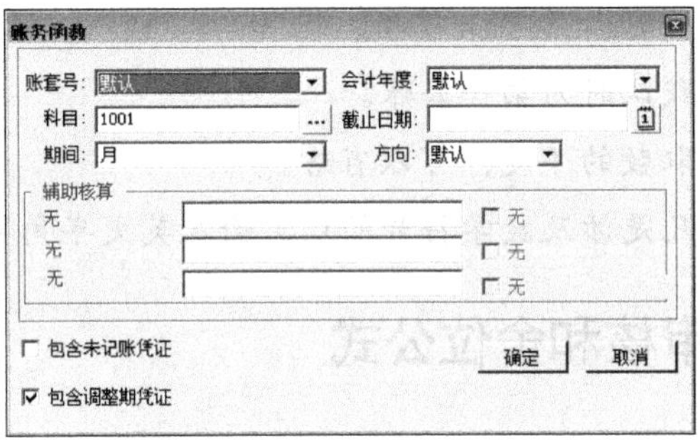

图 9-23

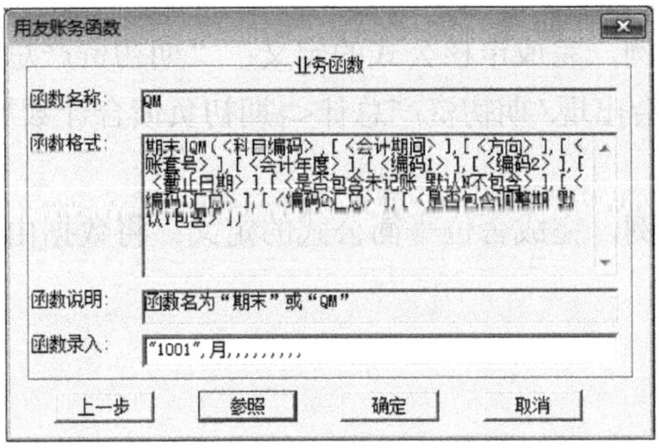

图 9-24

(9) 单击"确定"按钮,返回到"定义公式"对话框;
(10) 在公式后输入"+"号,如图 9-25 所示;

图 9-25

(11) 重复步骤(7)~(9),完成对"1002"科目的设置,D5 单元格的公式如图 9-26 所示。

图 9-26

【说明】
● 科目编码可以是科目名称,且必须用双引号括起来。

- 会计期间可以是"年""季""月"等变量,也可以是具体数字表示的年、季、月。
- 方向为"借"或"贷",可以省略。
- 账套号为数字,默认时为第一套账。
- 会计年度即数据取数的年度,可以省略。
- 在公式录入中,凡是涉及数学符号的均需输入英文半角字符。

9.2.4 定义报表审核和舍位公式

 任务描述

(1) 以资产负债表为例,完成审核公式的定义:"期初资产总计等于期初负债及所有者权益相加的合计数,否则会出现'期初资产总计<>期初负债合计数加期初所有者权益合计数'的出错信息"。

(2) 以资产负债表为例,完成舍位平衡公式的定义:将数据由元进位为千元,舍位表名为 SWB。

 相关知识

1. 定义报表审核公式

会计报表中的每个数据都有明确的经济含义,并且数据之间往往还存在着某种钩稽关系。为保证报表数据的正确无误,可以用这种数据钩稽关系对报表进行检查,即报表审核。

(1) 会计报表审核常用的钩稽关系。

- 表页内的钩稽关系:在一个报表中,小计应等于各分项之和,而合计又应等于各个小计之和。资产负债表中的年初数或期末数必须是"资产合计=负债及所有者权益合计"。利润表中的利润总额不能小于净利润,即利润总额≥净利润。
- 本表表页之间的钩稽关系:某核算单位在同一年度内,12 个资产负债表表页中所有项目的年初数应该相同。在利润表中,表页内本年累计数=该表页内的本月数+上月表页内的本年累计数。

(2) 审核公式的逻辑运算符。

报表管理系统中的审核公式,将报表中某一单元格或某一区域与另外某一单元格或某一区域或其他字符之间用逻辑运算符连接起来。常用的逻辑运算符有=、>、<、>=、<=、≠ 或 <>。等号"="的含义不是赋值,而是比较等号两边的值是否相等。

2. 定义舍位平衡公式

报表数据在进行进位时,以"元"为单位的报表在上报时可能会转换为以"千元"或"万元"为单位的报表,原来满足的数据平衡关系可能被破坏,因此需要进行调整,使之符合指定的平衡公式。如原始报表数据平衡关系为 50.23+5.24=55.47，若舍掉一位数，即除以 10 后数据平衡关系成为 5.02+0.52=5.55，原来的平衡关系被破坏，应调整为 5.02+0.53=5.55。

报表经舍位之后，重新调整平衡关系的公式称为舍位平衡公式。其中，进位并舍去尾数的操作叫作舍位，舍位后调整平衡关系的操作叫作平衡调整。

系统按照所定义的舍位关系对指定区域的数据进行舍位，并按照平衡公式对舍位后的数据进行平衡调整，将舍位平衡后的数据存入指定的新表或他表中。编辑舍位平衡公式，必须在报表格式状态下。

舍位平衡公式的定义内容如下。

(1) 舍位表名。与当前文件名不能相同，默认在当前目录下。

(2) 舍位范围。舍位数据的范围，要把所有要舍位的数据包括在内。

(3) 舍位位数。即舍位时数字进位的位数。舍位位数为 1，区域中的数据除以 10；舍位位数为 2，区域中的数据除以 100；以此类推。

(4) 平衡公式。即舍位后应该满足的数字平衡关系，如下所示。

$$F1-B2+D2+F2$$
$$B2=B3+B4+B5+B6$$

任务实施

1. 审核公式定义

(1) 以账套主管张勇身份进入"UFIDA U8 V10.1"窗口，执行"业务工作"|"财务会计"|"UFO 报表"命令，进入 UFO 报表系统；

(2) 执行"数据"|"编辑公式"|"审核公式"命令，打开"审核公式"对话框，如图 9-27 所示；

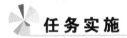

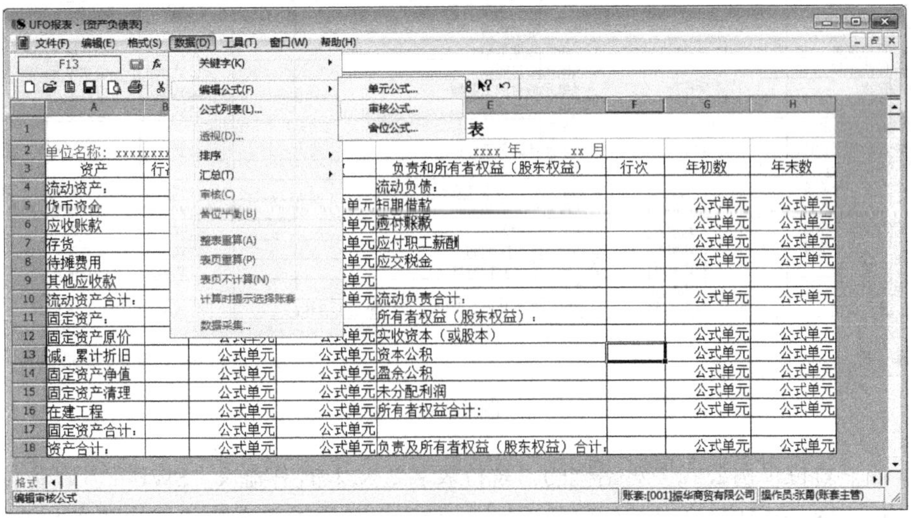

图 9-27

(3) 在"审核公式"对话框中,输入"c18=g18 message"期初资产总计<>期初负债合计数加期初所有者权益合计数"d18=h18 message "期末资产总计<>期末负债合计数加期初所有者权益合计数""审核公式,如图 9-28 所示;

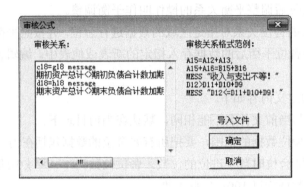

图 9-28

(4) 单击"确定"按钮。

2. 舍位平衡公式定义

(1) 以账套主管张勇身份进入"UFIDA U8 V10.1"窗口,执行"业务工作"|"财务会计"|"UFO 报表"命令,进入 UFO 报表系统;

(2) 执行"数据"|"编辑公式"|"舍位公式"命令,如图 9-29 所示,打开"舍位平衡公式"对话框;

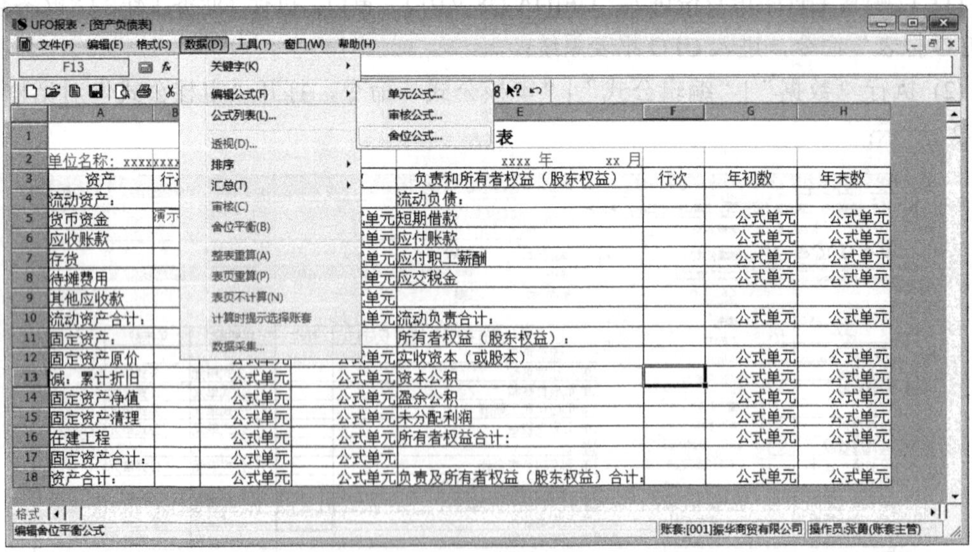

图 9-29

(3) 在"舍位平衡公式"对话框的"舍位表名"文本框中输入"SWB","舍位范围"输入"C5:d18,g5:h18","舍位位数"输入"3",并输入平衡公式,如图 9-30 所示;

第9单元 会计报表编制与分析

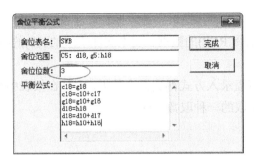

图 9-30

(4) 单击"完成"按钮。

提示：

舍位公式撰写时应该注意：

- 倒序写，首先写最终运算结果，然后一步一步向前推。
- 每个公式一行，各公式之间用逗号","隔开，最后一条公式不用写逗号。
- 公式中只能使用"+""-"符号，不能使用其他运算符及函数。
- 等号左边只能为一个单元(不带页号和表名)。
- 一个单元只允许在等号右边出现一次。

任务 9.3　会计报表数据处理

报表格式设置及各类公式定义后，即可录入数据并进行数据处理。报表数据处理在数据状态下进行。报表数据处理主要包括生成报表数据(编制报表)、审核报表数据和舍位平衡操作等工作。报表数据处理时，计算机根据已定义的单元公式、审核公式和舍位平衡公式自动进行数据采集、审核及舍位平衡等操作。报表数据处理一般是针对某一特定表页进行的，因此，在数据处理时还涉及表页的操作，如表页的增加、删除等。

9.3.1　数据采集与数据输入

会计报表中单元格的数据一部分来自本表之外，如账簿、其他子系统，这类单元格数据可称为原始项；另一部分通过本表计算得到，这类单元格数据可称为非原始项。

原始项数据的输入有两种方式：自动采集数据和人工输入数据。

非原始项数据自动根据事先定义的报表计算公式从本表取数进行数据计算，并将其结果填入对应的单元格内。

采集数据是指计算机自动根据事先定义的报表取数公式，打开公式中涉及的机内有关数

237

据库文件,如机内账簿、凭证、其他报表等。报表管理系统可以把下面几类数据采集到当前报表中:其他报表文件(后缀.REP)的数据、文本文件(后缀.TXT)的数据、DBASE 数据库文件(后缀.DBF)的数据等。

输入数据是指通过键盘录入方式得到报表数据,它是在报表中某些单元格不便或无法定义计算公式时不得已而采取的一种取数方法。

9.3.2 报表生成

任务描述

生成"001"套账的资产负债表数据。

相关知识

生成报表又称为编制报表,即系统利用已经设置好的报表结构,运用其中的运算公式从相应的数据源中采集数据,填入相应的单元格中,从而生成报表数据的过程。报表生成是制作报表中不可缺少的重要环节,生成报表的过程是在人工控制下由计算机自动完成的。

应用报表管理系统编制会计报表的一般操作流程如图 9-31 所示。

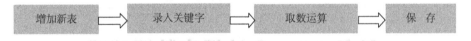

图 9-31 编制会计报表操作流程

(1) 增加新表。报表的数据是存放在表页之中的,在生成数据之前,首先应该为准备生成的会计报表提供一个新的空白表页。

(2) 录入关键字。对新编的会计报表进行标识,如"编制单位"=振华商贸公司、"年"=2022、"月"=12。其中日期关键字对于报表编制是很关键的因素,大多数的会计报表数据都与日期有密切联系。在定义报表结构时,可以无日期限制,但是在生成报表时必须确定其日期,以便在不同的会计期间编制报表时,使用已经设置的报表公式,可以生成不同结果的报表。每一张表页均对应不同的关键字,输出时表页的关键字值会显示出来。

(3) 取数运算。系统根据已定义的各类公式自动进行数据采集和运算,并显示运算结果。数据运算有整表重算和表页重算两种。

(4) 保存。将新编的会计报表保存在报表管理系统对应的报表文件中,以备使用。如果在报表生成时系统提示有错误或生成后发现错误,则必须进行修改,修改完毕后,重新进行报表计算,才能得到新的会计报表。

导致错误的原因主要有报表格式错误、单元格公式出现错误、账套(出现变量找不到)或账套数据错误等。

此外，在有些报表管理系统中，可以对报表进行维护与管理，这些内容包括结构复制、报表备份、报表恢复和报表删除等。

报表系统提供的复制功能可以在定义新表时，选择系统内已有的类似报表结构进行复制，并对复制过来的报表结构按需要进行修改，修改后即可使用。应该注意的是，报表结构的复制功能只能复制报表的结构(即报表格式和报表公式)，而不能复制编制后生成的报表数据。

报表删除不仅可以删除编制的数据表，还可删除设置的报表结构。在报表管理系统中，为了避免误删除，两种删除通常分别设在报表的不同状态或不同模块下进行。

任务实施

1. 添加表页

(1) 执行"格式"|"格式/数据状态"命令，进入数据状态；

(2) 执行"编辑"|"插入"|"表页"命令，如图9-32所示，打开"插入表页"对话框，在"插入表页数量"文本框中输入需要增加的表页数"2"；

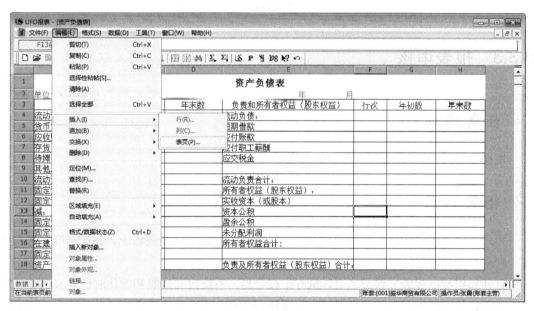

图 9-32

2. 录入关键字

(1) 执行"数据"|"关键字"|"录入"命令，打开"录入关键字"对话框，如图9-33所示；

(2) 在"单位名称"文本框中输入"振华商贸有限公司"，在"年"文本框中输入"2022"，在"月"文本框中输入"12"；

(3) 单击"确认"按钮，系统自动根据取数公式计算12月份的数据。

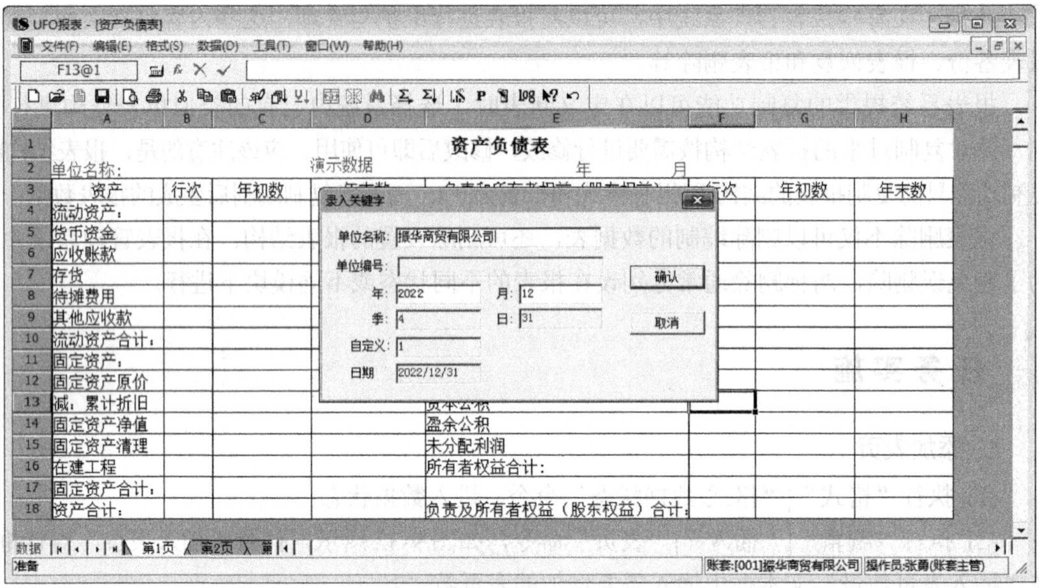

图 9-33

9.3.3 报表审核

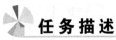

审核 12 月份的资产负债表的平衡关系。

报表审核是根据预先定义的审核公式,对编制的会计报表从逻辑上、会计制度上进行核实、判断和检查,保证报表数据的正确性的过程。

打开需审核的报表文件或表页,执行审核功能,系统自动按照初始化时已定义的审核公式对表内有关数据进行审核。如果报表数据符合钩稽关系,即审核通过,一般情况下则表明该表编制结果正确;如报表数据不符合钩稽关系时,即审核未通过,报表未通过审核时,系统将提示错误信息,以便查找和修改错误。导致审核出现错误的原因有报表数据有错误或审核公式本身错误。

为了确保报表的正确性,对审核未通过的报表必须进行修改,错误修改后需要重新计算,并再次进行审核,直至审核通过。

报表审核应注意以下几个问题:

- 定义审核公式是报表审核的前提,否则,该功能不能使用。
- 报表审核的对象是已编制的数据表。

任务实施

(1) 执行"数据"|"审核"命令，如图9-34所示；

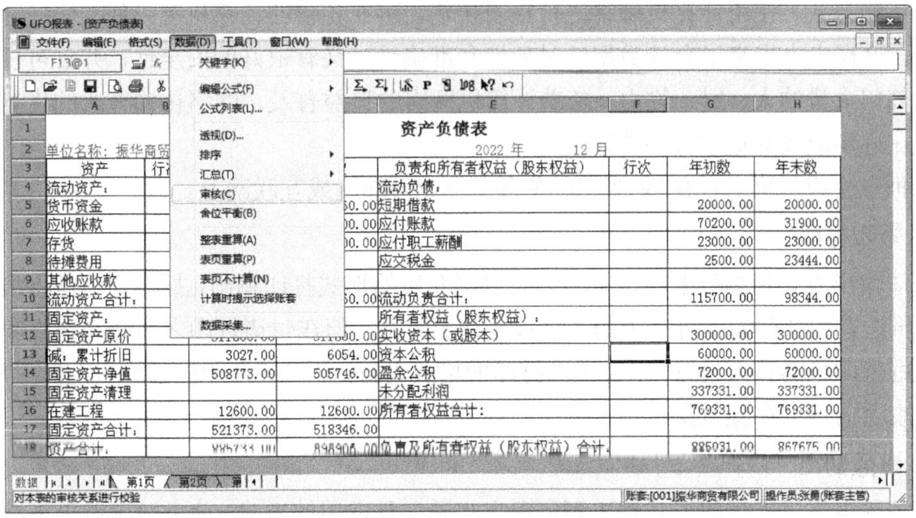

图 9-34

(2) 系统自动对报表数据进行审核；
(3) 如果审核有错，则弹出错误信息。

9.3.4 报表输出

 任务描述

以资产负债表为例，将报表生成网页文件，在企业内部网上发布。

 相关知识

在报表管理系统中，会计报表是以文件的形式存放在磁性介质中。为了满足企业管理者、投资者、债权人、财政部门以及税务部门直观查看会计报表的需要，必须将系统内的会计报表以常规格式进行输出。

报表的输出形式一般有报表查询、网络传送、打印输出和磁盘输出等。

1. 报表查询

报表查询是报表管理系统应用的一项重要工作。在报表管理系统中，可以对当前正在编制的报表予以查阅，也可以对历史的报表进行迅速有效的查询。在进行报表查询时一般可以以整张表页的形式输出，也可以将多张表页的局部内容同时输出，后者的输出方式叫作表页的透视。查找表页可以以某关键字或某单元格为查找依据。

2. 网络传送

网络传输方式是通过计算机网络将各种报表从一个工作站传递到另一个或几个工作站的报表传输方式。使用计算机网络进行报表传输，可在各自的计算机上方便、快捷地查看相关报表，这样大大提高了会计数据的时效性和准确性，又有很好的安全性，并且可以节省报表报送部门大量的人、财、物力。随着计算机网络的日益普及，网络传输方式的优势越发明显，正在逐步取代其他方式的传输。

将报表生成网页 HTML 文件，可发布在企业内部网或互联网上。

3. 报表打印

打印输出方式是指将编制出来的报表以纸介质的形式打印输出，打印输出是将报表进行保存、报送有关部门而不可缺少的一种报表输出方式。但在付诸打印之前必须在报表管理系统中做好打印机的有关设置，以及报表打印的格式设置，并确认打印机已经与主机正常连接。打印报表之前可以在预览窗口预览。

4. 磁盘输出

将各种报表以文件的形式输出到磁盘上也是一种常用的方式。此类输出对于下级部门向上级部门报送数据，进行数据汇总是一种行之有效的方式。一般的报表管理系统都提供有不同文件格式的输出方式，如输出 Excel 文件，方便不同软件之间进行数据的交换。

任务实施

(1) 打开资产负债表文件；

(2) 执行"文件"|"另存为"命令，打开"另存为"对话框，如图 9-35 所示；

图 9-35

(3) 在"文件名"文本框中输入自己所定义的文件名，单击"另存为"按钮即可。

9.3.5 报表维护

在报表管理系统中，维护与管理报表的基本功能有结构复制、报表备份、报表恢复和报表删除等。

1. 结构复制

由于会计报表种类很多且有的结构比较复杂，无论采用哪种方法来定义报表都要花费许多时间，因而，为了方便用户定义新表，报表管理系统一般都提供了"结构复制"功能。使用该功能就可以在定义新表时，选择系统内已有的类似报表结构进行复制，并对复制过来的报表结构按需要进行修改即可使用。应该注意的是，报表结构复制功能只能复制报表的结构(即报表格式和报表公式)，而不能复制编制后生成的报表数据。

2. 报表备份

报表备份是指将计算机硬盘上的报表数据通过"报表备份"功能在软盘、光盘、硬盘上制作数据文件的副本，它是保护数据的主要手段。报表备份既可长期保存数据，又是报表恢复的前提条件。为了达到报表数据备份的目的，要求将备份盘贴上标签并由专人负责保管。

3. 报表恢复

报表恢复是指在硬盘数据丢失、被非法篡改和破坏的情况下，将备份的报表数据通过"报表恢复"功能再次复制到计算机硬盘上，以保证会计业务的正常进行。由于报表恢复将覆盖原有的报表数据，因此，这项功能应授权专人进行操作。

4. 报表删除

删除报表管理系统中以前年度不用的数据报表，可留下足够的硬盘空间以提高系统的运行速度。报表删除不仅可以删除编制的数据表，还可删除设置的表结构。由于报表结构一旦删除，如果再需使用，只有重新设置，因此，一般删除的是数据表而不是报表结构。在报表管理系统中，为了避免误删除，两种删除通常分别设在报表的不同状态或不同模块下进行。

任务 9.4 财务分析

财务分析是企业财务管理的一项重要工作内容，它是对企业过去的财务状况、经营成果和现金流量及未来前景的一种评价。财务分析的内容和方法很多，本节仅就其中最主要的"财务指标分析"和"会计报表结构分析"两种方法进行阐述。

9.4.1 财务分析模块概述

1. 财务分析的任务

财务人员利用会计核算数据及调查、预测、计划等资料,采用一些专业技术方法,对企业生产经营过程和经营成果进行分析、评价和研究,用以揭示各经济指标之间的联系,充分掌握过去、预测未来,为企业经营决策提供有效的依据。

财务分析模块的任务是在会计核算的基础上,把主要的账表数据按照规定的方法和管理者的要求,以数值指标、表格、图形等形式反映出来,以辅助企业管理人员进行控制和决策。

企业财务分析的对象实质上是资金和物质不断运动的过程和最终结果,因此,财务分析的内容主要包括指标分析、报表分析、现金收支分析、预算管理、因素分析。

财务分析结果可以反映企业资金运动状况、资金利用效果的高低;揭示财务报告中的各种数据关系,并指出其变动趋势;揭示企业在组织生产经营活动、处理财务关系中存在的问题;评价企业的财务状况和企业管理效率的高低,为合理有效利用各项资金,正确进行财务决策提供信息,从而促使企业不断改善状况,达到全面完成生产经营计划,提高经济效益的目的。

2. 财务分析的数据来源

财务分析的数据来源主要有以下几个方面。

(1) 企业编制的会计报表。它是财务分析的主要数据来源,包括资产负债表、利润表、现金流量表等对外会计报表,以及企业内部管理用的各种会计报表。

(2) 总账系统的账簿数据。它主要包括科目发生额和余额汇总表、记账凭证数据、各种辅助账数据等。

(3) 其他核算子系统的数据。如工资核算、固定资产核算、存货核算、成本核算、应收应付核算、销售管理、采购管理等子系统提供的数据。

此外,财务分析还要接受外来输入数据,如各种计划、控制指标等。因此,在使用财务分析系统时,既要考虑同其他子系统的关系,又要从键盘输入数据。其数据流程如图 9-36 所示。

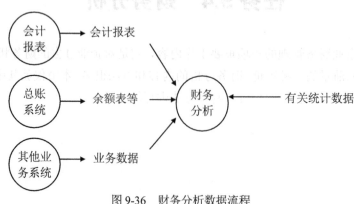

图9-36 财务分析数据流程

3. 财务分析的方法

财务分析的内容非常广泛和复杂,需结合企业生产经营活动和财务收支的具体情况,以及企业会计账簿和会计报表指标体系的特点,从而分别确定企业财务分析的具体内容。财务分析常使用的方法主要有如下几种。

(1) 比较分析法。比较分析法是通过各项指标不同数量的比较,来揭示各项之间数量差异的分析方法。这种方法主要有绝对数字比较分析、绝对数字增减变动分析、百分比增减变动分析、图解法比较分析几种形式。

(2) 比率分析法。比率分析法是通过计算、比较经济指标的比率,确定相对数差异的分析方法。这种分析方法可以把某些不同条件下不可比的指标变成可以比较的指标,以利于进行分析比较。

(3) 趋势分析法。趋势分析法是根据一个企业连续数期的会计报表,比较各期的有关项目金额,以揭示当期财务状况和经营情况增减变化的性质及趋向。趋势分析法对较长时期的各会计期间的会计报表中各相关项目的分析与解释有很大好处。

(4) 因素替换法。因素替换法是通过顺序替换各个因素的数量,来计算各因素变动对经济指标影响程度的分析方法。

(5) 关联图分析法。关联图分析法是根据分析报表间各项指标的相互关系,制成关联结构图的分析方法,如编制杜邦指数分析图。

4. 财务分析的途径

进行财务分析可使用通用的财务软件的财务分析模块,也可使用电子表格软件,如 Excel 等。

(1) 利用报表管理系统进行财务指标分析。

利用通用的会计报表管理系统,编制财务分析计算表,目前多数报表管理系统还提供了图形功能,可进行各种图形分析。

在报表管理系统中,定义财务分析及所用图表格式。

根据财务分析的需求,按照各个指标的计算方法,用系统规定的数据采集函数和计算公式,分别定义有关财务指标的计算公式。

经以上设置后,就可在会计核算工作的基础上,利用"编制报表"功能,生成有关财务分析计算表。

(2) 利用财务分析子系统进行财务分析。

大部分财务软件都提供了财务分析子系统,利用财务分析子系统,可以更加方便地实现常用的财务分析。

系统进行财务分析时的步骤有:选择财务分析方法、定义分析指标、定义指标数据来源、按照计算步骤生成分析结果。

在系统设置中,通过输入财务分析的基本参数和基本规则,完成选择财务分析方法、定义分析指标、定义指标数据来源等步骤,为自动进行财务分析创建基本条件和环境。

进行财务指标分析，系统显示财务分析结果，以供管理者使用。

使用者还可以对分析图表加以文字说明，增强财务分析结果的可读性。

打印分析图表或把分析图表保存为各种文件格式。

9.4.2 财务指标计算

任务描述

根据公司账套数据，依据表 9-5 的计算公式，编制财务指标计算表。

表 9-5 基本财务指标一览表

类型	名称	单位	计算公式
偿债能力指标	流动比率		流动资产÷流动负债
	速动比率		(流动资产－存货－待摊费用)÷流动负债
	现金比率		(现金＋有价证券)÷流动负债
	资产负债率		负债总额÷资产总额
	产权比率		负债总额÷所有者权益
	利息保障倍数		息税前利润÷债务利息
营运能力指标	应收账款周转率	次	赊销收入净额÷应收账款平均余额 赊销收入净额＝销售收入－现销收入－销售折扣与折让 应收账款平均余额＝(期初应收账款＋期末应收账款)÷2
	存货周转率	次	销货成本÷((期初存货＋期末存货)÷2)
	流动资产周转率	次	销售收入净额÷流动资产平均占用额
	固定资产周转率	次	销售收入净额÷((年初固定资产净值＋年末固定资产净值)÷2)
	总资产周转率	次	销售收入净额÷资产平均占用额
盈利能力指标	销售利润率		(净利润÷销售收入净额)×100%
	成本利润率		(主营业务利润÷主营业务成本)×100%
	总资产报酬率		(利润总额÷资产平均总额)×100%
	自有资金利润率		(净利润÷平均所有者权益)×100%
	资本保值增值率		(期末所有者权益总额÷期初所有者权益总额)×100%

相关知识

财务指标分析是指同一期财务报表上的相关项目的数据互相比较，求出它们之间的比率，以说明财务报表上所列项目与项目之间的关系，从而揭示企业的财务状况，是财务分析的核心。主要财务指标体系分为三大类：偿债能力指标、营运能力指标、盈利能力指标。

1. 偿债能力分析

(1) 流动比率。流动比率表示每一元流动负债有多少元流动资产作为偿付担保。它既反映了短期债权人债权的安全程度，又反映了企业营运资本的能力。一般认为，流动比率为2：1对于企业是比较合适的。

(2) 速动比率。速动比率是企业速动资产与流动负债的比率。这一比率用以衡量企业流动资产中可以立即用于偿付流动负债的能力。一般认为，速动比率1：1较为合适。它表明企业的每一元短期负债，都有一元易于变现的资产作为抵偿。

(3) 现金比率。现金比率是企业现金类资产与流动负债的比率。现金类资产包括企业所拥有的货币资金和持有的有价证券。这一比率不能过高，否则就意味着企业流动负债未能得到合理的运用，经常以获利能力低的现金类资产保持着，这样会导致企业机会成本增加。

(4) 资产负债率。资产负债率表明企业资产总额中，债权人提供资金所占的比重，以及企业资产对债权人权益的保障程度。这一比率越小，表明企业的偿债能力越强。

(5) 产权比率。产权比率反映企业所有者权益对债权人权益的保障程度。这一比率越低，表明企业的长期偿债能力越强，债权人权益的保障程度越高，承担的风险越小，但企业不能充分发挥负债的财务杠杆效应。

(6) 利息保障倍数。利息保障倍数又称已获利息倍数，它反映了获利能力对债务偿付的保证程度。利息保障倍数至少应大于1，且比值越高，企业偿债能力一般也就越强。

2. 营运能力指标分析

(1) 应收账款周转率。它是反映应收账款周转速度的指标。应收账款周转率反映了企业应收账款变现速度的快慢及管理效率的高低，周转率越高，反映收账越迅速，偿债能力越强，从而可以最大限度地减少坏账损失，相对增加企业流动资产的投资收益。

(2) 存货周转率。存货周转率是反映企业销售能力和流动资产流动性的一个综合性指标，也是衡量企业生产经营各环节中存货运营效率的一个综合性指标。

(3) 流动资产周转率。流动资产周转率是反映企业流动资产周转速度的指标。在一定时间内，流动资产周转次数越多，表明以相同的流动资产完成的周转额越多，流动资产利用效果越好；周转天数越短，表明流动资产在经历生产和销售各阶段所用的时间越短。

(4) 固定资产周转率。固定资产周转率是指企业销售收入净额与固定资产平均净值的比率。它是反映企业固定资产周转情况，从而衡量固定资产利用效率的一项指标。固定资产周转率高，表明企业固定资产利用充分，同时也表明企业固定资产投资得当，固定资产结构合理，能充分发挥效率。反之，则表明固定资产使用效率不高，提供的生产成果不多，企业的营运能力不强。

(5) 总资产周转率。总资产周转率是反映总资产周转情况的指标，它是企业销售收入净额与资产平均总额的比率。这一指标可用来分析企业全部资产的使用效率。如果这个比率较低，则说明企业利用全部资产进行经营的效率较差，最终会影响企业的利用程度。

3. 盈利能力分析

(1) 销售利润率。该项比率越高，表明企业为社会创造的新价值越多，贡献越大，也反映企业在增产的同时，为企业多创造了利润，实现了增产增收。

(2) 成本利润率。成本利润率是反映企业生产经营过程中发生的耗费与获得的收益之间关系的指标。该指标越高，表明企业耗费所取得的收益越高。

(3) 总资产报酬率。总资产报酬率是指企业利润总额与企业资产平均总额的比率。它是反映资产综合利用效果的指标，也是衡量企业利用债权人和所有者权益的总额所取得盈利的重要指标。这项比率越高，表明资产利用的效果越好，整个企业获利能力越强，经营水平越高。资产平均总额为年初资产总额与年末资产总额的平均数。

(4) 自有资金利润率。自有资金利润率是指净利润与自有资金的比值，是反映自有资金投资收益水平的指标，该指标是企业盈利能力指标的核心，也是整个财务指标体系的核心。

(5) 资本保值增值率。资本保值增值率是指所有者权益的期末总额与期初总额的比值。该指标如果大于1，说明所有者权益增加；若小于1，则意味着所有者权益遭受损失。

任务实施

编制财务指标计算表可利用财务分析模块、报表管理模块和其他电子表格软件。下面以利用报表管理系统进行财务指标分析为例，讲述编制财务指标计算表的步骤。

(1) 以"张勇"的身份登录"用友新道教育"，执行"财务分析"命令，系统即被启动；

(2) 执行"系统初始"|"报表初始"命令，选择"资产负债表"，单击"确定"按钮；

(3) 执行"系统初始"|"指标初始"命令，选择"流动比率""速动比率""资产负债率""产权比率"，单击"确定"按钮，如图9-37所示；

(4) 双击"指标分析"图标，打开"基本指标分析"对话框，在"分析日期"选框中选择"按月"、"2010.12"，在"比较日期"复选框中选择"本年年初"选项，单击"确认"按钮，即可显示"基本财务指标一览表"，如图9-38所示。

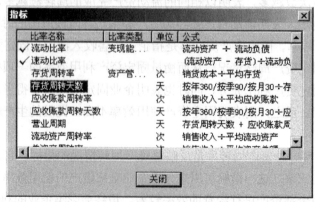

图9-37

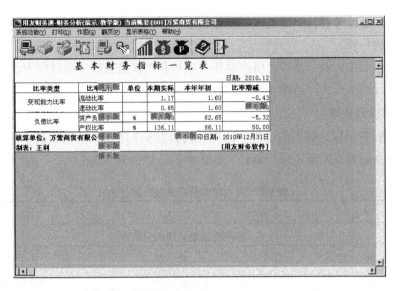

图 9-38

注：数据单元的格式设置为数字类型、数值格式、2位小数。

也可以利用 UFO 报表管理系统做如下操作。

(1) 设置财务指标计算表的格式。建立一个名为"财务指标计算表"的工作表；

(2) 定义各项财务指标的计算公式。在财务指标体系表 9-6 中，按照表 9-5 给出的计算公式，依次输入所有计算公式。

表 9-6　财务指标体系的计算公式

项目	指标计算公式
流动比率	"资产负债表.rep"->d14@1/"资产负债表.rep"->h16@1
速动比率	("资产负债表.rep"->d14@1-"资产负债表.rep"->d11@1-"资产负债表.rep"->d12@1)/"资产负债表.rep"->h16@1
资产负债率	"资产负债表.rep"->h22@1/"资产负债表.rep"->d31@1
产权比率	"资产负债表.rep"->h22@1/"资产负债表.rep"->h29@1

生成财务指标计算。公式定义完毕后，即可得到财务指标体系的计算结果，可将计算结果打印输出，也可以生成文件通过网络报送有关部门或生成网页在网上发布。

9.4.3　结构分析

 相关知识

结构分析法是指某项经济指标的各个组成部分占其总体的比重。利用不同时期或不同单位的这种比重,可以考察各个组成因素在结构上的合理性及其变化规律,其中最重要的就是会计报表的结构分析。

在资产负债表中,通常是以"资产总额"项目和"权益总额"项目作为表内其他项目的对比基数,来反映企业资产总额和权益总额的构成情况。

1. 编制结构分析表

参照编制财务指标计算表的过程,计算公式如表 9-7 所示,编制如表 9-8 所示的结构分析表,表中的金额数据来源于资产负债表,比率的计算由表 9-7 得到。

表 9-7 资产结构分析表及计算公式

	A	B	C
1	资产负债表的结构分析表		
2	项目	金额	比率/%
3	货币资金	"资产负债表.rep"->d6@1	(B3/B7)*100
4	应收账款	"资产负债表.rep"->d9@1	(B4/B7)*100
5	存货	"资产负债表.rep"->d11@1	(B5/B7)*100
6	固定资产净额	"资产负债表.rep"->d22@1	(B6/B7)*100
7	资产总计	"资产负债表.rep"->d31@1	(B7/B7)*100

表 9-8 资产结构分析表

项目	金额	比率/%
货币资金	113 778.20	8.31
应收账款	555 750.00	40.57
存货	249 000.00	18.18
固定资产净额	451 262.40	32.94
资产总计	1369 790.60	100.00

2. 进行图形分析

利用系统提供的"图表"功能,把财务分析的结果以各种直观图形表示出来,以便用户更好地了解企业的财务情况,从而提高了财务分析的可读性。用于财务分析的图形主要有如下五大类。

(1) 面积图。其主要用于累计分析,如销售成本和销售毛利的累计等。

(2) 横条图。其主要用于数量增减变化的比较分析,如收益分析方面的比较等。

(3) 直方图。其主要用于随时间变化的比较分析,如定额成本与实际成本比较等。

(4) 折线图。其主要用于对某些"指标"变化的趋势进行分析,如某种利润率在不同年度的变化分析等。

(5) 圆饼图。其主要用于"局部"与"总体"的结构分析,如资金构成分析等。

以上各类图形又可分为平面图和立体图两种,由于每种图形各有侧重,因此在财务分析过程中应选择使用。

在生成结构分析表后,利用系统提供的"图表"功能,根据软件提供的图表向导,选择"分离型三维饼图",即可生成结构分析图。

单元总结

本单元主要内容的思维导图,如图 9-39 所示,各项任务的电子演示文稿见思维导图中二维码的内容。

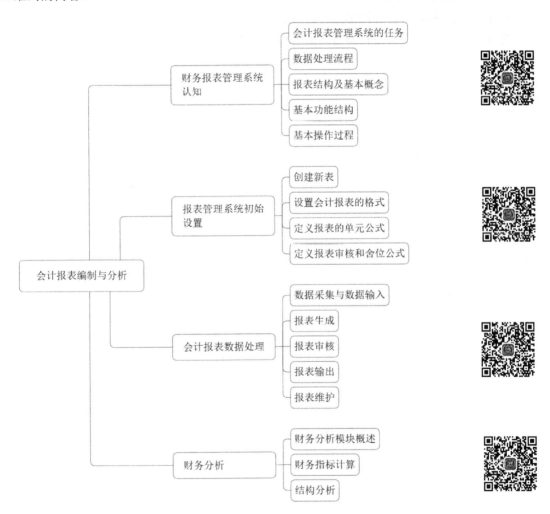

图 9-39　会计报表编制与分析总结

思考训练

1. 报表管理系统的任务是什么？
2. 简述报表系统的处理流程。
3. 简述报表系统的工作过程。
4. 自定义报表格式一般包括哪些内容？
5. 在定义报表公式时应该注意哪些问题？
6. 简述财务指标分析和图形分析的方法。
7. 根据本单元的任务安排及给出的资料，完成相应的上机训练。

参考文献

[1] 财政部会计司. 企业会计信息化工作规范[EB/OL]. http://kjs.mof.gov.cn/zhengwuxinxi/zhengcefabu/201312/P020131219583306447902.pdf,2013-12-06.

[2] 中华人民共和国财政部. 企业会计准则应用指南(2022年版)[M]. 1版. 上海：立信会计出版社，2022.

[3] 中华人民共和国财政部等. 企业内部控制基本规范 企业内部控制配套指引（2021年版）[M]. 1版. 上海：立信会计出版社，2021.

[4] 孙万军. 会计综合实训[M]. 5版. 北京：高等教育出版社，2022.

参考文献

[1] 国家标准全文公开系统. 建设项目环境影响评价分类管理名录 [EB/OL]. http://lgs.mof.gov.cn/zhengwuxinxi/zhengcefabu/201312F020131219585306447002.odf, 2013-12-06.

[2] 中华人民共和国生态环境部. 中华人民共和国环境影响评价法 (2022年修订)(以1主席令第124号公布)[S]. 2022.

[3] 中国人民共和国国务院. 中华人民共和国水污染防治法实施细则 (国务院令2021年第736号)[M]. 北京: 中国法制出版社, 2021.

[4] 张万江. 环境影响评价[M]. 北京: 北京: 化学工业出版社, 2022.